WILLY BENZEL

Wovon Jäger heute nur noch träumen

Von kapitalen Hirschen, starken Rehböcken, groben Sauen und anderem Wild

Mit 11 Abbildungen auf Tafeln

VERLAG PAUL PAREY · HAMBURG UND BERLIN

Photonachweis: Gegenüber S. 80 oben: Hansgeorg Arndt; gegenüber S. 128 unten: Kurt Ellström; gegenüber S. 32 unten: Günther Helm; gegenüber S. 144: Dr. Klaus; gegenüber S. 16 und S. 48: Sandor Nagygyörgy; gegenüber S. 80 unten: Hans Reinhard; gegenüber S. 32 oben: F. P. B. J. Roosendaal; gegenüber S. 96: H. J. Verdonk; gegenüber S. 128 oben: Jürgen Weber. Umschlagbild: Georg Quedens.

ISBN 3 490 03111 3

Inhalt

1 Von urigen Wisenten

Pleßer Wisente

Mehr als ein halbes Jahrhundert ist vergangen, seit ich zum ersten Male in meinem Leben Wisente frei wie im Urwald beobachten konnte. Es war im Revier Cielmitz, das in dem 10 000 Hektar großen Fürstlich Pleßischen Tiergarten, im äußersten Südostzipfel Oberschlesiens, lag. Das ganze, große Rotwildgatter stand hier auch den urigen Wildrindern zur Verfügung.

Revierförster Seidel hatte mir bereitwilligst zu dem für mich so ungewöhnlich großen Erlebnis verholfen. Der erste Eindruck, den ich von Wisenten bekam, ist mir mein ganzes Leben hindurch erhalten geblieben, besonders noch dadurch, daß ich, wie von der Welt abgeschnitten, allein in einem Schirm saß und alles, was um mich herum vorging, ungestört beobachten konnte. Seidel hatte sich weit von mir entfernt auf einen Durchforstungshirsch angesetzt.

Im Rücken hatte ich eine große Kiefern-Fichten-Dickung. Vor mir zog sich ein in der Länge unübersehbarer Wiesenzug hin, der jetzt in der untergehenden Oktobersonne in dunklem, saftigem Grün aufleuchtete. Etwa von der Mitte der Wiese her konnte ich bei genauem Hinhören das leichte Plätschern eines Baches vernehmen. Es war der Korzinietz, der in dem sehr trockenen Sommer 1911 nur sehr wenig Wasser der Weichsel zuführte.

Schon mehrmals hatte ich in der Dickung leichtes Knacken im trockenen Fallholz vernommen. Ich vermutete, daß Sauen in dem von Nadelholz umgebenen Erlen-Birkenbruch im Gebräch standen. Ganz unerwartet und fast geräuschlos schob sich jedoch etwa 30 m neben mir das Haupt und dann der Vorschlag eines mächtigen Wisents aus den Randzweigen. Er äugte ruhig sichernd und, wie es schien, über alles Irdische erhaben, auf die Wiese. Hierbei drehte er den Kopf bald nach links, bald nach rechts, trat dann frei auf die Wiese heraus, so daß ich ihn, wenn auch innerlich sehr erregt, in Ruhe bestaunen und bewundern konnte. Das

Haupt mit den starken Aufsetzen und dem flachen Bart, das mir zunächst, als ich das ganze Wild noch nicht sehen konnte, sehr groß und mächtig erschienen war, paßte doch gut zu dem urigen, gewaltigen Körper und konnte eher klein als zu groß bezeichnet werden. Es wurde tiefer als die von dem etwa zwei Meter hohen Widerrist zur Kruppe stark abfallende Rückenlinie getragen. Bisweilen hatte ich den Eindruck, als wenn dieser mächtige Stier mit dem gesenkten Haupt – als solcher an dem Pinsel gut zu erkennen – sich dauernd in Angriffsstellung befand.

Dieser Eindruck wurde aber bald dadurch verwischt, daß plötzlich neben dem einen noch ein zweiter Wisentstier stand, der in seinem Erscheinungsbild dem ersten so vollkommen glich wie ein Ei dem anderen; nur etwas schwächer war er. Bei allem Bestaunen und Bewundern des ersten hatte ich das Anwechseln des zweiten Stieres gar nicht bemerkt, und es war mir zunächst unverständlich, woher er gekommen war. In dem scheidenden Tageslicht konnte ich mir über die Haarfarbe dieser beiden Kolosse nicht schlüssig werden, und da sie auch nicht auf die große Wiese hinauszogen, sondern zunächst nur im Abendschatten der Randbäume ästen, erschienen sie mir fast schwarz. Später habe ich dann oft genug feststellen können, daß die Winterdecke der Pleßer Wisente sehr ausgeglichen war und ein lichtes Graubraun mit dunklen Grannen zeigte. Das lange seidenweiche, sehr dichte Haar ermöglichte es den Wisenten auch, sich in ruhiger Gangart durch Dickungen ohne viel trockenes Unterholz fast geräuschlos vorzuschieben.

Es war schon völlig dunkel geworden, da hörte ich immer noch, wie die beiden Stiere das frische, saftige Grün von der Wiese rupften.

Mit Bedacht wurde in Pleß großer Wert darauf gelegt, daß das Heu des zweiten Schnitts von den gut gepflegten großen Waldwiesen schon Ende August unter Dach und Fach war. Dann konnten gute Gräser und Kräuter so üppig nachwachsen, daß bis zum Eintritt des Winters allem Wilde der Tisch reichlich gedeckt war. Das war auch eines von den Geheimnissen, die die großen Erfolge der gesamten Pleßer Wildhege bewirkten.

Im Oktober konnten die Abende schon unangenehm kalt sein, besonders dann, wenn man, durch schöne Tage verleitet, für langes Sitzen nicht warm genug angezogen war. Als mich Seidel abholte, war ich also froh, daß ich mich wieder hinlänglich bewegen konnte. Über meine Begeisterung, die beim Berichten über mein Erlebnis wohl recht deutlich zum Ausdruck gekommen sein mag, war er sehr erfreut; denn auch er war ein Freund dieses selten gewordenen Großwildes. Wie er mir mitteilte, hatte er gehofft, daß ich von diesem Schirm aus ein starkes Rudel von Wisenten mit dem kapitalen Hauptstier, mit Jungstieren, Alttieren, Schmaltieren und Kälbern in Anblick bekommen würde. Es wäre aber dann erst sehr spät etwa anderthalb Kilometer unterhalb meines Ansitzes auf die Korsinietzwiesen ausgetreten. Das Rudel müßte im Tageseinstand gestört worden sein; denn Wisente wären im allgemeinen sehr standorttreu.

In meiner Begeisterung hatte ich die Körpermaße der beiden überschätzt. Seidel kannte auch diese beiden Stiere. Er sagte mir, daß sie etwa fünf- und siebenjährig und somit noch nicht ausgewachsen wären; damit könnte man erst mit etwa zehn Jahren rechnen.

Mir war es sehr recht, daß sich meine erste Begegnung mit Wisenten zunächst nur auf einen und bald darauf auf zwei Stiere beschränkt hatte. So konnte ich sie doch viel eingehender beobachten, als wenn sich in einem großen Rudel bald ein Stück vor das andere geschoben hätte. Einmal „genossen gemacht", habe ich dann auch jede Gelegenheit wahrgenommen, um die Lebensweise der Wisente in der Wildbahn und ihr Verhalten den verschiedensten Umständen ihrer Umwelt gegenüber kennenzulernen. Dazu war mir reichlich Gelegenheit gegeben. Ich habe aber auch die fast völlige Vernichtung des so prächtigen Wisentbestandes miterleben müssen und mich dann auch wieder am Wiederaufbau beteiligen können.

Aus den Pleßer Jagdakten, den Erfahrungen der Forstbeamten und aus vielen eigenen Erlebnissen läßt sich ein naturgetreues Bild der Pleßer Wisentzucht zusammenstellen, und das soll hier geschehen. Zwar ist über die Pleßer Wisente von berufener Seite in der Fachliteratur schon berichtet worden; ich hoffe aber, daß auch meine Ausführungen noch einen interessierten Leserkreis finden werden.

Hans Heinrich XI., Herzog von Pleß (1833–1907), einer der größten Heger und Jäger seiner Zeit, hat die in Deutschland längst ausgestorbenen Wisente wieder in deutsche Wälder zurückgebracht. Der einzige natürliche Standort der Wisente im 19. Jahrhundert in Europa war der in Russisch-Polen gelegene Urwald von Bialowieza. In dem deutschen Westen waren sie durch die fortschreitende Landeskultur und Zivilisation schon viel früher verdrängt worden als in dem großräumigen deutschen Osten. Der letzte in Deutschland freilebende Wisent wurde 1755 von zwei Bauern, Wirbel und Seibert, in Ostpreußen gewildert. Etwa hundert Jahre später (1865) zogen in deutschen Wäldern wieder vier Wisente ihre Fährte, die der Herzog von Pleß von seinem Jagdfreund Zar Alexander II. von Rußland aus Bialowieza im Tauschwege gegen 25 Stück Rotwild erhalten hatte.

Weil Erfahrungen bezüglich der Verträglichkeit der Wisente mit anderem Hochwild fehlten, wurden sie zunächst in den Pleßer Oberforsten, die an das oberschlesische Industriegebiet grenzten, in einem Eingewöhnungsgatter untergebracht und dann in einem 600 ha großen Gehege freigelassen.

Während der Versuch anfangs geglückt war und die Wisente sich gut vermehrten, so kam später ein Rückschlag. Der Nachwuchs kam dann nicht so gut, wie man dies erwartet hatte. Die Tiere brunfteten unregelmäßig, und dementsprechend wurden auch die Kälber öfter in ungünstigen Jahreszeiten gesetzt. Solche Kälber kümmerten, wurden von Lungenwürmern, hauptsächlich aber von Leberegeln befallen und gingen ein. Mit Recht gab man hierfür den oft überschwemmten und versumpften Wiesen die Schuld, die den Parasiten beste, den Wisenten dagegen mit ihren sauren Gräsern nur mäßige Lebensbedingungen boten.

Um den Wisenten neuen Auftrieb zu geben, wurden sie 1875 etwa 20 km weiter südlich in das rund 1000 ha große Revier Mezerzitz, Pleßer Niederforsten, überführt. Aber auch dort war die Weiterzucht zunächst nicht zufriedenstellend; denn es gab unter den Kälbern wiederum verschiedentlich Ausfälle, besonders durch Leberegel.

Nach einem Bericht von W. Arnold „Zehn Tage in Fürstlich Pleßischen Revieren", veröffentlicht in „Waidwerk in Wort und Bild", Nr. 24 vom 15. 9. 1895, standen im Frühjahr 1888 in den Pleßer Forsten nur acht Wisente, vier Stiere und vier Tiere. Nachweislich waren 1865 ein Stier und drei Tiere eingeführt worden. Gesetzt wurden bis zum Jahr 1888 dann 15 Stier- und 14 Tierkälber. Von den Kälbern gingen zwei Stier- und zehn Tierkälber ein, geforkelt wurden ein Stier und ein Tier; als überzählig bzw. kümmernd erlegt wurden neun Stiere und zwei Tiere, woraus sich dann der Bestand des Jahres 1888 ergibt.

Der aus Bialowieza eingeführte Hauptstier wurde 1869 von Kaiser Wilhelm I. im Revier Wygorzelle erlegt. Der Stier war bösartig geworden, hatte ein Tier und einen Stier geforkelt und mußte daher abgeschossen werden. Der Fürstlich Pleßische Archivar Dr. E. Ziview berichtete darüber in einer Festschrift zum 70. Geburtstag des Herzogs von Pleß:

„Ein waidmännisches Ereignis allererten Ranges war die erste im Fürstentum Pleß am 6. November 1869 im Beisein und zu Ehren König Wilhelms I., nachmaligen Deutschen Kaisers, der als Gast des Fürsten in Pleß vom 4. bis 7. November weilte, abgehaltene Wisentjagd. Über den Verlauf derselben ist in den Akten des Fürstlichen Archivs von einem ungenannten Zeitgenossen eine Schilderung enthalten, die nicht nur die Ereignisse augenscheinlich wahrheitsgetreu wiedergibt, sondern durch ihren frischen Ton auch die Stimmung, welche hier aus diesem Anlaß geherrscht hat, getreu widerspiegelt. Sie möge daher im ganzen Wortlaut hier folgen:

,Se. Majestät der König hatten zu einer Jagd auf Auerochsen* vom Fürsten von Pleß gnädigst angenommen. So sollte denn zum ersten Male seit Menschengedenken eins dieser gewaltigen Tiere, von dessen beinah märchenhaften Existenz nur noch ein sorglich gepflegter Überrest in den litauischen Wäldern Zeugnis gibt, in Preußen, und zwar von königlicher Hand erlegt werden. Nach einer durch ungünstiges Wetter zwar beeinträchtigten, aber trotzdem in ihren Resultaten doch immer noch brillanten Fasanen- und Hasenjagd am vorhergehenden Tage fand die Abfahrt nach dem etwa vier Meilen von Pleß bestimmten Rendezvous in den Oberforsten für die Herren der Jagdgesellschaft in zwei vierspännigen Jagdwagen morgens acht Uhr statt. Se. Majestät dagegen verließen, nur von dem Fürsten begleitet, das Schloß eine halbe Stunde später in einem leichten, ebenfalls mit vier Juckern bespannten Wagen und legten den Weg trotz des Aufenthaltes an mehreren unterwegs errichteten geschmackvollen Ehrenpforten in einer Stunde zurück.

Von 60 Hörnern der nach altem Waidmannsbrauche mit weißen Stäben versehenen fürstlichen Jägerei begrüßt, verließen Se. Majestät den Wagen und schritten, vom Fürsten geführt, durch ein Spalier von bärtigen Hegern, die gleichfalls uniformiert und mit der Saufeder in der Hand auf beiden Seiten des Weges nach dem Stande des Königs aufgestellt waren. Die anderen Herren wurden durch den fürstlichen Forstmeister auf ihre Posten in dem nach allen Regeln der Kunst mit hohem Zeuge eingestellten Jagen geleitet, und kaum hatten die Hörner das Signal zum Antreiben gegeben, als Schuß auf Schuß vom Stande Se. Majestät verkündete, daß der fürstliche Jagdherr seinen „Döbel" nicht umsonst studiert habe. Auch von den anderen Ständen knallte es lustig, und gar manche Kugel aus sicherer, zuweilen auch aus unsicherer Büchse wurde versandt, bis nach Verlauf von zwei Stunden die Jagd abgeblasen war und die Hörner zum Frühstück riefen. An der stattlichen Strecke des Königsstandes vorbei zog die Jägerei paarweise, lustige Fanfaren blasend, dem Pürschwagen Se. Majestät voraus zum Frühstücksplatze.

Hier bot eine mit Fichtengrün bekleidete und mit Hirschgeweihen geschmückte Jagdhalle, in deren Mitte der aus Rehgehörnen kunstreich gebildete Namenszug Se. Majestät prangte, Schutz vor dem oberschlesischen Klima. Aber nicht allein für den Magen war gesorgt, auch das

---

* Gemeint sind natürlich Wisente.

Ohr wurde durch lustige, von der Jägerei geblasene Weisen erfreut. Mittlerweile kam die Meldung, daß das Auerwild* von den dazu beorderten Förstern und Treibern aufgefunden und umstellt sei, und die Jagdgesellschaft, Se. Majestät an der Spitze, bestieg in großer Spannung und Erwartung die Pürschwagen, um sich nach dem Schauplatz des letzten großen Aktes zu begeben.

Hier waren auf einem ungefähr 200 Morgen großen, mit alten Erlen und Fichten bestandenen Terrain, welches durch einen breiten Kanal durchschnitten wird, acht Stück Auerwild* von Treibern umstellt. Der Stand des Königs war eine sechs Fuß hohe feste Kanzel ungefähr in der Mitte des Treibens, wenige Schritte von dem Kanal, auf welcher mit Se. Majestät der Fürstliche Jagdherr und der Oberjägermeister Graf Stollberg Platz fanden. Die übrigen Herren wurden etwa 400 Schritt entfernt auf einer über diesen Kanal führende Brücke aufgestellt, von welcher aus sie ziemlich das Treiben übersehen konnten. Es wurde viel debattiert auf dieser Brücke, die Möglichkeit, bei einem etwaigen Angriffe der gereizten Stiere sich zu sichern, hin und her erwogen, gute und schlechte Witze gemacht, bis das Erscheinen eines flüchtigen Rudels Damwild bewies, daß es im Treiben sich zu regen beginne. Da brach, nur von zwei Jägern mit ihren Hunden getrieben, plötzlich das schwarze, zottige Wild in voller Flucht aus den Fichten hervor, überfiel ohne Besinnen den Kanal, und lautes Geschrei und Hörnerblasen verkündeten, daß es versuchte, die Treiberlinie zu durchbrechen. Fünfmal noch erneuerte sich dies Schauspiel, das an Aufregung gewann, wenn plötzlich einer der Stiere mit hocherhobenem Schweife und gesenkten Hörnern sich gegen die tapferen Hunde wandte. Erst beim sechsten Male gelang es, den zum Abschuß bestimmten Stier, der an Stärke die anderen Stiere weit überragte, zum Schuß zu bringen, und rasch entschlossen gab der hohe Herr, dessen Jagdpassion sich bis aufs äußerste gesteigert hatte, demselben zwei Kugeln, von denen eine jede tödlich traf. Auf den zweiten Schuß brach der Stier zusammen, wurde aber wieder hoch und zog langsam über den Kanal, wo er in dem Erlenbestande stehen blieb. Durch einen von dem übrigen Wilde zurückkehrenden Schweißhund rege gemacht, bald aber wieder gestellt, erhielt er von dem rasch hinzugeeilten Jagdherrn den Fangschuß, und kaum hatten die Hörner den Tod des gewaltigen Wildes verkündet, als auch schon Se. Majestät in jugendlichem Jagdeifer auf

* Dem Berichterstatter unterläuft hier wieder eine Verwechslung mit dem auch schon damals längst ausgestorbenen Auerochsen. Auerwild nennt man das zum Hochwild zählende Geflügel.

einem schmalen Balken den Kanal und mehrere, das sumpfige Terrain durchschneidende Wassergräben überschreitend herbeieilten, um sich an dieser seltenen Jagdbeute zu erfreuen. Atemlos langten nach und nach die Zuschauer von der Brücke an, und bald umwogte ein buntes Gedränge von hohen Herren, Jägern und neugierigen Treibern den gefürchteten Stier, den Wisent der Nibelungen. Ein Bauernwagen, der unter der gewaltigen Last zu brechen drohte, beförderte den Stier zur Strecke, wo das für diese Gelegenheit besonders komponierte Signal ‚Wisent tot‘ geblasen wurde. (Die Gesamtstrecke betrug 9 Hirsche, 30 Stück Rotwild, 21 Stück Damwild und 62 Sauen.)

Nachdem in gewohnter Weise noch jeder Wildgattung ihr Recht durch eine schmetternde Fanfare geworden, bestiegen Se. Majestät unter dem donnernden Hurra der Jägerei und der Treiber, gefolgt von der Jagdgesellschaft, den Wagen, und hin ging es nach dem reizenden Jagdschloß Promnitz, wo die Zurückkehrenden von den Damen der Fürstlichen Familie bewillkommnet wurden.

Volle Anerkennung aber wurde von allen Seiten dem hohen Wirte gezollt, der die Mühe nicht gescheut hatte, die beiden Treiben persönlich zu leiten, und dessen Meisterschaft im edlen Waidwerk es möglich machte, ein so seltenes Jagdresultat zu erzielen.‘ “

Weil auch das Rotwild in dem großen Tiergarten trotz Fremdblutzufuhr nicht den Hoffnungen entsprach, war schon im Anfang der 1870er Jahre mit der Verbesserung der natürlichen Äsung großräumig begonnen worden. Mit der Trockenlegung der vielen nassen Wiesen, Meliorierung, Kalkung und Düngung hatte man nicht nur beste Äsung für alles Wild geschaffen, sondern auch die Zwischenwirte der Leberegel (kleine Schnekken) und mit diesen auch die Leberegel selbst vernichtet. Das hatte sich bis 1895 schon so weit ausgewirkt, daß der Wisentbestand bis auf 17 Stück angewachsen war.

Als 1893 nochmals fünf Wisente aus Bialowieza eingeführt wurden und alle, auch der alte Bestand, in dem 10 000 ha großen Tiergarten freigelassen wurden, ging die gute Entwicklung der Wildrinder rasch vorwärts. Von einer Degeneration, die man schon befürchtet hatte, war nichts mehr zu merken. Deutlich zeigte sich auch rein äußerlich eine Verbesserung des Gesundheitszustandes. Die Wisente wurden glatt und glänzend im Haar, sie brunfteten regelmäßiger, hauptsächlich im Herbst, dadurch wurden die Kälber in der warmen Jahreszeit gesetzt, und bei der guten und reichlichen natürlichen Äsung kamen Muttertiere und Kälber gut in den Winter. Man hatte inzwischen auch erkannt, daß neben der üblichen Winterfütterung, die je Kopf aus 10 kg bestem Wiesenheu, 2 kg Hafer und Rüben nach Bedarf bestand, Roßkastanien besonders gern genommen und auch bestens verwertet wurden.

Allgemein war man der Ansicht, daß nicht die Bestandesergänzung, sondern die Verbesserung der Umweltbedingungen der Ausschlag für die ausgezeichnete Entwicklung der Wisente bewirkt hatte. Beim Rotwild hatte man es in Pleß doch schon erlebt, daß die mit großen Kosten verbundenen Fremdblutzufuhren nicht den erwarteten Erfolg gebracht hatten; dieser war erst dann eingetreten, als durch richtig durchgeführten Wahlabschuß die Wildbestandsdichte reguliert, die Winterfütterung bis in das Frühjahr hinein ausgedehnt und vor allem die natürliche Äsung verbessert worden war.

Als ich 1911 in den Fürstlich Pleßischen Forstdienst eintrat, hatte nicht nur das Hochwild, sondern auch das Niederwild besonders qualitativ einen Hochstand erreicht, der wohl kaum seinesgleichen finden konnte. Es war daher auch nicht weiter verwunderlich, daß sich die ersten Eindrücke von der gesamten Pleßer Jagd unauslöschlich in mein Gedächtnis eingeprägt haben, und daß ich die ersten kapitalen Pleßer Wisente, die ich dort in der urwüchsigen Natur wie Geschöpfe aus einer anderen Welt bewundern konnte, noch heute deutlich vor mir sehe.

Damals mag der Wisentbestand 50 bis 54 Stück betragen haben. In größeren und kleineren Rudeln hatten sie ihre Einstände in den Revieren bezogen, die ihnen beste Äsung, gute Deckung und möglichst viel Ruhe boten. Das Rotwild mied die Einstände der Wisente. Das Schwarzwild dagegen steckte doch ab und zu mit ihnen in einer großen Dickung, wenn auch wohl immer in größerem Abstand voneinander. In der Morgen- oder Abenddämmerung habe ich öfter Wisente und Rotwild auf den großen Wiesen friedlich, wenn auch auf achtbare Entfernung, äsen sehen.

Ein Wisentrudel ganz ungestört beobachten zu können, war immer wieder ein großes Erlebnis. Es bestand meistens aus Alttieren mit ihren Kälbern, Schmaltieren und geringen Stieren. Die Kälber spielten öfter miteinander, nahmen die Wedel hoch und jagten sich, wie dies auch anderes Jungwild tut. In der Zeit, in der die Tiere brunftig wurden, war immer der Hauptstier zugegen und duldete keinen anderen Stier in der Nähe des brunftigen Tieres. In respektvoller Entfernung zeigten sich dann auch meistens andere starke Stiere, die sonst nicht beim Rudel standen. Durch zorniges Brummen, Stampfen mit den Vorderläufen und Aufschlagen des Waldbodens mit den Aufsätzen gab der Hauptstier seine Angriffsabsichten kund, und keiner wagte es, ihm zu nahe zu kommen. Es ist durchaus möglich, daß es doch öfter zu Kämpfen gekommen ist, meines Wissens ist dies aber nie beobachtet worden. Wie ich schon erwähnte, mußte 1869 der Hauptstier abgeschossen werden, weil er einen anderen Stier so geforkelt hatte, daß ihm ein Aufsatz durch das Licht bis ins Gehirn gedrungen war. Ein brunftiges Tier, das ihm nicht gleich zu Willen war, hatte er auch geforkelt, ihm die Federn (Rippen) zerschlagen und die Lunge verletzt. In dem großen Raum, der später den Wisenten zur Verfügung stand, haben wir etwas Derartiges nicht mehr erlebt.

Die Tiere, die meistens in den warmen Monaten setzten, zogen sich, sobald ihre Zeit gekommen war, an ruhige, kühle Plätze zurück. Schon nach einigen Tagen traten sie mit ihren Kälbchen wieder zum Rudel. In dieser Zeit standen die Hauptstiere nicht bei ihrem Rudel. Mit ein oder zwei Jungstieren, ihren Adjutanten, hatten sie sich einen besonders ruhigen, nahrhaften Einstand ausgewählt. Auch die anderen starken Stiere zogen es jetzt vor, nicht von der lebhaften Jugend beunruhigt zu werden, und setzten sich vom Rudel ab. Alle Wisente bevorzugten im Sommer kühle, feuchte Bestände, in denen auch möglichst trockene, sandige Stellen vorkamen. Bei geeignetem Wetter nahmen sie sehr gern Sandbäder, um sich von lästigem Ungeziefer zu befreien. In Schlamm und Moor suhlten sie nicht, wie es das Schwarz- und Rotwild mit Vorliebe tun.

Als einmal ein Bauer sein Heu von den Tiergartenwiesen einfuhr, lag mitten auf dem Weg zwischen zwei Dickungen ein starker Wisentstier und nahm sein Sandbad. Er dachte gar nicht daran, Platz zu machen. Das Pferd schnaubte und stampfte, und als der Bauer, der oben auf der Fuhre saß, mit der Peitsche knallte, wurde der Stier hoch und zog in die angrenzende Dickung. Das Pferd war aber so erschrocken, daß es seitlich auswich, den Wagen umkippte und die Deichsel und andere Wagenteile zerbrach. Der Schaden wurde natürlich von der fürstlichen Verwaltung ersetzt. In der Bevölkerung war aber bald im Umlauf, daß der Wisentstier das Pferd des Bauern habe „totmachen" wollen. Uns ist nicht bekannt geworden, daß Wisente anderes Wild angegriffen hätten. Das hatten sie auch gar nicht nötig, denn selbst das starke Rotwild hielt sich nicht in ihrer unmittelbaren Nähe auf. Auch Sauen zogen bald weiter, wenn sich ihnen Wisente näherten. Die gingen aber nicht flüchtig ab, ein Zeichen dafür, daß sie sich kannten.

Den Menschen wichen die Wisente aus, sobald sie Wind von ihnen bekamen oder sie frei äugen konnten. Um ein Wisentrudel aus einer Dickung zu drücken, genügte schon ein Mann, der es verstand, sich so zu bewegen, daß das Wild immer wieder Witterung von ihm bekam. Stieß man in unübersichtlichem Gelände unverhofft auf Wisente, dann konnte man, wenn man sie auch nicht sah, deutlich ein unwilliges Prusten oder auch Grunzen vernehmen. Dann war man gut beraten, stehenzubleiben oder sich etwas zurückzuziehen. Bald zogen sie weiter, und wenn man dann seinen Weg nicht ganz geräuschlos fortsetzte, hatte man nichts mehr zu befürchten. Gefährlich konnte es aber werden, wenn jemand auf ein frisch gesetztes Kalb stieß; dann erfolgte wohl immer ein Angriff des Muttertieres, jedoch ging die Verfolgung nicht weit. Waldarbeiter erzählten mir, daß eine Frau, die ihrem Mann Essen in den Wald gebracht hatte, auf ein ganz junges Kalb gestoßen sei. Sofort wäre sie von dem Wisenttier in die Luft geworfen und dann am Boden zertrampelt worden. Nachforschungen ergaben jedoch, daß sich die Frau durch Flucht hatte retten können, daß aber der Korb mit dem Essen in Grund und Boden getrampelt wurde.

Hunde wurden von allen Wisenten so gehaßt, daß letztere sofort zum Angriff übergingen, wenn sie ihrer ansichtig wurden oder sie auch nur windeten. Für Jäger mit Hunden konnte dies sehr unangenehm werden. Hilfsförster Biedermann mußte, um zu seiner Wohnung zu gelangen, das Revier Mezerzitz, in dem die Wisente im Winter standen, weil sie hier gefüttert wurden, durchqueren. Da er stets einen Hund mitführte, war er schon öfter in lebensgefährliche Lagen geraten, besonders bei Dunkelheit. Wenn er auch selber so hoch wie ein ausgewachsener Wisent und sehr stark war, so hatten ihn doch nur starke alte Bäume bei öfteren Angriffen retten können.

Um mehr Sicherheit im eigenen Revier zu haben, suchte er bei Tage ohne Hund die Wisente auf, pürschte sich möglichst nahe heran, pfiff, wie sonst seinem Hund, und schoß gleichzeitig mit Vogeldunst den Wisenten mehrmals in die Läufe. Als er das einige Male wiederholt hatte, brauchte er nur mit der Hundepfeife zu pfeifen und alle gingen flüchtig ab. Bei Nacht soll dies besonders eindrucksvoll gewesen sein, wenn ein ganzes Wisentrudel durch die Bestände brach, daß das Dürrholz krachte und der Boden dröhnte.

Die Wisente waren standorttreuer als alles andere Hochwild. Obgleich ihnen doch 10 000 ha frei zur Verfügung standen, blieben sie auf etwa der Hälfte der Fläche im östlichen Teil in mehreren Rudeln stehen. Die Eisenbahnlinie, die in nordsüdlicher Richtung den Pleßer Tiergarten in zwei fast gleich große Teile zerlegte und von Kattowitz über Dzieditz nach Wien führte, wurde nur in Ausnahmefällen von Wisenten überschritten. Vor solchem Hindernis, mehr aber wohl vor den anbrausenden Zügen, schienen sie eine unüberwindliche Scheu zu haben. Meistens waren es einzelne Stiere, die in der Brunft des Hauptstieres wegen nicht zu ihrem doch angeborenen Recht kamen und nun nach anderen nicht so behüteten Artgenossinnen suchen mochten. Merkwürdig hierbei war, daß sie immer nach Westen zogen; vielleicht war die um diese Jahreszeit herrschende Windrichtung die Ursache dafür.

Im Jahre 1934 hatte sich auch wieder ein starker Stier auf Wanderschaft begeben und war in den etwa 30 km entfernten Sohrauer Stadtwald gelangt. Ein großes Aufgebot von Treibern sollte ihn möglichst schnell in den großen Tiergarten zurückbringen. Hatte man ihn am Tage glücklich acht bis zehn Kilometer in östlicher Richtung vorwärtsgebracht, so zog er nachts möglichst noch weiter wieder zurück. Es mußten also nachts Wachen aufgestellt und Leuchtfeuer unterhalten werden. Das half! Sechs Tage dauerte es, bis er wieder bei seinesgleichen angelangt war; denn wenn ein Motorradfahrer oder ein Auto in die Quere kam, ging der Stier durch die Treiber zurück. Da half kein Schreien, Klappern, Blasen oder Schießen, dort, wo er durchwollte, machte ihm jeder bereitwilligst Platz. Nachdem er glücklich durch den teilweise niedergelegten Zaun im Gatter war, schreckte er noch einmal an der Bahnstrecke vor einem D-Zug zurück. Hinter ihm war aber das Gatter schon wieder geschlossen, und beim nächsten Versuch brachten wir ihn endlich wieder zu seinesgleichen.

Bis 1918, dem Ende des ersten Weltkrieges, war der Pleßer Wisentbestand bis auf 74 Stück angewachsen. Das konnte an der sehr gut eingerichteten Fütterung im Revier Mezerzitz festgestellt werden, die im Winter von allen Wisenten aufgesucht wurde. Während der Revolution, besonders aber während der polnischen Aufstände, wurden durch Wilddiebsbanden etwa 600 Stück Rotwild, 150 Stück Damwild, unzählige Rehe und 71 Wisente vernichtet. Die Forstbeamten, die zum Teil entwaffnet und selber wie das Wild gejagt wurden, waren hiergegen machtlos, und die interalliierte Besatzung, die allein das Recht und die Macht hatte, hiergegen einzuschreiten, hat es nicht getan!

So standen dann Ende 1922 in dem 10 000 ha großen Pleßer Tiergarten einsam und verlassen ein 19 Jahre altes Wisenttier, ein sechs- und ein vierjähriger Stier. Da von dem überalterten Tier kein Nachwuchs mehr zu erwarten war, und auch der letzte freilebende Wisent 1921 in Bialowieza von einem ehemaligen Förster namens Spakowitz gewildert wurde, schien der Auftakt zum Aussterben der Wisente gegeben zu sein; denn auch im Kaukasus sollte kein Wisent mehr seine Fährte ziehen.

In dieser bedrückenden Lage fanden sich in letzter Stunde tatkräftige Männer und gründeten die „Internationale Gesellschaft zur Erhaltung des

Wisents", die sich dann auch ihres Namens würdig erwiesen hat. Ihr erster Präsident war Dr. Priemel, Direktor des Zoologischen Gartens in Frankfurt (Main). Er hatte festgestellt, daß 1922 nur noch 56 Wisente am Leben waren, die über den ganzen Erdball verteilt in kleinen Gehegen oder in Zoologischen Gärten standen.

Erfreulicherweise wollte aber auch die Natur ihr stärkstes europäisches Wild nicht aussterben lassen; denn wider Erwarten setzte das überalterte Pleßer Tier 1923 ein Stierkalb, 1924 ein Tierkalb und 1926 noch ein Stierkalb. Das 1924 gesetzte Tierkalb wurde dann die Stammutter einer noch einmal aufblühenden Pleßer Wisentzucht: 1928 setzte sie ihr erstes und 1943 ihr letztes Kalb. Als sie 1944 einging, hatte sie 15 gesunde, kräftige Kälber gebracht, damit war sie eines der fruchtbarsten Wisenttiere.

Der ältere der beiden Wisentstiere, die das grausame Gemetzel der Wilddiebsbanden überlebt hatten, war hierbei schwer angebleit worden. Daß man ihm den Wedel abgeschossen hatte, war nicht lebensgefährlich, jedoch hatte er unter den gefürchteten Rinderbremsen, die er nicht mehr abwehren konnte, viel zu leiden. Ein Steckschuß im Becken und eine angeschossene Blattschaufel machten ihm im Alter das Leben schwer. Mit 20 Jahren kam er nur noch schlecht auf die Läufe. Da erteilte mir Fürst Pleß den Auftrag, den alten „Wodan", so war sein Pleßer Name, abzuschießen. Während er im Bett saß, mochte ich ihn aber doch nicht erlegen, und deshalb ließ ich ihn am 15. September 1937 durch einige Waldarbeiter aus einer Dickung in ein Altholz drücken. Da ihm jetzt auch bei ruhigem Ziehen die Gelenke knackten, hörte ich ihn schon auf größere Entfernung kommen. Als er über eine Bestandslücke zog, ging ich in Anschlag; das hatte er wahrgenommen und verhoffte auf etwa 50 Gänge. Ich wußte, daß das Herz bei Wisenten unter Berücksichtigung des hohen Widerristes sehr tief sitzt und setzte die Kugel dorthin, wohin sie gehörte. Er quittierte sie durch zwei mächtige Fluchten, die ich dem alten, zwei Meter hohen Koloß gar nicht mehr zugetraut hatte, blieb stehen, stellte die Läufe breit auseinander, schwankte und brach dann verendet zusammen. Beim Aufbrechen stellten wir fest, daß das Geschoß die Hauptschlagader direkt über dem Herzen zerrissen hatte. Der kapitale Stier war innerhalb weniger Sekunden verendet.

Nur noch Relikt im Urwald: der Wisent.

Wisente im Urwald von Bialowieza

Vor der Abreise zur Hahnenbalz in die Rokitnosümpfe, Anfang des Jahres 1938, erhielt ich vom polnischen Ministerium für Landwirtschaft über Tierarzt Dr. W. eine Einladung zum Besuch des Wisentgeheges Bialowieza. Dr. W. hatte 1936 den dreijährigen Wisentstier „Plisch" aus der einzigen noch bestehenden Herde reinblütiger Flachlandwisente aus den Pleßer Forsten in Empfang genommen und den Transport nach Bialowieza geleitet. Dabei hatten wir uns kennen und schätzen gelernt. Mit der Verständigung haperte es zwar etwas, doch waren seine deutschen Sprachkenntnisse bedeutend besser als meine polnischen, und daher ist es zwischen uns nie zu groben Mißverständnissen gekommen.

An Dr. W. hatte ich sofort geschrieben und ihm mein Vorhaben, im nordöstlichen Polen auf Rauhfußhähne zu jagen, mitgeteilt. Meinen Besuch in Bialowieza würde ich rechtzeitig telegraphisch anmelden. Dies geschah auch. Obwohl die Entfernung von meiner jagdlichen Betätigung bis zum Wisentgehege in der Luftlinie nur etwa 130 km betrug, war die Eisenbahnverbindung in dieser Weltabgeschiedenheit und der Schwierigkeit des Sumpfgeländes entsprechend natürlich nicht als gut zu bezeichnen. Schon am Nachmittag mußte ich abfahren, um am nächsten Morgen mein Ziel zu erreichen, zwar zu einer für einen Erstbesuch unschicklich frühen Stunde um fünf Uhr, aber es ging nicht anders.

Um so mehr war ich erstaunt, als ein Diener in Livree, kaum daß ich dem Zuge entstiegen war, meinen Koffer und meinen Drilling im Futteral in Empfang nahm und mich zu einem Jagdwagen führte, der mit zwei prächtigen Goldfüchsen bespannt war. Auf dem Vordersitz saß ein Kutscher, gleichfalls in Livree, der mich durch Senken der Peitsche begrüßte. Nachdem Koffer und Jagdwaffe sorgsam untergebracht waren und der Diener hinter mir auf einem Sitz Platz genommen hatte, ging es im schlanken Trab mit gekonnter Zügelführung und guter Haltung des Rosselenkers bis vor das ehemalige Jagdschloß des Zaren von Rußland. Hier wurde ich mit großer Höflichkeit empfangen und mit Exzellenz angeredet. Da zu so früher Stunde kein Dolmetscher zugegen war, nützten meine Einwände: „Nix Exzellenz, nix Minister!" auch nichts. Und als ich dann an eine Tafel geführt wurde, die mit einem erlesenen Frühstück beschickt war, war mein Widerstand gebrochen. Warum sollte ich, besonders nach dem einfachen Leben im urwaldartigen Busch und der langen Fahrt, mich solch ungeahntem, glücklichem Entgegenkommen nicht beugen? Ich hatte getan, was ich konnte. Mochte die Sache nun ihren weiteren Verlauf nehmen. Als mir dann auch noch ein elegantes Schlafzimmer angewiesen wurde, schlief ich bald den Schlaf des Gerechten.

Als ich gegen Mittag zart geweckt wurde, stand mein Bekannter Dr. W. vor mir. Er entschuldigte sich, daß er mich nicht, wie vorgesehen, vom Bahnhof abgeholt hatte. Es wäre aber die Taufe eines Knaben gefeiert worden; die Feier hätte sich bis in die Morgenstunden ausgedehnt, und daher hätte er einfach verschlafen. Heute wäre er leider dienstlich verhindert, und wir könnten nicht am Nachmittag zu den Wisenten fahren. Wenn es mir aber recht wäre, könnte ich bald nach dem Mittagessen einen Teil des Urwaldes besichtigen. Ein Förster, der einigermaßen deutsch spräche, würde mich abholen. Das war mir natürlich sehr recht, denn mich interessierte der Urwald, einst der größte Europas, ganz besonders, wenn auch nach Beendigung des ersten Weltkrieges der urwaldartige Charakter teilweise verlorengegangen war. Alle Kriege gehen doch immer auf Kosten des Landes, in dem sie ausgetragen werden.

Sicher hatte Dr. W. das vermeintliche Inkognito gelüftet; das aber tat der guten Betreuung und Verpflegung keinen Abbruch.

Mit einem Einspänner fuhren wir, der Förster und ich, durch eine landwirtschaftlich genutzte Gegend, die aus vielen schmalen handtuchartigen Ackerstreifen bestand. Mein Begleiter erzählte, daß dies die Folge fortwährender Erbteilung sei. Er selber besäße einen sehr schmalen langen Streifen, der es nicht gestattete, ein kleines Häuschen darauf zu bauen.

Der Urwald enttäuschte meine Erwartungen nicht. Zum Teil hatte sich unter uralten, weiträumig stehenden, bis unten beasteten Eichen und Eschen ein derartiger Unterwuchs von Gräsern, Kräutern und Sträuchern angesiedelt, daß er das Aufkommen junger Baumholzarten kaum ermöglichte. Da bis zu dieser Zeit jede Holz- oder Streunutzung fehlte, die dem Waldboden doch die meisten Nährstoffe entzieht, hatten sich unvergeßliche Waldbilder entwickelt. Besonders beeindruckte mich der Bestand der kleinblättrigen Winterlinde. Kerzengerade streckten sich starke Stämme über 30 m hoch in die Luft, die auf 15 bis 20 m astrein waren. Unter dem dichten Kronendach hatte sich bisher nur wenig Bodenbewuchs eingefunden. Aber, was war denn das? Was ich anfangs bei nicht genauem Hinsehen für Bürstenmoos gehalten hatte, entpuppte sich als Fichtenanflug! Wo kam denn der her? Richtig, da standen ja auch einzelne starke Fichten! Die nächste Generation würde hier also kein Laub-, sondern Nadelwald sein. Wie der Landwirt möglichst alljährlich für Fruchtwechsel sorgt, so tut es hier im Urwald die allweise Mutter Natur, nur daß sich dieser Prozeß oft erst in Jahrhunderten vollzieht.

Es ist natürlich unmöglich von all' den herrlichen Waldbildern, die ich in den wenigen Nachmittagsstunden in mich aufnehmen konnte, auch nur einen annähernd richtigen Überblick aufzeichnen zu können. Besonders beeindruckten mich aber noch sehr starke Kiefern, die in ihrer bescheidenen Lebensweise oft mit ärmstem Sandboden vorlieb nehmen müssen, mit diesem Überangebot an Nährstoffen scheinbar hier aber nichts anzufangen wußten. Sie waren an längst überwachsenen Astquirlen rundherum aufgeplatzt, und die Borke hob sich an solchen Stellen etwa handbreit, wie ein überstehendes Dach vom Stamm ab. Sie wurden hier mit „Kragenkiefern" bezeichnet.

Am nächsten Morgen fuhr Dr. W. mit mir zu den Wisenten. Das 57 ha große Gehege lag nicht weit von der einsamen Straße Bialowieza–Haynówka. In dem, gegen Pleß, sehr kleinen Gatter konnte es nicht schwer sein, die Wisente zu finden. Sie standen auch in der Nähe der Fütterung. Nur drei Stück! Das war hier 1938 der ganze reinblütige Flachland-Wisentbestand! Die anderen, nicht reinblütigen Wisente waren 1936, also in demselben Jahre, in dem der Stier „Plisch" nach Bialowieza kam, nach Smardrzewice gebracht worden. Der Pleßer Stier, jetzt fünfjährig, hatte sich sehr gut entwickelt. Die beiden Tiere (Kühe) sahen dagegen recht schwach aus, machten sonst aber einen gesunden Eindruck. Es waren Nachkommen von Tiergartenlinien. Wie anders mochte es in der Mitte des vorigen Jahrhunderts ausgesehen haben, als sich hier gegen 2000 Wisente tummelten! Durch Äsungsmangel, Parasiten und Seuchen soll dann der stark übersetzte Bestand auf etwa 500 Stück zurückgegangen sein. (Nach Dr. Erna Mohr, „Der Wisent")

Der Heger, der die Wisente betreute, war sehr erfreut, als ich mich anerkennend über die Pflege dieser Urwaldbewohner äußerte. Er schenkte mir dann auch ein Päckchen getrocknetes „Wisentgras" (Hierolocha australis), das in den Bialowiezaer Wäldern gut gedeiht. Einige Halme einer Flasche reinen Kornbranntwein zugesetzt, geben diesem einen guten, waldmeisterähnlichen Geschmack. In Polen ist dieser Schnaps unter dem Namen „Żubrowka" (= Żubr = Wisent) bekannt. Das Ruchgras (Authoxanthum odoratum L.), das wohl in den meisten deutschen, lichten Wäldern vorkommt, ist auch kumarinhaltig und dürfte bei gleicher oder ähnlicher Verwendung den Waldmeistergeschmack hervorbringen.

Es würde zu weit führen, hier auf den bewirtschafteten Waldbestand, den wir auf der langen Fahrt durch den Urwald in Augenschein nehmen konnten, näher einzugehen. Erwähnen möchte ich aber noch, daß wir auch den Wildpferden, Tarpane genannt, einen Besuch abstatteten. Hier wurde ein Versuch unternommen, die fast ausgestorbenen echten Wildpferde durch Rückkreuzung wieder rein zu züchten, ähnlich wie solche Versuche zwischen Wisent und Bison mehrererorts im Gange waren. Leider ließ uns der Leithengst, der seine Herde bei unserer Annäherung zusammendrängte und umkreiste und uns sogar bedrohte, nicht so nahe heran, daß ich einzelne Tiere hätte gut betrachten können. Aber Fehlfarben, die auf Rückschläge hindeuteten, ließen die Schwierigkeit solcher Unternehmen erkennen.

Am Abend waren wir Gäste des Direktors der Forstdirektion Bialowieza. Es gab so viel über Bialowiezaer und Pleßer Wälder und Wild zu erzählen, daß die Zeit wie im Fluge verging. Als Dr. W. berichtete, daß man mich hier durchaus zum Minister habe machen wollen, ich mich aber mit Worten und Gebärden erfolglos dagegen gewehrt habe, lachte der Forstdirektor und meinte, daß ich die schwere Last eines Ministers während eines kurzen Jagdurlaubes ruhig hätte auf mich nehmen können, die hätte ich mit Leichtigkeit getragen. Für meine Anspruchslosigkeit würde er mir aber gerne einen Urhahn zum Abschuß freigeben, den ich schon morgen erlegen könnte. Auf so viel Entgegenkommen war ich nicht gefaßt. Dankend lehnte ich ab mit dem Bemerken, daß mein waidmännisches Empfinden nicht auf große Strecken dieses edlen Federwildes gerichtet sei, dessen natürlicher Lebensraum durch die Zivilisation und das rasche Vordringen der Menschen bis in die Urnatur mehr und mehr eingeengt werde. Auch würde ich die Erlegung eines Hasel-, Birk- und Auerhahnes in den Rokitnosümpfen als eines der größten Erlebnisse in meiner Erinnerung bewahren. Dies schien nun wieder der Forstdirektor nicht erwartet zu haben, doch fand meine Enthaltsamkeit großen Beifall. Der „Żubrowka", der mit der Zeit immer besser schmeckte, hatte nicht nur unsere Köpfe erhitzt, sondern auch unsere Herzen erwärmt, und mir wurde in den frühen Morgenstunden versichert, daß mein bis dahin stümperhaftes Polnisch immer besser geworden sei. Das mochte daher kommen, daß ich in den letzten Wochen kaum deutsche Worte gehört und außerdem mich gescheut hatte, ohne eine gelöste Zunge meine schlechten Sprachkenntnisse mutig anzuwenden.

Mit den besten Wünschen für ein allseitiges Wohlergehen und einem Wiedersehen im Urwald trennten wir uns, und ich fuhr mit dem nächsten Zug einem schönen Frühlingstag entgegen. Damals konnten wir es nicht ahnen, daß der zweite Weltkrieg bevorstand und daß nach Beendigung desselben unpassierbare Grenzen geschaffen würden, die ein Wiedersehen unmöglich machten.

Nach dem letzten Krieg wurde die Grenzziehung zwischen der Weißrussischen SSR und der Volksrepublik Polen in Nordsüdrichtung mitten durch dieses Urwaldgebiet geführt. Die Grenzziehung hielt sich dabei nicht einmal an Flußläufe und andere natürliche Merkmale, sondern führte geradlinig längs einer kilometerlangen Schneise zwischen den seit der Vermessung von 1845 fortlaufend numerierten quadratischen Jagenreihen. Man kann sich denken, welches Befremden diese Aufspaltung unter den Betreuern und Kennern des Urwaldgebietes erregt hat. Doch an dieser politisch bedingten Tatsache durfte nicht gerüttelt werden. 76 000 ha des Urwaldes fielen an die Sowjetunion und 29 000 ha an Polen (Auszug aus „Urwald Bialowies", der Forst- und Holzwirt Nr. 24/68, von Dr. E. Buchholz, einem der besten Kenner der größten Wald-, Moor- und Wasserlandschaft des europäischen Flachlandes, die im Quellgebiet der Flüsse Narew, Pripjet u. a. liegt).

Auch die Pleßer Forsten mit dem gesunden, ausgeglichensten reinblütigen 12köpfigen Wisentbestand kamen zu Polen. Gerade diese Wisente haben sehr viel dazu beigetragen, daß gegenwärtig etwa 1000 reinblütige Wisente den Weltbestand bilden und nach menschlichem Ermessen deren Erhaltung gesichert ist.

Die Wisentfreunde werden allen, die dies mit Mühe, Umsicht, Geduld und Ausdauer, aber auch unter Aufwand erheblicher Mittel fertiggebracht haben, sehr dankbar sein!

> Der König des Urwalds ist tot!
> Der Urstier, hier liegt er gestreckt!
> Brummend noch stampft er vor kurzem im Moose,
> doch er erlag unabweislichem Lose.
> Trauert! Er ist bald der letzte in der Welt!
> Wisent tot, Wisent tot!

So rief es das Pleßhorn in den stillen, dunklen Wald und verkündete damit das Ende eines der letzten Wisente jener Zeit.

Schon 1869, als Kaiser Wilhelm I. den ersten Wisentstier erlegte, hatte Hans Heinrich XI., Herzog von Pleß, den Text zu dem Signal „Wisent tot" verfaßt und auch vertont. Noch jahrelang ist dann an dem Signal herumgefeilt worden, damit die letzten schweren Fluchten eines totwunden Recken gut zum Ausdruck kamen. So ist es dann auch bis zur Jetztzeit erhalten geblieben.

War es 1869 der erste Wisentstier, der in den Pleßer Forsten gestreckt wurde, so war es 1937 der letzte. Im Auftrag des Fürsten Hans Heinrich XV. erlegte der letzte Pleßische Wildmeister den urigen Stier.

Reservat soll aufgelöst werden

Wie die „Trybuna Opolska" vom 8./9. Juli 1967 berichtet, leben in dem Wisentreservoir in den Wäldern um Pleß 31 von diesen Tieren, von denen jetzt sechs Stück die Reise ins Ausland antreten werden, und zwar nach England und in die Bundesrepublik.

Aus dem Pleßer Reservat wurden bereits 40 dieser seltenen Tiere nach dem Ausland exportiert. Trotzdem verringerte sich ihr Bestand nicht, er wurde im Gegenteil größer. In diesem Jahr wurden schon sechs Kälber geboren, und zum Sommerende sind vier weitere zu erwarten (Nach dem Wisentzuchtbuch, Warschau 1. 1. 1961, standen 1960 in Pleß [= Pszczyna] schon 26 reinblütige Wisente).

Wie vereinbart sich das nun mit folgendem Bericht?

„Reservat verschwindet
Eigener Bericht — SAD Berlin, den 20. Oktober 1971
Das ehemalige Wisent-Reservat des Fürsten von Pleß in Oberschlesien soll aufgelöst werden. Nach einer Meldung von Radio Warschau haben sich die polnischen Forstbehörden zu diesem Schritt entschlossen, weil die Lebensbedingungen für diese seltenen Tiere nicht mehr ausreichen..."

In dieser Meldung wird natürlich nicht erwähnt, daß es die polnischen Forstbehörden selbst waren, die den Lebensraum der Wisente sehr stark eingeengt haben. Um sie zu Schauobjekten für die seit jeher sehr interessierte oberschlesische Bevölkerung zu machen, wurden die Wisente aus dem 10 000 ha großen Gatter in ein nur wenige Hektar großes Gehege gebracht. Hier wurden sie aus dem sehr dicht besiedelten Oberschlesien von Tausenden besichtigt. Diese Menschen würden es niemals verstehen, wenn die „Auerochsen", wie sie dort volkstümlich genannt werden, die schon seit 1865 Bestandteil der Pleßer Wälder sind, plötzlich daraus verschwinden sollten!

Bei der ungewöhnlich starken Einengung des Lebensraumes der Wisente scheint vergessen worden zu sein, daß diese dadurch auch verschiedenen Gefahren ausgesetzt waren. Quittiert wurde diese Maßnahme durch die Einschleppung der Maul- und Klauenseuche, die die fast vollständige Vernichtung der stolzen Herde im Gefolge hatte. Erst nachdem die zahlreichen Besucher über die mit Desinfektionsmitteln getränkte Matten in das Schaugehege gelangen konnten, wurde der Wiederaufbau mit Erfolg fortgesetzt.

In der Abhandlung „Von urigen Wisenten" habe ich schon berichtet, daß nach Beendigung des ersten Weltkrieges nur noch 56 reinblütige Wisente den Weltbestand bildeten, die in kleinen Gehegen oder in Tiergärten standen. In dem 10 000 ha großen Fürst-Pleßischen Gatter hatten auch nur drei Stück Krieg und Aufstände überlebt. Im Urwald von Bialowieza, wo 1857 noch 1898 Wisente standen und sich 1915 noch 770 Stück tummelten, lebte 1921 kein Wisent mehr. Mithin waren die reinblütigen Wisente in der freien Wildbahn, bis auf die drei Pleßer, vernichtet oder ausgestorben. Diese haben sehr viel zur Sicherung des Weltbestandes reinblütiger Wisente beigetragen.

Nach Dr. Erna Mohr †, Schriftführerin des Wisentzuchtbuches, entwickelte sich aus dem kümmerlichen Rest von 2:1 Stück im Jahre 1923 die schönste und einheitlichste Wisentherde der letzten 30 Jahre... (Dr. Erna Mohr „Der Wisent", Seite 62).

Es ist wohl weltweit bekannt, daß gerade Polen sehr viel für die Erhaltung der Wisente getan hat. Aber gerade deshalb sollte man auch die Wisente in den Pleßer Wäldern, in denen sie seit 1865 stehen, erhalten!

2 Von kapitalen Hirschen

„Ein jagdbarer oder guter Hirsch ist" (nach Dietrich aus dem Winkel) „bei der teutschen Jagd der, welcher wenigstens zwölf Enden hat und 300 Pfund wiegt; mit zehn Enden ist er nur schlecht jagdbar. Der alte, starke, gute Hirsch mit starkem Geweih heißt Kapitalhirsch, Haupthirsch."

Trotz dieser allgemein verständlichen Richtlinien war die Bezeichnung „Kapitalhirsch" so verschieden wie die Landschaft, aus der sie kam, und zeigte die recht unterschiedliche Auslegung durch die Jäger. Oft wurden Hirsche als Kapital bezeichnet, die weit davon entfernt waren.

Manche Jäger glaubten, daß ihre erbeuteten Geweihe gar nicht übertroffen werden könnten. Wenn sie diese aber zu Internationalen Geweihausstellungen schickten (in Deutschland fand die erste 1895 in Berlin statt), dann waren sie bitter enttäuscht, daß ihre Trophäen keine Beachtung gefunden hatten und nicht prämiiert worden waren (Waidwerk in Wort und Bild, März 1895).

Auch die in unseren Jagdgesetzen verankerten Richtlinien zur Bewertung von Geweihen und anderen Trophäen werden nicht alle Jäger befriedigen. Vor fatalen Enttäuschungen – wie angeführt – können sie doch jeden bewahren, der sich mit den für sein Gebiet geltenden Bestimmungen vertraut gemacht hat. Die Freude an seinen Trophäen wird ihm dann erhalten bleiben; denn schließlich hängt ihr Wert nicht nur von der Punktzahl, sondern auch von dem Erlebnis ab.

Das vorige Jahrhundert hat gar nicht so viel kapitale Geweihe hervorgebracht, wie vielfach angenommen wird, weil meistens das Jagen vor dem Hegen stand. Mehrfach habe ich solche Geweihe, die alle anderen in den Schatten stellen sollten, mit befreundeten Sachverständigen besichtigt. Wir mußten dann feststellen, daß sie von dem Begriff kapital – nach Internationalen Bewertungen – doch sehr weit entfernt waren.

So ist es auch mit manchen Geweihen, die ostdeutsche Jäger bei der Vertreibung zurücklassen mußten. Solche Trophäen wachsen in der Erinnerung immer noch; sie werden von Jahr zu Jahr stärker, kapitaler und begehrenswerter. Das ist aber ein Zeichen dafür, wie sehr diese

Jäger an ihren Trophäen und an der verlorenen Heimat hängen, die sie nie vergessen werden. Bei gelegentlichen Unterhaltungen ist mir das so recht zum Bewußtsein gekommen.

In den bestens gehegten und gepflegten Rotwildrevieren war es schon vor etwa 100 Jahren bekannt, daß nicht durch die Hege mit der Waffe allein, sondern vielmehr durch Verbesserung des Lebensraumes die Qualität des Rotwildes ganz erheblich angehoben werden konnte. Um aber auch nachhaltig kapitale Hirsche erlegen zu können, mußten gut veranlagte Hirsche rechtzeitig als solche erkannt und alt genug werden. Dazu gehörten aber – auch in unserem alten Deutschland – viel Erfahrung, Geduld und Entsagung; denn es gibt nicht viele Hirsche, die veranlagt sind, wirklich kapital zu werden! In Versuchsgattern werden die Hirsche oft mit einem Überschuß an geweihbildenden Nährstoffen (Hormonen und Vitaminen) so aufgepulvert, daß sie mit 6 bis 8 Jahren hochkapitale Geweihe schieben. Mit waidgerechter Hege und waidgerechter Jagd hat das natürlich nichts mehr zu tun.

Waidwerk daheim

Im ersten Weltkrieg hatte ich vom mazedonischen Kriegsschauplatz aus Urlaub erhalten. Als ich am 10. Oktober 1917 zu Hause eintraf, war die Rotwildbrunft so gut wie beendet. Rittergutbesitzer Schröder-Stranz in Westpreußen gab mir in liebenswürdiger Weise für Hirsche und Kahlwild sowie für Schwarzwild freie Büchse. Fast alle Jäger waren eingezogen, und das Wild machte auf den Feldern großen Schaden. Der Wildbestand war angestiegen, und sehr starke Kronenhirsche sollten in der Brunft gesehen worden sein.

In den letzten Jahren vor dem Kriege hatte ich meine Erfahrungen über das Bejagen des Rotwildes, besonders in den Pleßer Forsten, erheblich erweitern können. Mit hochgespannten Erwartungen sah ich den nächsten Tagen entgegen, obwohl ich wußte, daß es schwer sein würde, so kurz nach der Brunft zu Schuß zu kommen.

Daß abends nicht viel zu machen sein würde, hatte ich bald herausbekommen, denn das Wild trat erst bei völliger Dunkelheit auf die Felder aus. Wollte ich es nicht vergrämen, dann verbot sich nachmittags jedes Herumpürschen in den meist unübersichtlichen Beständen von selbst. Auch der Abendansitz im Walde konnte sich der früh einbrechenden Dämmerung wegen nur nachteilig auswirken. Hochsitze waren nicht vorhanden. So setzte ich meine ganze Hoffnung auf den Tagesbeginn und sollte darin auch nicht enttäuscht werden, obgleich ich in den ersten Tagen nicht zum Erfolg kam.

Eines frühen Morgens hatte ich aber doch jagdlichen Erfolg. Aus einer Rotte Sauen, die sehr zeitig zu Holze zog, konnte ich eine Doublette auf Überläufer machen. Als der erste im Feuer zusammenbrach, quirlte die ganze Gesellschaft durcheinander, verhoffte einen Moment, und so war es nicht schwer, auch noch dem frei und etwas abseits stehenden zweiten eine gute Kugel anzutragen. Lungenschweiß lag gleich am Anschuß und nach kurzer Suche fand ich die Sau verendet in der Fährte.

Auch zwei Stücke Rotwild konnte ich während meines Urlaubs erlegen. Das erste Stück war ein Kalb, das etwa 40 m vom Anschuß verendet lag. Als nächstes beschoß ich ein Schmaltier, das über Mittag mit Alttier und Kalb zwischen Dickungsrand und Stangenholz äste. Ich war gut abgekommen und des Erfolges sicher. Weil ich am Anschuß aber nur Schnitthaar fand, ging ich nicht nach, sondern begab mich nach Hause, um einen alten Jäger, Herrn Post, der schon 70 Jahre hinter sich hatte, zu bitten, mit seinem Deutsch-Kurzhaar-Rüden Tell zur Nachsuche zu kommen. Er sagte auch sogleich freudig zu, und war am Nachmittag auch pünktlich zur Stelle, aber ohne Hund.

„Wo haben Sie denn Ihren Tell?" fragte ich.

„Den konnte ich nicht mitbringen", sagte Post. „Der ist jetzt gut ausgeruht, und wenn der an Rehe kommt, und die gibt es hier genug, dann können wir gleich nach Hause gehen; heute sehen wir ihn dann bestimmt nicht wieder!"

„Warum halten Sie denn überhaupt solchen Köter, der Ihnen doch nur Verdruß bereitet? Daß er auch auf Hühner nichts taugt, habe ich in den letzten Tagen doch hinreichend erlebt!"

„Den Hund kann ich in der Kriegszeit doch nicht abschaffen, dann müßten wir ja alle verhungern, der ernährt doch die ganze Familie!" entgegnete Post zu meiner Überraschung.

„Na, so schlecht steht es bei Ihnen mit der Ernährung bestimmt nicht", gab ich zurück. „Sie haben hier auf dem Rittergut als Brennereiverwalter doch hohe Deputate. Sie haben Brot und Mehl, Milch und Butter, Fleisch und Fett, Kartoffeln und Gemüse, alles sehr reichlich und dazu noch Ihren großen Geflügelhof – was hat denn Tell da noch mit Ihrer Lebensmittelversorgung zu tun?"

„Weißt Du", sagte der Alte, „jetzt kurz nach der Ernte ist es mit dem Fleisch etwas knapp. Die jungen Hähnchen haben wir fast alle geschlachtet, die alten abkömmlichen Legehühner sind in der Mauser, sind also zu trocken, und die Enten und Gänse sind noch nicht schlachtreif. Zwar habe ich noch einen guten Hammel zu bekommen, aber bei der Hitze wird einem das fette Schaffleisch auch über. Da springt dann Tell in der Not ein und holt uns ab und zu ein Haushuhn aus den dorfnahen Getreide- schlägen, wo doch die Bande nichts zu suchen hat und einen unheim- lichen Schaden anrichtet!"

Post war als Spaßmacher bekannt, und so wußte man nie, was Wahr- heit und was Dichtung war. Zwar hatte ich es auch einmal erlebt, daß Tell eine Henne aus einem Haferfeld brachte. Dafür hatte er aber soviel Prügel bekommen, daß er den ganzen Tag über nicht in greifbare Nähe seines Herrn kam. Nach dieser Züchtigung, so hatte ich angenommen, würde Tell in seinem ganzen Leben nie mehr ein Haushuhn anrühren. Von Hundeführung hatte Post offenbar keine Ahnung. Vor dem Krieg hatte er auch keinen Jagdhund gehabt. Als guter Schrotschütze hatte er mit meinem verstorbenen Vater, der in Stranz als Privatförster ange- stellt war, gern Hühner- und Entenjagden mitgemacht.

Der Alte, der früher nicht auf Hochwild gejagt hatte, kannte jetzt alle Wechsel genau, ein Zeichen, daß er während des Krieges viel im Revier gewesen war. Er mochte an der übergroßen Heimlichkeit des Wil- des nicht ganz unbeteiligt sein.

Nachdem ich Post noch einmal die Sachlage erklärt hatte, sagte er: „Hier an diesem Wacholderbusch bleibe ich stehen. Wenn das Stück noch lebt, kommt es auf diesen Wechsel, etwas anderes kommt gar nicht in Frage."

Vom Anschuß an fand ich nach einigen Metern schon Lungenschweiß und nach etwa 60 Gängen das längst verendete Schmaltier mit gutem Blattschuß. Während ich mir das Stück genauer betrachtete, es umdrehte und feststellte, daß es, wie das in den weitaus meisten Fällen der Fall ist, auf der Einschußseite lag, fiel bei dem vorgestellten Schützen ein Schuß.

Bei meinem Erscheinen stand Post am Anschuß und berichtete in sicht- lich gehobener Stimmung:

„Siehst Du, wie der Alte die Wechsel kennt! Ich habe auf einen Hirsch geschossen, einen Zehner oder Zwölfer, genau kann ich es nicht sagen, aber er war stark wie ein Stier und hatte sehr starke Stangen und gute Kronen. Er kam mir auf etwa 60 Schritt genau auf dem Wechsel. Auf meinen Schuß ging er vorne hoch, er wird gleich vorne in der Dickung liegen!"

Am Anschuß lagen sehr viele kurze Schnitthaare, auch einige kleine Deckenfetzen, alles weit verstreut. In den besten deutschen Rotwild- revieren hatte ich bezüglich der Schußzeichen schon meine Erfahrungen sammeln können. Für mich stand deshalb fest, daß wir mit diesem Schuß den Hirsch nicht bekommen würden.

„Herr Post", sagte ich, „die Schußzeichen gefallen mir nicht. Die Kugel sitzt anscheinend zu kurz, dicht hinter den Vorderläufen, und hat nur die Decke leicht gestreift!"

„Du kannst wohl noch nicht gut gucken, wir müssen wohl erst einmal nach der ‚Uhr' sehen, damit die Augen klarer werden!" entgegnete Post.

Seine „Uhr" kannte ich nur zu gut. Das war eine flache, runde Flasche, die die Form einer riesigen Taschenuhr hatte, gerade in seine Jagdtasche paßte und etwa einen halben Liter Flüssigkeit fassen mochte.

Er tat einen mächtigen Zug, ohne eine Miene zu verziehen, und reichte mir die Flasche. Ich nahm auch einen Schluck, aber sofort blieb mir die Luft weg und Tränen traten mir aus den Augen; sprechen konnte ich kein Wort.

„Der schmeckt Dir wohl nicht?" sagte lachend der Alte. „Der ist doch rein und unverfälscht; viel Wasser ist da natürlich nicht drin, denn mit unnötigem Stoff schleppe ich mich nicht gern herum. Sieh mal an, was Du für ein feiner Herr geworden bist, das kommt davon, wenn man die Heimat verläßt und in die Fremde geht."

„Nein", sagte ich, „das ist es nicht! Die Heimat ist für mich, wie wohl für jeden anständigen Menschen, das höchste Gut, das unsere Erde zu vergeben hat, aber mit Ihrem Rachenputzer können Sie mir keine Heimatliebe einflößen, damit können Sie mir gestohlen bleiben."

„Na, so scharf ist mein Schnaps nun ja auch nicht", lenkte Post wieder ein, „der hat doch höchstens 80 Prozent; Dein Bruder Albrecht ist viel jünger als Du, und dem schmeckt er!"

„Mit was haben Sie denn überhaupt geschossen?" fragte ich „Sie haben doch nur ihre Doppelflinte mit!"

„Mit solchem Brocken soll der Hirsch wohl nicht weit gegangen sein", und stolz zeigte er mir seine Witzleben-Flintenlaufgeschosse.

„Ja", sagte ich, „wenn das Geschoß im Leben sitzen würde, dann hätten Sie wohl recht, aber unter dem Bauch hat der Hirsch kein Leben mehr."

„Ich kann den Hirsch auf die paar Schritte doch nicht nur angekratzt haben", meinte der nun nicht mehr ganz so sichere Jäger, „der liegt längst verendet in der Dickung!" und er schickte sich an, der Fährte zu folgen.

Nur mit Mühe konnte ich ihn davon abhalten und ihm klarmachen, daß es doch viel einfacher sei, die kleine Dickung, die sich von allen Seiten gut abfährten ließ, zu umschlagen; wäre der Hirsch nicht heraus, dann könnten wir guten Mutes der Fährte folgen.

Wir hatten schon die Dickung fast umkreist, nur noch freies Feld vor uns, und noch war der Hirsch nicht heraus. Plötzlich stand aber die Fluchtfährte klar und deutlich vor uns. Er war zunächst etwa 300 m über freies Feld geflüchtet, hatte dann die Naklitzschonung angenommen, war am Dycksee vorbei über die Raume-Heide gezogen, hatte die Bahnlinie Stranz–Harmelsdorf überquert, war dort von Bahnarbeitern gesehen worden und zwischen dem Gr. Schmollen- und Mellensee in den Deutsch-Kroner Stadtforst eingewechselt. Die Fährte zeigte hier ein ganz natürliches Bild. Schrank und Schrittlänge waren normal, die Schalen gut geschlossen und nicht gespreizt, wie es sonst bei krankem Hochwild der Fall ist. Auf der ganzen, etwa 4 km langen Fluchtfährte, die wir natürlich nicht durchweg halten konnten, hatten wir nicht einen Tropfen Schweiß gefunden.

Der alte Post war von diesem Ergebnis tief erschüttert. Er, der bei vielen Jagden immer mit Witz und Humor zur Stelle und als sicherer Schrotschütze ein gern gesehener Gast war, mußte nun zusehen, wie ihm eine große, vielleicht die letzte Chance, einen Hirsch – sogar einen kapitalen – zu erlegen, entglitten war und dies nur aus Unkenntnis über Munition und deren Schußleistung.

Als ich ihn fragte, ob er seine Flinte überhaupt mit den Geschossen eingeschossen hätte, verneinte er dies.

„Warum sollte ich auch", gab er mir zu verstehen, „die Dinger sind doch teuer genug, das Kaliber paßt, und warum sollte man damit nicht treffen?"

Während ich ging, um das Schmaltier zu versorgen, bestellte Post auf dem Gut einen Wagen zum Abholen desselben.

Die Probeschüsse, die wir am nächsten Morgen abgaben, enttäuschten den Schützen bitter. Sie ergaben auf 60 m Tiefschüsse bis zu 50 cm.

Post ist über 90 Jahre alt geworden, aber sein Wunsch, einen Hirsch zu erlegen, ist nicht mehr in Erfüllung gegangen. Wäre der starke Hirsch zur Strecke gekommen, dann wäre dies auch für mich eine große Freude gewesen, denn ich hätte ihn dem Alten von Herzen gegönnt.

Auf Waidgerechtigkeit konnte seine Art, die Jagd auszuüben, nach unseren Begriffen keinen Anspruch erheben, aber zu damaliger Zeit war es wohl überall, wo das Rotwild Flurschaden machte, nicht viel anders damit bestellt.

Post war es auch, der uns Jungen nach dem viel zu frühen Tode unseres Vaters in manche Geheimnisse der Natur eingeweiht hatte. Er wußte, wo im Frühjahr die ersten Morcheln zu finden waren, er kannte im Sommer die besten Stellen für Steinpilze und Pfifferlinge sowie die aller

Waldbeeren, und im Spätherbst, wenn schon die ersten Fröste sich bemerkbar machten, wußte er die Wuchsgebiete der grünen und grauen Sandreizker. Wir hatte ihn des öfteren belauscht und ihm abgeguckt, wie er mit sicheren Speerstichen die laichenden Hechte aus dem Stoßgraben holte, wie er im Springbruch Schleien und Hechte mit der Angel fing, und wie er in dem flachen Mellensee des Nachts mit einer mächtigen Kienfackel, die vor dem Bug des Kahnes angebracht war, mit Speer und Kescher allerlei gute Fische erbeutete. Wir Jungen, zu denen natürlich auch seine Söhne gehörten, mit denen wir ja zusammen aufwuchsen, hatten es sehr bald gelernt, den Kahn sicher und geräuschlos dorthin zu treiben, wohin er ihn, sobald er Fische gesichtet hatte, haben wollte. Zwei Mann außer ihm hatten aber nur im Kahn Platz. Das Fischen in dem Mellensee, der zu dem Rittergut Stranz gehörte, war uns nicht verboten. Gesetzlich verboten aber war das Fischen mit offenem Licht, mit Kienfackeln und das Benutzen von Speeren. Wo es aber für alle reichlich Fische gab, hat sich niemand um unser Tun gekümmert.

Als wir wieder einmal nachts auf dem Mellensee beim „Leuchten" waren, überraschte uns ein starkes Gewitter. Wir ahnten schon, daß ein Unwetter kommen würde. Der See war glatt wie ein Spiegel, die Fische standen dicht unter der Oberfläche, und Post sah sie schon mehrere Meter vor der Leuchte. Da nicht der geringste Wellenschlag die Sicht trübte, fiel der Fang reichlich aus. Nur die schönsten Schleie und großen Karauschen wurden noch gekeschert. Es war die Ruhe vor dem Sturm! Dieser setzte aber so plötzlich und so stark ein, daß wir festes Ufer nicht mehr erreichen konnten. Die Kienfackel war längst erloschen, und die Wellen schlugen in den Kahn. Jetzt gingen Post aber doch die Nerven durch. Er warf mit dem Schöpfer so viel Wasser aus dem Kahn wie er schaffte und rief immer wieder: „Wir ersaufen, wir ersaufen! Rudert, was ihr könnt, und lenkt den Kahn nur auf das Schilfrohr zu, dort könnten wir noch festen Fuß fassen!" Wir kamen mit Not und Mühe gerade bis an die ersten Rohrhalme, da sank der Kahn. Hier auf dieser Seeseite war die einzige Stelle, wo wir festen Grund unter die Füße bekamen. Zwar ragten nur unsere Köpfe aus dem Wasser, aber wir konnten uns doch durch den etwa 50 m breiten Rohrgürtel bis an das feste Ufer arbeiten. Post sah jetzt erst noch einmal nach seiner „Uhr", nahm daraus einen langen, kräftigen Schluck und sagte: „Schade um die schönen Fische!" und dann gingen wir heim. — Diese nächtlichen Fischfahrten, die je nach Ergebnis zwei bis drei Stunden dauerten, gehören mit zu meinen schönsten Jugenderinnerungen; denn die Nacht hat nicht nur in Wald und Flur, sondern auch auf dem Wasser ihr eigenes Gesicht.

Mein Urlaub näherte sich dem Ende zu. Da schrie eines Morgens bei völliger Dunkelheit auf der Raume-Heide noch ein Hirsch. Ein Stück Kahlwild mußte verspätet brunftig geworden sein. Der erste Nachtfrost hatte eingesetzt. Reif bedeckte die Heide, und es raschelte und knisterte bei jedem Schritt. Ich versuchte noch im Morgengrauen vor den röhrenden Hirsch zu kommen, der stetig seinem Einstand in den Klein-Nakler Forst zustrebte. An der Grenze angekommen, sah ich gerade noch ein kapitales Kronengeweih aus einer Senke hervorragen, langsam und bedächtig dahinschaukeln und im Bestand verschwinden. Sonst war von dem Hirsch nichts zu sehen, auch von dem Kahlwild konnte ich nichts mehr wahrnehmen.

Diese Landschaft hatte ich besonders ins Herz geschlossen. Sie lag zwischen zwei Seenketten und wurde, wie schon ihr Name sagt, als raum, öde und leer bezeichnet. Für den Landwirt mochte das auch wohl zutreffen, denn sie wurde nur zu einem ganz geringen Teil landwirtschaftlich genutzt. Mit ganz anderen Augen wurde sie aber von dem Naturfreund und Jäger betrachtet. Schon unser großer Jäger, Jagd- und Heidedichter Hermann Löns soll sich während seiner Deutsch-Kroner Zeit hier öfter aufgehalten und seine Studien gemacht haben.

Wenn die Heide in voller Blüte stand und ihren rosafarbenen Teppich über große Flächen ausbreitete, wenn das Summen und Brummen der zahllosen Bienen, Hummeln und anderer Insekten gar kein Ende nehmen wollte, dann konnte man die ganze Schönheit so recht genießen, ganz besonders wenn man im Schatten einer der vielen Kiefernkusseln lag und in den unendlichen, wunderbar blauen Himmel hinaufblickte.

Für den Jäger begann aber erst die schönste Zeit, wenn die uralten, verstreut stehenden Kiefernkusseln ihre bizarren Formen in den Abendhimmel reckten, und die zahlreichen Wacholder wie ruhelose Wanderer vom Nachtwind bewegt wurden; dann begann die Heide zu leben.

Die vielen Grillen zirpten unentwegt. Die Nachtschwalben, auch Ziegenmelker genannt, klatschten bei ihrer Insektenjagd mit den Schwingen Beifall, die Enten zogen von einem See zum anderen oder suchten nach der Reife die großen Gerstenschläge jenseits der Dycksees auf. Die kleinen, grauen Flitzer, die wilden Kaninchen konnte man auf jeder begrasten Stelle sehen, und auch die Rehe wechselten in das rote Blütenmeer. Das Hochwild zog später aus, und man bekam es seltener zu Gesicht, aber die vielen Fährten zeugten davon, daß es die vereinzelt in die Heide eingesprengten Feldstücke besucht hatte, und daß die Sauen zum Suhlen an die Torflöcher, die zwischen der Straße Stranz–Klein-Nakel und dem Mellensee lagen, gezogen waren.

Hier war es auch, wo sich meine junge Frau, die Tochter eines Bergmanns, die ich aus dem fernen Oberschlesien, dem Reich der schwarzen Diamanten, meiner lieben Mutter vorgestellt hatte, an den Schönheiten der Heide nicht sattsehen konnte. Hier fanden wir damals unter den Kiefernkusseln so viele köstliche Steinpilze, daß es uns nur möglich war, die kleinsten Kugelköpfe mitzunehmen. Aber nicht nur die Heide, sondern die ganze ostdeutsche Landschaft mit den vielen kristallklaren Seen, den großen Wäldern und fruchtbaren Feldern sowie Sand, Sumpf und Moor hat meine Frau in liebevollem Gedenken in sich aufgenommen und für immer bewahrt.

Von dem vielen Rotwild, das ich in einem langen Jägerleben beschossen habe, ist nicht ein Stück verlorengegangen; auch war keine Nachsuche nötig. Betonen möchte ich aber in diesem Zusammenhang, daß ich auch nie bei Nacht, bei schlechtem Licht, wo sicheres Ansprechen nicht mehr möglich war, auf gedeckt stehendes Rotwild oder auf zu große Entfernungen geschossen habe. Durch dieses Enthalten habe ich die Lebensgewohnheiten und das Verhalten des Rotwildes bei Tag und Nacht sehr viel besser kennengelernt, als wenn ich den Schießfinger immer gleich gekrümmt hätte. In den großen Privatrevieren Oberschlesiens, die ich besonders gut kennengelernt habe, wie in Pleß und anderen, fanden keine Treibjagden auf Rotwild statt. Die Bestandsregulierung erfolgte durch eine gut ausgebildete Jägerei, nach gut durchdachten Abschußplänen im Wahlabschuß, auf Pürsch oder Anstand; und dies schon vor mehr als 100 Jahren! Der Erfolg ist dann auch nicht ausgeblieben.

Daß dies in den meisten Rotwildrevieren des Ostens bis zum Inkrafttreten des Reichsjagdgesetzes aber anders war, dafür nachstehendes, nicht nachahmenswertes Beispiel:

An den Stranzer Wald, den mein verstorbener Vater bewirtschaftet hatte, grenzte auf schmaler Front der etwa 800 ha große Forst der Rittergüter Preußendorf und Neupreußendorf, hierzu kamen etwa 1000 ha Feld. Wald und Feld wurden von Onkel Hermann, dem Zwillingsbruder meines Vaters, forstlich und jagdlich betreut. Da die Besitzer der Rittergüter nicht so passioniert waren, daß sie sich wegen eines Stückes Rot- oder Schwarzwild die Nächte um die Ohren schlugen, der Wildschaden auf den Feldern aber sehr groß war, durfte Onkel Hermann alles erlegen, was ihm vor die Büchse kam.

Der Preußendorfer Wald war teilweise als kilometerbreiter Streifen den besten Hochwildrevieren jener Gegend — Staats- und Privatforsten — vorgelagert, daher erfolgten auch die großen Wildschäden zu allen Jahreszeiten.

Kraft strahlt der vielendige Kronenhirsch aus; nur selten wird ein Heraus-forderer die Stangen mit ihm kreuzen.

Onkel Hermann galt damals als einer der besten Jäger weit und breit, denn er war nicht nur bei Tag, sondern auch bei Nacht ein vorzüglicher Schütze, und das war hier ausschlaggebend. Die Strecke, die er in mehr als 40 Jahren erzielt hat, mag für die heutige Zeit als kaum glaublich erscheinen. Eine Jahresstrecke von durchschnittlich 15 Stück Hochwild, davon zehn Stück Rotwild und fünf Stück Schwarzwild, ist eher zu niedrig als zu hoch angesetzt.

Als Büchse hatte er sich ein Militärgewehr Modell 71 umbauen lassen, aus dem er die 11,15 mm dicken Bleigeschosse verfeuerte. Ein Zielfernrohr hat er nie geführt. Er behauptete immer, daß es ihm unverständlich sei, wie man nachts bei Mondschein ein so großes Ziel wie Rot- oder Schwarzwild fehlen könne. Aber einmal war es doch, sogar bei bestem Büchsenlicht, anders gekommen, und wären nicht ein Ackerkutscher und zwei Hütejungen in diese Angelegenheit verwickelt gewesen, wer weiß, ob uns davon etwas zu Ohren gekommen wäre. So aber haben wir alles erfahren.

Vor Tau und Tag war Onkel Hermann wieder einmal im Revier gewesen, aber die Sauen, denen es diesmal galt, hatten schon bei Dunkelheit die Felder verlassen. Der Schaden, den sie in den Kartoffeln angerichtet hatten, war enorm. Da sie die Richtung nach seinem Dienstland, das an den „Entenbrüchern" lag, eingeschlagen hatten, konnten sie seinen Kartoffeln auch noch einen Besuch abgestattet haben. Um dies festzustellen, begab er sich dorthin und siehe da, auch hier waren sie gewesen und hatten nicht schlecht gehaust.

Wenn der Verwalter der Landwirtschaft bei eingetretenen Schäden auf die Sauen schalt und meinte, daß sie doch zu nichts nütze wären und mit Stumpf und Stiel ausgerottet werden müßten, dann trat Onkel Hermann energisch für sein Schwarzwild ein und behauptete, daß die Sauen doch nicht der Kartoffeln wegen den Acker umgebrochen hätten, sondern nur der vielen Engerlinge und Mäuse wegen. Letzten Endes könne er, der Herr Oberinspektor, noch dankbar sein, daß es überhaupt Sauen gäbe!

Bekanntlich werden Schäden, die andere betreffen, selten so tragisch genommen, als wenn sie einen selbst angehen. Onkel Hermann hatte es den Sauen daher sehr übel genommen, daß sie nach den riesigen Gutsschlägen, die oft mehrere 100 Morgen groß waren, auch ihn mit seinen paar Morgen noch „beehrt" hatten.

Als er sich gerade überlegte, ob es überhaupt einen Zweck habe, hier in den nächsten Tagen auf seine „Freunde" zu passen, da zog ein Hirsch am hellichten Tag über die Felder und flüchtete direkt in das Buschwerk der Entenbrücher. Wenn er die Fluchtrichtung beibehielt, dann mußte er ihm schußgerecht kommen. Onkel Hermann blieb gerade noch soviel Zeit, um hinter einem Weidenbusch Deckung zu finden und hinzuknien. Da zog der Hirsch auch schon auf gute Schußentfernung der nächsten Dikkung zu. Auf den Schuß brach er im Feuer zusammen und rührte sich nicht mehr.

Nun war der Schaden, den die Sauen gemacht hatten, nicht mehr der Rede wert; denn wären sie nicht in seine Kartoffeln gewechselt, dann hätte er auch den sehr starken alten Achter nicht geschossen, den er jetzt mit Freuden betrachtete.

Recht befriedigt ging er nach Hause, um erst einmal anständig zu frühstücken. Danach nahm er seinen aus einem Eichenheister angefertigten Stock zur Hand und begab sich auf das etwa anderthalb Kilometer entfernte Gut, um einen Wagen zum Abholen des Hirsches zu bestellen. Seine Deutsch-Kurzhaar-Hündin begleitete ihn. Dort stand auch gerade ein Gespann bereit, und er fuhr mit dem Kutscher in Richtung „Entenbrücher". Unterwegs erzählte er, wie alles so schnell gekommen und gut verlaufen war, und daß der Hirsch auch direkt am Wege zusammengebrochen sei; sie brauchten ihn nur aufzuladen. Aufbrechen würde er ihn erst auf dem Gut.

Wer vermag aber das Erstaunen meines Onkels zu beschreiben, als sie an Ort und Stelle gelangten und der Hirsch nicht mehr da war? Zunächst begab sich der Onkel zu dem Weidenbusch, hinter dem er gekniet hatte, und richtete den Kutscher auf den Anschuß ein. Da lag auch etwas Schweiß, aber auf dem Grasweg war keine Fährte zu finden, die richtungweisend für das Verschwinden des Hirsches gewesen wäre!

Als nun beide angestrengt danach suchten, um das Rätsel zu lösen, erscholl aus der nahen Dickung Standlaut. Die Hündin hatte, ohne daß es jemand merkte, die Wundfährte aufgenommen und stellte jetzt den kranken Hirsch. Onkel Hermann lief so schnell, wie ihn seine Beine tragen konnten, dorthin und merkte erst jetzt, daß er keine Büchse bei sich hatte. Nach der Wagenbestellung wollte er noch einmal nach Hause gehen. Nun hatte sich das aber anders ergeben. Als er in die Nähe des Hirsches kam, ging dieser flüchtig ab, wurde von der Hündin jedoch bald wieder gestellt. Weil Onkel aber glaubte, daß der Hirsch jetzt doch zusammenbrechen müsse, versuchte er noch einmal an ihn heranzukommen. Obwohl er gegen den Wind vorsichtig anging, flüchtete der Hirsch, von der laut hetzenden Hündin hart bedrängt, in Richtung „Drensen-See".

Im dichten Schilfrohr des Sees tat er sich nieder und wurde von der Hündin unaufhörlich verbellt. Mein Onkel nahm an, daß der Angeschweißte endlich zusammengebrochen und verendet sei. Als er aber selbst in das flache Wasser stieg und ein paar Schilfstengel vorsichtig zurückbog, da ging die Jagd wieder los, jetzt durch den hier etwa 300 Meter breiten See, die Hündin lauthals hinterher. Der nicht gerade glückliche Schütze hatte in der Nähe seinen Kahn stehen, den er zur Fischerei und Entenjagd benötigte. Schnell lief er dorthin, sprang hinein und ruderte, was die Kräfte hergaben, hinter dem Hirsch her. Er wollte ihn nicht über den See lassen, denn jenseits verlief die Grenze mit der Herrschaft Karlsruhe. Seine Anstrengungen zielten nun darauf hin, den sehr schnell rinnenden Hirsch zu überholen und ihn wieder in sein Revier zurückzutreiben. Das schien aber nicht zu gelingen; denn der Hirsch hatte einen großen Vorsprung, und die Grenze war bald erreicht.

Da kam jedoch unerwartete Hilfe! Zwei Jungen, die ihre Kühe hüteten und auf den Laut des Hundes zum See geeilt waren, um zu sehen, was sich dort ereignete, knallten nun mit ihren Peitschen, warfen Knüppel und Steine vor den Hirsch ins Wasser, fuchtelten mit ihren Armen und schrien so laut, daß dies dem Hirsch zuviel wurde und er tatsächlich wendete und wieder dem Preußendorfer Ufer zustrebte.

Um nicht allzuweit hinter Hirsch und Hund zu bleiben, griff mein Onkel noch einmal kräftig zum Ruder, und nun kam das, was nicht kommen durfte: Das Ruder zerbrach, der unglückliche Schütze konnte mit dem aufgefischten Ruderblatt in den Händen sich nur langsam fortbewegen und mit Mühe und Not in seinem Revier wieder festen Boden unter die Füße bekommen. Die Hündin stellte den Hirsch schon wieder im flachen Wasser im Schilf.

Jetzt aber gab es für den Schützen kein Halten mehr. Er eilte so schnell wie möglich nach Hause, holte die Büchse und kam auch noch zur rechten Zeit zurück. Die brave Hündin saß völlig erschöpft am Ufer vor dem Hirsch. Dieser hatte sich im flachen Wasser niedergelassen. Der Fangschuß auf den Hals machte dem Drama schnell ein Ende. Da lagen sie alle drei; der Hirsch verendet im Wasser, die Hündin ermattet am Ufer und der Schütze ganz außer Atem auf der Böschung ...

Den Leser dürfte es nun wohl interessieren, wo der Schuß, der soviel Mühen und Enttäuschungen mit sich gebracht hatte, eigentlich saß? Das wollten wir natürlich auch gern wissen, und der Onkel sagte: „Das ist es ja eben! Als ich zu dem Hirsch trat, lag er wie verendet da. Die Kugel saß hoch im Blatt. Beim Aufbrechen stellte ich dann aber fest, daß das schwere Geschoß den längsten Wirbelfortsatz, direkt über dem Widerrist, zertrümmert hatte. Vielleicht hatte sich die Decke beim Zusammenbrechen des Hirsches auch etwas verschoben, denn nie und nimmer hätte ich geglaubt, daß es sich hier um einen Krellschuß handeln konnte!"

Während beim Kahlwildabschuß Rücksicht auf führende Stücke genommen wurde, soweit das bei der Nachtschießerei überhaupt möglich war, wurden damals Hirsche geschossen, wie sie vor die Büchse kamen. Nie habe ich gehört, daß der Abschuß eines jungen, gut veranlagten Hirsches bedauert wurde. Bedauert wurde höchstens, daß man sich nicht genug Zeit gelassen und zu früh geschossen habe, weil ein noch stärkerer hinterher kam; leider wäre man mit dem Nachladen nicht fertig geworden.

So war es denn auch kein Wunder, daß bei dem wahllosen Abschuß kein wirklich guter Hirsch zur Strecke kam. Zwar wurde auch einmal ein Vierzehnender erlegt, der von allen bestaunt und bewundert wurde. Als ich aber nach Jahren die Erfolge einer waidgerechten Hege kennengelernt hatte, konnte ich zu diesem Geweih nur sagen: „Schade um diesen viel zu jungen, bestens veranlagten Hirsch!"

So um die Jahrhundertwende war es aber wohl überall nicht anders. Erst sehr viel später, im Jahre 1933, wurde von Dr. Zeller, Berlin, in Neupreußendorf ein sehr starker Hirsch mit 8 kg Geweihgewicht erlegt. Aber eine Schwalbe macht bekanntlich noch keinen Sommer! Wo Rotwild Schaden machte, wurde ihm bei Tag und Nacht mit Kugel und Schrot nachgestellt. Nur in großen Privatforsten und auch in Staatsforsten mit Standwild wurde ein begrenzter Abschuß durchgeführt.

Hirschbrunft im Staatswald

Während meiner forst- und jagdlichen Ausbildung in der damals Königlichen Oberförsterei Rohrwiese in Westpreußen hatte ich schon einen anderen Begriff von der Hege und der Bejagung des Rotwildes bekommen, als wie sie um die Jahrhundertwende in meiner engsten Heimat üblich war. Hier wurde während der Schußzeit soviel Rotwild wie möglich zur Strecke gebracht. In den Staatsforsten dagegen wurde es schon planmäßig bewirtschaftet. Während die Niederjagd fast ausnahmslos an die Verwaltungsbeamten, die Oberförster bzw. Forstmeister verpachtet war, verblieb die Hohe Jagd dem Staat und wurde von den Leitern der Oberförstereien verwaltet. Diese hatten bei dem planmäßig durchzuführenden Abschuß jedoch weitgehende Vollmacht, und wer ihnen nicht genehm war, der wurde zur Bejagung von Hochwild auch nicht eingeladen.

Etwas anders war es mit dem Abschuß der starken Hirsche, die meistens in der Brunft erlegt wurden, und an dem außer den Forstmeistern auch die Regierungsforstbeamten aus Marienwerder beteiligt waren. Die Betriebsbeamten, die Förster, hatten an dem Hirschabschuß keinen Anteil, wohl aber an dem Kahlwildabschuß. Für die Forsteleven war Rotwild in Rohrwiese tabu! Dies hatte auch seine Vorteile, denn wem die Jagdpassion im Blute lag, der hatte auch Gelegenheit, Rotwild und sein Verhalten zu allen Jahreszeiten kennenzulernen; gestört durfte es dabei aber nicht werden. Am Schwarzwildabschuß durften auch die Lehrlinge teilnehmen, und wer sich jagdlich gut geführt hatte, der bekam im letzten Lehrjahr auch einen Rehbock zum Abschuß frei.

Weil ich meinem Lehrherrn, Forstmeister Splettstößer, schon öfter zutreffende Meldungen über Hirsche mit Hilfe grober, aber verständlicher Geweihzeichnungen gemacht hatte, durfte ich mich auch an der Bestätigung von Brunfthirschen beteiligen. Oft lag ich dann im Morgengrauen im hohen Heidekraut oder hinter Kiefernkusseln, am ganzen Leibe vor Erregung zitternd. Gelang mir dann die Geweihzeichnung und -beschreibung, und konnte ich mich unbemerkt vom Rudel lösen, dann war ich so glücklich, wie es nur ein junger Mensch mit viel Lust und Liebe für Wald und Wild sein kann.

Ein starker Hirsch, den ich im Revier Eichfier bestätigt hatte, war im Vorjahr erlegt worden. Jetzt sollte ich den Brunftbetrieb in jenem Teil der Försterei Rohrwiese beobachten, der um die Hedwigskaule herum lag. Das war ein Teilstück des ehemaligen Gutes Rohrwiese, das der Besitzer Redel an den Forstfiskus verkauft hatte, weil es der schlechten Bodenverhältnisse wegen nicht mehr rentabel war. Die Aufforstung des etwa 800 ha großen Gutes war noch nicht beendet, und größtenteils bildeten breitwüchsige Kiefernkusseln, Wacholder, Ginster (Besenpfriem) und Heidekraut den Bewuchs.

Seit Jahren war hier kein jagdbarer Hirsch bestätigt worden. Obwohl das Rotwild gerne auf die graswüchsigen Stellen, in den blühenden Ginster und auf die großen Heidekrautflächen zur Äsung austrat, war hier noch kein ständiger Brunftplatz entstanden. Noch vor Tau und Tag hatte ich mehrere Morgen sehnsüchtig aber vergeblich auf das Röhren eines Hirsches gewartet. Als ich dann aber doch einmal beim Verblassen der Sterne die rauhe Stimme eines anscheinend starken Hirsches hörte, schlug mir das Herz bis zum Halse. Noch ehe das Licht zum Ansprechen ausreichte, hatte ihn das Leittier jedoch mit dem Rudel fortgezogen, ohne daß ich etwas zu sehen bekommen hatte und auch nicht feststellen konnte, in welche Richtung alle Stücke verschwunden waren. Hier in dem lichten, wilden Bewuchs fand das Rudel nicht die nötige Deckung. Das wußte das

Leittier aus Erfahrung und daher hatte es alle Stücke zu einem sicheren Einstand geleitet. Aber wohin? Das konnten die Dickungen hinter dem großen Bukowsee sein, aber auch die in entgegengesetzter Richtung liegende „Dampfmühlenschonung".

Schon die nächste Morgenpürsch stimmte mich froh und zuversichtlich. Bei dem Rudel mußte sich jetzt ein brunftiges Stück befinden, denn der Hirsch schrie aufgeregter, anhaltender und länger als gestern. Als es sich mehr und mehr der Hedwigskaule näherte, vermutete ich, daß der Tageseinstand des Rudels die „Dampfmühlenschonung" sein würde. Leider war noch kein Büchsenlicht, als der Hirsch verschwieg. Lange blieb ich auf meinem Stand, und erst, als die Sonne schon angenehm wärmte, fährtete ich den Weg vor der Schonung ab. Dahinein führte ein frischer Wechsel, und in ihm stand deutlich erkennbar der Tritt eines sehr starken Hirsches.

Noch hatte ich meinem Lehrherrn nichts von meinen Beobachtungen mitgeteilt. Erst wollte ich den Hirsch sehen und, wenn möglich, ihn auch genau beschreiben können. Dies würde bereits heute abend beim Auswechseln aus dem Tageseinstand gelingen können. Schon gegen 16 Uhr war ich zur Stelle. Da der Wind aber nicht günstig war, mußte ich mich weiter ab vom Einwechsel setzen, als ich es mir vorgenommen hatte, denn vergrämen durfte ich den Hirsch auf keinen Fall. Es war schon dunkel, da hörte ich am Dickungsrand mehr ein Brummen als ein Knören des Hirsches. Schnell und geräuschlos konnte ich mich auf dem sandigen Weg absetzen und mich zu Hause der kurzen Nachtruhe hingeben.

Am anderen Morgen schrie der Hirsch wieder in der Nähe der Hedwigskaule. Deshalb setzte ich mich gleich mit halbem Wind oberhalb des gestrigen Einwechsels an. Würde das Rudel hier einziehen, dann hatte ich den Vorteil, selbst wenn das Licht noch mäßig war, den Hirsch gegen den Morgenhimmel ansprechen zu können. Auch heute schrie er lange und erst, als schon Büchsenlicht war, verstummte er. Wieder hatte ich keinen Anhalt, wohin das Rudel ziehen würde. Lange noch saß ich gut gedeckt auf der Böschung des Weggrabens und hatte schon gegen das Einschlafen anzukämpfen. Als ich dann aber ziehendes Wild im raschelnden Heidekraut hörte, wurde ich hellwach und konzentrierte mich hauptsächlich auf den Wechsel. Nicht lange, da steckte ein Alttier sein langes, trockenes Haupt aus dem mannshohen Ginster, sicherte und führte sein Rudel, im ganzen acht Stück Kahlwild, in die sichere Deckung. Aufgeregt wartete ich auf den Hirsch, er kam aber nicht! Sollte er sich unter einer breitwüchsigen Kiefer niedergetan haben? Eines wußte ich, ich mußte warten. Wieviel Zeit sich das Wild oft läßt, und wie wenig Zeit sich die Jäger meistens lassen, hatte ich schon von meinem Vater erfahren!

Gegen neun Uhr vernahm ich das Anstreichen eines Geweihs, und schon zog ein alter, kapitaler Hirsch etwa 80 m vor mir, ohne zu sichern, über den breiten Weg. Er hatte sich während der Nacht wohl sehr stark verausgabt, denn mit hängenden Lauschern und vorgestrecktem Träger zog er bedächtig den auch uns bekannten kühlenden Suhlen zu. Als er dann aber am Dickungsrand noch einmal verhoffte, war ich mit dem Ansprechen des Geweihs schnell fertig: Lange, dunkle Stangen, gute Auslage, lange Augsprossen, rechter Eissproß höher angesetzt und kürzer als der linke, rechts drei, links vier Enden in der Krone.

Das alles hatte ich mir gut eingeprägt, und sofort wurde eine entsprechende Zeichnung angefertigt, die ich meinem Lehrherrn gegen Mittag mit einem Bericht über alles, was ich bisher erlebt hatte, überreichte. Er war hierüber sehr erfreut, lobte mein vorsichtiges Verhalten und beauftragte mich, weiter am Hirsch zu bleiben, den Brunftplatz aber nicht zu betreten und nur mit dem Gehör zu ermitteln, was sich dort weiter abspielen würde. Hierüber war ich sehr enttäuscht, denn ich hatte erwartet, daß der kapitale Hirsch vielleicht schon heute zur Strecke kommen würde.

Der Forstmeister hatte aber andere Sorgen. Im Gebiet der alten Waldbestände lag der „Graulgrund". Hier standen meistens die stärksten Hirsche, über die der Forstmeister schützend seine Hände hielt, um sie alt genug werden zu lassen. Zwei bis drei Starke kamen in den sieben großen Revieren der Oberförsterei ohnehin nur auf den Abschußplan. Schon im Vorjahr hatte der Forstmeister auf einen kapitalen Brunfthirsch im „Graulgrund" gepürscht, den er selber bestätigt hatte und den die angrenzenden Revierbeamten schon auf der Strecke zu sehen glaubten. Als aber der Hirsch in voller Brunft stand, und es mit dem Abschuß ernst werden sollte, war er plötzlich verschwunden. Man dachte an Wilderer, doch nirgends war ein unaufgeklärter Schuß gehört worden.

In der Feistzeit dieses Jahres war der Kapitale aber wieder aufgetaucht, er sollte sich jedoch noch weiter vererben. In der Brunft stand er als Platzhirsch auch wieder bei seinem Kahlwild und schmetterte jedem anderen Hirsch, der ihm sein Rudel streitig machen wollte, herausfordernd seinen Kampfruf entgegen. Weil Störungen durch Menschen in dieser einsamen, waldreichen Gegend nicht zu befürchten waren, mußte das Signal „Hirsch tot" doch bald Kunde vom Ende dieses Kapitalen geben. Es kam aber wieder genauso wie im Vorjahr: Der Hirsch war plötzlich verschwunden.

Noch zwei Tage, vom frühen Morgen bis zum späten Abend, war der Forstmeister nach meiner Meldung im „Graulgrund" gewesen, doch der

Hirsch war weg! Der Forstmeister hätte ihn gar zu gerne vor dem Eintreffen des Forstrates zur Strecke gebracht, denn dann hätte er sich diesem beim Erlegen des ihm von der Regierung zugesagten Brunfthirsches voll und ganz widmen können, zumal die Regierungsbeamten immer beim Forstmeister wohnten. Jetzt waren nur noch vier Tage Zeit. Diese mußten genutzt werden.

Die zwei Tage, die sich mein Lehrherr noch dem „Graulgrundhirsch" gewidmet hatte, waren für mich eine harte Geduldsprobe. Hoffnung und Enttäuschung wechselten einander ab. Hätte der Forstmeister sich gleich nach meiner Meldung an den Wechsel zur „Dampfmühlenschonung" gesetzt, dann hätte der Kapitale schon am ersten Abend auf der Decke gelegen. Noch bei gutem Licht ging der Lärm in der Dickung los. Spreng- und Kampfruf folgten Schlag auf Schlag. Einen starken Beihirsch, der seinem Rudel wohl zu nahe gekommen war, warf er mit viel Gepolter und Ästebrechen aus der Schonung. Dann verhoffte der Platzhirsch auf gute Schußentfernung auf dem breiten Weg, schrie dem Flüchtenden den Kampfruf nach und zog ruhig und bedächtig wieder zu seinem Wild.

Obgleich ich am nächsten Morgen noch bei Dunkelheit wieder auf meinem Stand war, meldete der Platzhirsch schon wieder in der Nähe der Hedwigskaule. Es war wohl kein Stück brunftig, denn er knörte nur einige Male, dann herrschte Ruhe. Geduldig saß ich auf meinem Stand und, da es wärmer als gestern war, übermannte mich der Schlaf. Als ich plötzlich erwachte, war es in der zehnten Stunde. Sogleich fährtete ich den sandigen Weg vor der „Dampfmühlenschonung" ab, es war aber kein Wild eingewechselt. Wohin mochte es gezogen sein? Wieder vergingen Morgen und Abend, ohne daß ich etwas von dem Hirsch hörte. Das Wetter war umgeschlagen, und ein naßkalter Wind kam jetzt vom großen Bukowsee her.

Der Forstmeister hatte nun den „Graulgrundhirsch" vorläufig aufgegeben. Als ich ihm berichtete, was in den letzten Tagen vor sich gegangen war, sagte er nur: „Dann steht das Wild jetzt hinter dem See, dort gibt es auch sehr gute Einstände. Ich werde mein Heil dort versuchen, und Sie nehmen wieder den alten Stand ein!"

Mein Lehrherr hatte recht. Er hörte den Hirsch am ersten Morgen und sah ihn auch am Abend auf große Entfernung. An dem darauf folgenden Morgen vernahm ich in der Ferne in Richtung des Sees das Röhren eines Hirsches. Wie ich an der lauterwerdenden Stimme feststellen konnte, kam der Hirsch näher, und als an dem trüben, regnerischen Morgen ein Schuß in Richtung Hedwigskaule fiel und ich deutlichen Kugelschlag hörte, eilte ich, wie verabredet, an die vermeintliche Stelle. Dort stand der Forstmeister leuchtenden Auges vor dem verendeten, kapitalen Hirsch. Ich durfte meinem Lehrherrn den Bruch auf meinem Jagdhut überreichen. Das war für mich eine große Freude, und ich war stolzer, als wenn ich den Hirsch selber erlegt hätte. Das Geweih wog trocken 6,5 kg und war nach dortigen Verhältnissen wirklich als kapital zu bezeichnen.

Öfter ist in meiner Erzählung die „Hedwigskaule" erwähnt worden. Nach unserem ost- und norddeutschen Sprachgebrauch ist Kaule gleich Grube. Da gab es Mergel-, Kies-, Lehm- und Torfkaulen. Meistens waren sie mit Wasser gefüllt und mit Schilf bewachsen. Bei der Hedwigskaule handelte es sich aber um ein größeres Sumpfgebiet, in dem noch Kraniche brüteten, verschiedene Entenarten ihre Jungen aufzogen und auf den Blänken sich Zwergtaucher tummelten. Auch viele Weißfische sowie Schleien und große Hechte gab es hier. Interessant war aber nur ihr Fang, denn ihr Geschmack nach Moor und Sumpf konnte wohl niemandem behagen. Wie mir der alte Waldarbeiter Schwede, der schon auf dem Gut Rohrwiese unter dem Besitzer Redel gearbeitet hatte, erzählte, sollte hier eine Jungfrau namens Hedwig spurlos verschwunden sein. Sie sollte sich in der Nacht verbiestert haben und von den vielen Irrlichtern, die hier besonders in schwülen Sommernächten aufleuchteten, irregeführt und in dem Sumpf versunken sein.

Hier war es auch, wo Forstmeister Splettstößer mit dem als gefährlich bekannten Wilddieb Josef zusammengestoßen sein soll. Wenn der Forstmeister nach Treibjagden oder sonst geselligem Beisammensein diese Geschichte* erzählte, dann wurde es direkt feierlich:

„Das Rudel Rotwild kam vom Mellentiner Felde und zog vertraut mit dem schreienden Platzhirsch in Richtung Hedwigskaule. Das erste Morgenrot zeigte sich, und ich mußte jetzt ein schnelleres Anpürschen wagen. Da fiel etwa 200 m neben mir ein Büchsenschuß. Der Hirsch verstummte, das Rudel ging flüchtig ab, den Hirsch hörte ich zusammenbrechen. Trotzt meiner unsagbaren Erregung versuchte ich, ruhig zu überlegen, und kroch dann vorsichtig und langsam in die Nähe des Hirsches. Schon sah ich von der rechten Seite Josef herankriechen. Er sah auch mich. Ich sprang auf, der Wildschütz auch, und mit geladenen und gestochenen Büchsen standen wir uns gegenüber. Es waren keine 30 m, die uns trennten. Zwischen uns lag der Vierzehnender. Josef schrie: ‚Lassen Sie uns die Gewehre wegstellen und mit den Händen unsere Kräfte messen! Wer den anderen unterkriegt, der hat gewonnen. Es soll auf Leben und Tod gehen, aber angezeigt wird nicht mehr, Herr Forstmeister!‘ Ob-

* Rohrwieser Geschichten, S. 46–48. Verlag Paul Parey, Hamburg und Berlin.

gleich die Kampflust dem Hünen aus den Augen glühte, sagte ich: ‚Abgemacht!' Sofort stellten wir die Gewehre weg, und er sprang wie ein Panther auf mich los. Im Nu hatte er mich am Boden liegen und saß mit den Knien auf meinen Schultern. In dieser Situation wollte er mit mir verhandeln. Da sah ich die beiden Enden seines roten Halstuches im Winde flattern, ergriff dieses schnell und zog so kräftig das Tuch zusammen, daß er grün und blau im Gesicht anlief. Sehr bald verließen ihn die Kräfte, und nun lag er unten und konnte sich nur schwer wieder erholen.

Ich stand auf, zerschlug seine Büchse und stellte mein Gewehr dicht an meine Seite. Wir trennten uns. Als ich gegen Mittag mit dem Wildwagen kam, war der Hirsch verschwunden. Zu mehreren Forstbeamten schritten wir wieder zur Haussuchung und fanden nichts."

Obgleich mein Lehrherr, der ein ausgezeichneter Erzähler war, diese und andere Geschichten unmißverständlich als Jägerlatein aufgezogen hatte, gab es trotzdem kaum jemanden, der sie nicht als Tatsache hingenommen hätte. Dadurch zeigt sich sehr deutlich, wie notwendig es ist, Jäger, Forst- und Polizeibeamte auf zweckentsprechende Wildererbekämpfung hinzuweisen. So wie es uns Forstmeister Splettstößer beschrieben hat, geht es natürlich nicht; das wußte keiner besser als er selbst!

Starke Hirsche in Ost und West

Schon während meiner Lehr- und Wanderjahre hatte ich in einigen der besten Rotwildgebiete Deutschlands, so in der Schorfheide in der Uckermark, in der Johannisburger und der Rominter Heide in Ostpreußen u. a. Revieren, Gelegenheit gehabt, bedeutend stärkere Hirsche beobachten und viel kapitalere Geweihe (auch über 10 kg) besichtigen zu können, als wie mir dies bisher vergönnt gewesen war. Schon damals kam ich zu der Erkenntnis, daß nicht die Trophäe allein den Wert für den waidgerechten Jäger darstellen sollte, daß vielmehr das Erlebnis, besonders wenn es noch mit Mühe und Entsagung, Hoffnung und Enttäuschung verbunden war und dann doch noch durch den Erfolg gekrönt wurde, den Ausschlag hätte geben sollen. Leider war das aber meistens nicht so.

Als ich 1911 als junger Forstmann in Pleß eintrat, war das 11 000 ha große Gatter als eines der bedeutendsten Rotwildreviere weltbekannt. Als nach dem ersten Weltkrieg unter anderem auch der Kreis Pleß den Polen zugesprochen worden war, wurde für den Pleßer Besitz auch eine polnische Zwangsverwaltung eingesetzt. Diese gab als „Devisenbringer" jagdbare Hirsche gegen Dollar oder Reichsmark zum Abschuß frei. Über Pleßer Hirsche habe ich schon öfter geschrieben, daher will ich nur noch über einige Begebenheiten kurz berichten, die etwas Besonderes im Gefolge hatten:

Oberst a. D. von P.-T. hatte im Vorjahr trotz aller Mühen seinen Kapitalen nicht bekommen. Als Ersatz hatte er aber einen alten, sehr starkstangigen, bis in die Kronenspitzen geperlten Kronenzehner erlegen können. Jetzt war er wieder zur Brunft da, und schon nach vier Tagen brachte er im Revier Czarkow unter der Führung von Hegemeister Hennig den ihm schon im Vorjahr zugesagten Achtzehnender zur Strecke. Das Geweih prahlte durch die sehr guten langendigen Kronen und die langen Stangen, hatte aber bei weitem nicht so dicke Stangen und kapitale Rosen wie der vorjährige Zehner. Bei der Bewertung bekam der Achtzehnender mehr Punkte als der Zehner. Das war für den Schützen entscheidend, und er freute sich sehr. Weil von P.-T. sich für längere Zeit eingerichtet hatte, wollte er noch ein paar Tage bleiben; vielleicht würde es ihm glücken, noch auf einen Durchforstungshirsch zu Schuß zu kommen.

Zur gleichen Zeit wohnte bei uns Apothekenbesitzer M. aus Berlin. Als wir ihm die eine im Frühjahr gefundene Abwurfstange vom „Pechhirsch" zeigten, gelobte er, nicht eher heimzufahren, bis er seinen Jagdfreunden das Geweih dieses Hirsches würde zeigen können. Jetzt war er schon ganz verzweifelt, denn nach zehntägiger Pürsch, während der er alle Tageszeiten ausgenutzt hatte, hatte er den Hirsch noch nicht gesehen. Der Hirsch war aber da und auch sein Brunftplatz bekannt. Dieser lag aber in einem Dickungskomplex von der Größe eines Eigenjagdbezirkes, der nach dem großen Schneebruch vom 18. April 1903 entstanden war. Kurz vor dem Eintreffen von M. hatte der Großindustrielle Mr. aus Breslau einige Tage auf diesen Hirsch gepürscht. Wir hatten ihn auch zweimal kurz gesehen, an einen sicheren Schuß war aber nicht zu denken gewesen. Mr. war sehr abergläubisch, wie das viele Jäger sind. Einige unserer Jagdgäste rasierten sich nicht eher, bis sie jagdlichen Erfolg gehabt hatten, andere ließen eine Jungfrau, vorsichtshalber ein sehr junges Mädchen, über den Büchsenlauf springen, und manche machten sofort kehrt, wenn ihnen auf dem Hinweg in ihr Jagdgebiet ein altes Weib begegnete, und schlugen einen großen Umweg ein. Mr. begründete sein Mißtrauen damit, daß ihn die sehr launische Jagdgöttin Diana schon öfter um den sicher geglaubten Erfolg gebracht habe. Warum sollte er nun gerade auf einen Hirsch mit solch häßlichem Namen pürschen. Pech könnte man immer noch genug haben. Natürlich hatten wir ihm und auch M.

gesagt, woher der Hirsch diesen Namen hatte. Wie alle Hirsche gerne an fremden, nur vereinzelt im Bestand vorkommenden Holzarten fegen und sie auch zerschlagen, hatte unser „Pechhirsch" sich besonders die einzelnen, sehr harzreichen und aus dem östlichen Amerika stammenden Bankskiefern (Pinus banksiana) vorgenommen und sie kurz und klein geschlagen. Weil an seinem dunklen, sehr gut geperlten Geweih das Harz, auch Pech genannt, sehr lange haften blieb, hatte er diesen Namen bekommen.

Nach einer längeren Trockenperiode begann es schon an einem Vormittag ausgiebig zu regnen. Heger Cembor hatte den Pechhirsch auf einem Schleifweg gesehen und wollte sich am Nachmittag auf einem Gestellkreuz ansetzen. Vielleicht würde er uns noch nähere Angaben machen können. Wir fuhren aber gleich nach dem Mittagessen bei strömendem Regen los. Von P.-T. wollte uns zurückhalten und meinte, daß man bei solchem Sauwetter doch keinen Hund herauslasse, die Jagd würde doch vollkommen erfolglos bleiben. Wir sollten lieber daheim bleiben und einen anständigen Dauerskat spielen. Das wäre doch viel gescheiter! Für uns schien das Wetter aber gerade richtig zu sein, denn der Tropfenfall von Baum und Strauch würde das Wild veranlassen aus den Dickungen auf Wege, Gestelle oder Blößen zu ziehen. Ob wir pürschenfahren, zu Füß pürschen oder ansitzen mußten, hing von der jeweiligen Lage ab.

Als wir Heger Cembor trafen, hatte er den Hirsch in der Nähe des Schleifweges gehört, auf dem er ihn am Vormittag gesehen hatte. Also dorthin! Mit Pürschenfahren war hier nichts zu machen. Der Weg war schon zu sehr verwachsen. Als M. vom Wagen gestiegen war und seine Büchse laden wollte, stellte er mit Erschrecken fest, daß er die Patronen vergessen hatte. Sofort fuhr er mit dem Kutscher zurück, um sie zu holen. Als von P.-T. erfuhr, was passiert war, sagte er: „Ich habe Ihnen schon prophezeit, daß es bei dem Sauwetter nicht gut gehen kann. Jetzt wird auch mein Waidmannsheil nichts mehr helfen und daher wünsche ich Ihnen ‚Viel Glück'!" Auch das noch!

Als M. mit dem Wagen wieder bei mir war, schickte ich den Kutscher in ein abseits gelegenes Altholz. Dann pürschten wir auf dem Schleifweg etwa 80 m vor; hier hatten wir auf Schußdistanz gute Übersicht. Es regnete unaufhörlich. Nach einer halben Stunde ruhigen Ausharrens markierte ich auf meiner Tritonmuschel den suchenden Hirsch. Wider Erwarten kam unweit neben uns herausfordernde Antwort. Wir waren uns über die Entfernung noch nicht recht im klaren, da „flog" mit Geprassel ein Hirsch förmlich über den schmalen Weg, gefolgt von einem Kapitalen mit schaufelartiger Krone. „Das ist er, sofort fertigmachen, der kommt gleich wieder zurück!" sagte ich. Wir drückten uns an den Dickungsrand.

M. war niedergekniet und lag im Anschlag. Bald hörten wir das Anstreichen des Geweihs am Geäst. Kaum hatte der Hirsch Haupt und Blatt aus der Dickung geschoben, da fiel auch schon der erlösende Schuß. Mit tiefem Haupt raste der Hirsch über den Weg, machte nach der Einschußseite hin den üblichen Todesbogen und brach am Wegrand zusammen. Er lag, wie das meistens der Fall ist, auf der Einschußseite. Das kapitale, weit ausgelegte Geweih war trotz der zwölf Jahre noch stärker geworden, und wieder klebte zwischen der sehr guten Perlung Pech.

Bankdirektor G. wollte gerne einen starken Feisthirsch schießen, und wir hatten im Revier Studzienitz einen solchen für ihn vorgesehen. Bevor die Hirsche gefegt hatten (es war ein Rudel von acht Stück), traten sie noch bei gutem Licht auf eine ruhige Wiese aus, mit Beginn der Jagdzeit aber nur bei Dunkelheit. In einem Kiefern-Fichten-Altholz mit viel Anflughorsten waren sie aber schon am Nachmittag auf den Läufen, und hier sollte die Erlegung des alten Vierzehnenders auch wohl möglich sein. Revierförster Kuchinke hatte mit dem Jagdgast hier auch schon öfter angesessen. Sie hatten den Hirsch auch schon gesehen, aber G. hatte ihn nicht freibekommen. Als der Revierförster eines Tages verhindert war, übernahm ich die Führung, denn ich kannte den alten Hirsch schon von der Fütterung her. Auch G. war der Meinung, den Vierzehnender sicher von den anderen Hirschen unterscheiden zu können. Wir saßen an einer lichteren Stelle im Altholz, die aber auch nicht frei von Unterholz war. Durch eine buschige Fichte waren wir zwei Meter seitlich voneinander getrennt. Wenn G. den richtigen Hirsch frei hatte, sollte er nur einen kurzen Blick auf mich werfen, durch Kopfnicken würde ich dann zustimmen. So kam es auch. Nach dem Schuß sagte ich zu G.: „Sie haben den Hirsch glatt gefehlt!" G. aber meinte, daß dies ausgeschlossen sei, der Hirsch habe doch deutlich gezeichnet! Am Anschuß fanden wir auch gleich Lungenschweiß, und bald standen wir vor dem verendeten Hirsch. Das war gleichfalls ein Vierzehnender, aber ein etwa siebenjähriger, gut veranlagter Zukunftshirsch. Das war ärgerlich, aber durch mein unüberlegtes Handeln geschehen. Ich durfte in dem unübersichtlichen Bestand nicht so weit seitlich von dem Schützen entfernt sitzen, denn dadurch hatte jeder einen anderen Blickwinkel. Jeder hatte den Vierzehnender gesehen, G. leider nicht den richtigen!

Der alte Vierzehnender hatte sich in das Revier Kobier umgestellt. Warum? Vielleicht war der mittelalte Hirsch, den G. erlegt hatte, sein Adjutant gewesen? Vielleicht hatte er auch schon Brunftempfindungen, denn gegen Ende August zogen die alten Hirsche schon wieder zu ihren Brunftplätzen. Wo er diesen hatte, war uns unbekannt. Heger Pospiech hatte den Hirsch aber frühmorgens auf einer kleinen Wiese im Jagen 116 gesehen, er war dann in eine sehr große Dickung nach Jagen 117 gewechselt. Pospiech wußte von dem Fehlabschuß im Nachbarrevier Studzienitz, und da die Beschreibung in allen Einzelheiten auf den alten, besonders an Wildpret sehr starken Vierzehnender paßte, benachrichtigte er mich sofort.

Oberforstmeister Thalmann, der damalige Leiter der Pleßer Forsten, hätte gerne noch vor der Brunft einen Hirsch erlegt, weil ihm dies zeitlich am besten paßte. Da der alte Heger sehr erfahren im Ansprechen von Hirschen war und die Zeit drängte, denn niemand konnte wissen, wo der Hirsch morgen sein würde, rief ich unseren Oberforstmeister in Pleß an und bat ihn, gleich heute gegen Abend herauszukommen. Es klappte auch alles wie verabredet.

Die kleine Wiese in Jagen 116 war gut gedüngt, das Wild zog hier sehr gerne zur Äsung. Am Dickungsrand von Jagen 117 stand an einem Hauptwechsel ein alter Schirm, in dem nahmen wir Platz. Pospiech und der Fahrer des Autos hatten sich entsprechend abgesetzt. Noch bei gutem Büchsenlicht stand der Hirsch, ohne daß wir etwas vernommen hatten, plötzlich auf dem Gestell auf dem Wechsel. Ich konnte Thalmann nur „Ja!" zuflüstern. Die Kugel quittierte der Hirsch mit einer mächtigen Flucht und brach im jenseitigen Randgesträpp zusammen. Ein Krellschuß konnte nicht in Frage kommen, denn dann macht das Wild nicht mehr die Todesflucht, sondern liegt gleich in der Fährte. Wir hörten den Hirsch im Geäst schlagen und konnten ruhig abwarten, bis er verendet war. Das Signal „Hirsch tot" rief den Heger und den Kraftwagenfahrer herbei. Alle freuten sich über den Erfolg, obgleich dieser eigentlich gar zu leicht gewesen war. Der Hirsch lag auch wieder auf der Einschußseite, ein Ausschuß war nicht zu finden. Der Hirsch wurde gleich durch den Gestellgraben auf den Weg gezogen. Hierbei mußten wir vier kräftigen Männer energisch zupacken. Wie sich später herausstellte, war der Hirsch, aufgebrochen mit Geweih, doppelt so schwer wie unser Oberforstmeister, und der wog gute zwei Zentner! Das schwere 9,3-mm-Geschoß hatte den Hirsch nicht durchschlagen; es saß gut auf dem Blatt, wir fanden es auf der Ausschußseite unter der Decke. Das Geweih des etwa 14jährigen Hirsches wog trocken 7,5 kg, dem mächtigen Körper des Hirsches nach hätte es schwerer sein können. Zurückgesetzt hatte der Hirsch noch nicht, das zeigten die guten Kronen. Auch die Rosenstöcke ließen erkennen, daß das Geweih niemals dickstangig gewesen war.

Der Freude über den erlegten Hirsch wurde am gleichen Abend aber noch ein Dämpfer aufgesetzt. Als wir alle uns die mit Schweiß beklebten

Hände in einem kleinen Rinnsal, das zur Wiese führte, gewaschen hatten, bemerkte der Oberforstmeister, daß sein Trauring fehlte. Die Stelle, an der er sich gewaschen hatte, wußte er genau. Trotz sofortigem Suchen war der Ring in dem schlammigen Untergrund aber nicht zu finden. Da sagte Heger Pospiech: „Herr Oberforstmeister, heute ist es schon zu dunkel, ich werde ihn morgen früh finden!" „Das würde mich sehr freuen", sagte Thalmann, „Ihr Schaden soll es nicht sein!"

Am nächsten Morgen zog Pospiech mit Spaten, Wanne und Eimer los und stellte zunächst einen kleinen Damm her, um das Wasser im Rinnsal anzustauen. Nachdem es unterhalb kein Wasser mehr führte, tat er den dicken Schlamm mit den Händen in den Eimer und wusch ihn dann wie die Goldwäscher in der Wanne aus. Es dauerte nicht lange, da hatte er den Ring gefunden. So hatte alles zur Zufriedenheit aller glücklich geendet!

Feisthirsche

Nachdem ich Ende 1937 als Reichsdeutscher meine Lebensstellung in der Fürst Pleßischen Forstverwaltung – die auch zu Polen gekommen war – hatte aufgeben müssen, übernahm ich im April 1938 als Forstamtsleiter das in Deutsch-Oberschlesien gelegene, forstlich wie jagdlich sehr gut bewirtschaftete 3200 ha große Forstamt Steineich, das zu der Waldgutherrschaft Tost-Peiskretscham gehörte.

Zum Waldbesitz gehörten auch noch rund 1000 ha Landwirtschaft und etwa 800 ha hinzugepachtete Jagden. An Hoch- und Niederwild war alles vertreten, was in dieser Flachlandschaft gute Lebensbedingungen fand. In vier Revieren von etwa 2400 ha war Rotwild als Standwild mit einer Bestandsdichte von etwa 5 Stück auf 100 ha vertreten. Hinzu kamen noch etwa 0,5 Stück Damwild, 5 Stück Rehwild und ein guter Schwarzwildbestand. Neben einer ausreichenden Winterfütterung (Heu, Rüben, Kastanien und Eicheln) kam auf jedes Stück Rotwild noch etwa 1,0 ha gute Grünäsung (Wiesen und Wildäcker).

Herr von G., der Besitzer der Waldgutherrschaft, jagte nicht mehr. Er war Vorsitzender des Privatwaldbesitzer-Verbandes, aber sein Wirken galt nicht nur dem Wald, sondern auch dem Wild. Seine Gattin vertrat leidenschaftlich die gleichen Interessen. Sie schoß gerne einen guten Hirsch, aber sonst richtete sie alles auf Hege und Pflege aus. Es war daher auch durchaus verständlich, daß Frau von G. gerne einmal einen Hirsch nach

Pleßer Format erlegt hätte. Dazu wollte ich mein Möglichstes beitragen. Mir wurde es völlig freigestellt, wann ein Kapitaler zum Abschuß kommen sollte.

Mitte Juni berichtete mir Revierförster Kusch, ein guter Rotwildkenner, der das Revier Steineich-West betreute, daß in der großen Dikkung im Jagen 6, das im Westen an die Graf Posadowkischen Forsten und im Süden an ein freies Feld grenzte, ein Rudel von sieben Hirschen stände. Er hätte sie auf einer mit guter Äsung bewachsenen Blöße gesehen.

Drei davon seien kapital und würden bald fegen. Der Stärkste wäre für Frau von G. sicher der richtige.

Schon mehrmals hatte ich früh und abends am Feldrand angesessen, von Hirschen aber nichts wahrgenommen. Nach einem starken Gewitterregen entschloß ich mich, wenn auch schweren Herzens, in die Einstandsdickung der Hirsche bis zu der auch mir schon bekannten Blöße vorzudringen. Ich wußte, was auf dem Spiel stand, wenn ich mit ihnen zusammenstoßen würde, aber vor Beginn der Jagdzeit wollte ich die Hirsche doch wenigstens einmal sehen. Alles glückte auch wie gewünscht. Die Hirsche kamen aber erst, nachdem schon Nebel aufstiegen, und jetzt erschienen mir die Geweihe länger und stärker als die kapitaler Pleßer.

Als es mir aber doch noch gelang, Geweih und Körper, also ihr ganzes Erscheinungsbild in mein lichtstarkes Glas zu bekommen, sagte ich mir: Das Licht ist schlecht, die Hirsche sind sehr nahe, und das Jagdglas vergrößert auch noch – sie sind noch nicht abschußreif! Da der Wind für mich gut stand, die Hirsche auch bald in das Gräfliche wechselten, konnte ich, ohne gestört zu haben, meinen Stand verlassen.

Nachdem die starken Hirsche gefegt hatten – Fegestellen hatten wir mehrere entdeckt – wollte ich mich eines Abends wieder am Feldrand ansetzen. Da winkte mir ein Bauer, daß ich näher kommen möchte. „Sehen Sie sich diese Schweinerei an!", sagte er und zeigte auf seine Rüben. „Da gibt man sich vom Morgengrauen bis in die Nacht hinein Mühe, das Feld sauber und in Ordnung zu halten, und da kommen diese Biester und verwüsten alles. Wie ich sehe, haben Sie eine gute Büchse, und das Fernrohr ist doch auch wohl sehr gut. Setzen Sie sich man gleich hier an und schießen alles tot, was hier Schaden macht!"

„Lieber Mann" sagte ich, „das geht leider nicht. Die Hirsche haben noch Schonzeit, und dann gehört Ihr Feld auch nicht mehr zu unserem Jagdbezirk. Der Graf P. wird Ihnen den Schaden ersetzen, auch in natura, wenn Sie das wollen; doch müssen Sie ihn bald anmelden."

„Also da muß ich die Hirsche ruhig solange fressen lassen, bis einer kommt und sich den Schaden ansieht! Da werde ich noch in dieser Nacht

*lt, jünger, am
ingsten — die
Damhirschparade
eugt von der
üte des Reviers.*

mit meinem Bello mich hier verstecken, der wird die Hirsche zum Teufel jagen!"

„Von Ihrem Grundstück können Sie das Wild wohl verscheuchen, aber in fremden Revieren darf es der Hund nicht hetzen, dann kann er erschossen werden."

„In der Nacht sieht den keiner, und morgen früh ist er wieder zu Hause", bekam ich als Antwort.

Der Schaden, den die Hirsche bisher angerichtet hatten, war nur gering. Sie hatten sich so nahe am Waldrand wohl nicht sicher gefühlt und waren gleich weiter ins Feld gezogen. Beim Durchwechseln hatten sie nur einige Rüben herausgerissen. Ich nahm die Gelegenheit wahr, um meinen Blick auch auf die Fährten zu richten; da standen neben anderen auch Trittsiegel von kapitalen Hirschen. Revierförster Kusch, dem ich mein Erlebnis erzählte, sagte, daß der Bauer im Verdacht stehe, selber zu wildern. Mit seinem Bello hatte er die Hirsche bald so vergrämt, daß wir sie jetzt öfter im Revier Steineich-Ost fährteten, von wo aus sie auch in die Nachbarjagd Schwieben wechselten. Gesehen haben wir sie dann das ganze Jagdjahr über nicht mehr.

In der Feistzeit 1939 standen die sieben Hirsche, der kapitale Vierzehnender, ein starker Kronenzehner, ein starker Eissprossenzehner und vier geringere, in unseren Randjagen 2 bis 5. Das Jagen 6 schien ihnen unheimlich geworden zu sein, denn dort fährteten wir sie nicht mehr. Bello und den nachts feuerspeienden Bauern hatten sie noch nicht vergessen. Jetzt wurden sie auch, wenn sie morgens mal verspätet von unseren großen Gutsfeldern zu Holze zogen, öfter gesehen. Auch ich hatte hierzu Gelegenheit und sagte zu Kusch, der neben mir auf der Kanzel saß, daß der kapitale Vierzehnender noch zwei bis drei Jahre älter werden müsse; denn die nötige Reife habe er nach meiner Ansicht noch nicht erreicht. Kusch versuchte alles, um mich zur Freigabe dieses Hirsches zu überreden. Er war davon überzeugt, daß er, wenn er jetzt nicht geschossen würde, für uns verloren sei, denn alle Nachbarn hätten doch auch starke Hirsche zum Abschuß frei. Von den drei Starken, die sicher jeder ein Brunftrudel führten, brunfte keiner in unseren Revieren; deren Geweihe seien so auffällig, daß sie von keinem unserer Beamten übersehen werden könnten. Das hätten wir doch auch bei der letzten Abschußbesprechung festgestellt.

Das war also wieder der wunde Punkt, der die am besten veranlagten Hirsche nicht alt genug werden läßt! Natürlich war es riskant, mit dem Abschuß dieses kapitalen Hirsches noch zwei bis drei Jahre zu warten; denn Steineich war nicht Pleß, und ob er erst zehn oder doch schon zwölf Jahre alt sein konnte, wagte auch ich nicht zu behaupten. Aber all dieser Zweifel wurde ich bald enthoben. Als Anfang August die ersten Mähmaschinen ratterten, war das Hirschrudel verschwunden. Zurück aber blieb die Ungewißheit, ob wir die starken Hirsche wiedersehen würden. Ohne gewisse Risiken wird man aber nie zu kapitalen Hirschen kommen.

In der Brunft erlegte Frau von G. im Revier Dianenberg einen alten Zwölfender mit 6,5 kg Geweihgewicht, und unser Hausarzt Dr. P. schoß im Revier Hubertus den „Weckerhirsch". Zu Anfang der Brunft saß ich mit Herrn v. W. auf einer Kanzel in der Nähe des Wildfeldes in Jagen 70. Vor uns, in einer etwa halbmannshohen Schonung mit älteren Anflughorsten, schrie ein Hirsch. Das Rudel, von dem immer nur einzelne Stücke zu sehen waren, äste sich näher an uns heran. Herr v. W., ein noch junger, aber sehr passionierter Jäger wurde vom Jagdfieber geschüttelt, als der Vierzehnender, der ein Tier trieb, ab und zu zwischen den Horsten sichtbar wurde. Gerade in höchster Anspannung läutete plötzlich ein Wecker! Entsetzt griff der Jäger in seine Joppentasche, um das Ding abzustellen. Natürlich fand er die Abstellvorrichtung nicht sogleich, und das Läutewerk arbeitete weiter. Zwei Stücke Kahlwild, die in der Nähe des Hochsitzes waren, hatte sofort aufgeworfen. Natürlich hatten sie die auffälligen Bewegungen des Schützen wahrgenommen und verschwanden mit dem Rudel in der angrenzenden Dickung. Ob ein alter, erfahrener Jäger in dieser Situation anders gehandelt hätte? Ich glaube es nicht!

Herr v. W. war außer sich! Er hatte den Tag über im Revier bleiben wollen, um sich über Mittag in der Jagdhütte an der „Dianawiese" auszuruhen. Um nicht zu lange zu schlafen, hatte er den Wecker in die Tasche gesteckt. In der Jagdhütte war während der Brunft immer der nötige Mundvorrat vorhanden. Ich konnte den jungen, jetzt fassungslosen Jäger trösten und ihm versichern, daß der Vierzehnender, den wir vor uns gehabt hatten, nicht der alte vom Wildfeld 70, sondern ein sieben- bis achtjähriger Hirsch sei. Den Alten erlegte zwei Jahre später der Panzergeneral von Kleist auf der „Fichtenwiese".

Aber auch das Schicksal des „Weckerhirsches" war, wie ich oben berichtet habe, etwa eine Woche später schon besiegelt. Der Beamte, der Dr. P. geführt hatte, war durch Nebel getäuscht worden und hatte den Hirsch freigegeben. Herr v. W. konnte sich noch überzeugen, daß der Hirsch nicht über acht Jahre alt war. Erleichtert atmete er auf, denn bisher hatte er immer noch geglaubt, daß wir den Alten doch vor uns gehabt hätten und ich ihn wegen seines Mißgeschickes nur hätte aufmuntern wollen. Für ihn und auch für mich war das ganze ein unvergeßliches Erlebnis und ein Beweis dafür, was man alles auf der Jagd erleben kann. Der schreckliche zweite Weltkrieg war am 1. 9. 1939 ausgebrochen. Viele Dinge waren ins Wanken geraten, nicht aber unsere Wander-Hirsche. Sie hatten sich 1940 aus den großen nördlichen Waldgebieten, die sich bis Oppeln (50 km) hinzogen, schon sehr zeitig bei uns eingestellt. Unsere frischen grünen Wintersaaten am Südrand der großen Wälder hatten sie wohl schon so früh auf die Läufe gebracht. Bald gab es für sie auch Klee, Luzerne, Rüben, Hafer, Kartoffeln und große Maisschläge. Da niemand wissen konnte, was sich weiter in der Kriegszeit ereignen würde, erschien es mir nach Rücksprache mit Frau v. G. angebracht, den Kapitalen, der jetzt 16 oder 18 Enden tragen sollte, erlegen zu lassen.

Revierförster Kusch, der den Hirsch nun schon jahrelang kannte, sollte die Führung von Frau v. G. allein übernehmen. Es waren aber nur sechs Hirsche zurückgekommen, denn einer von den geringen fehlte. Sie standen jetzt meistens in der Nähe der „Silviawiese" in Jagen 2. Ein Erlenbruch, dicht mit mannshohen Brennesseln, Himbeeren und Fichtenanflug unterstellt sowie mit kühlen Suhlen und guter Deckung, hatte hierfür wohl den Ausschlag gegeben. Von der unruhigen Feldbestellung und der später folgenden Ernte, deren Geräusche doch täglich von ihren großen Lauschern aufgenommen wurden, ließen sie sich gar nicht beeindrucken. Wenn sie sich faul und feist, wie sie jetzt waren, während der kurzen Nachtstunden den Pansen mit eiweißreicher Äsung so vollschlagen konnten, daß sie mit der Verdauung bis gegen Abend zu tun hatten, dann würden sie auch wohl bis zur Brunft hierbleiben. In ihren Einständen durften sie natürlich nicht gestört werden; dafür sorgte Revierförster Kusch, der immer schlanker wurde, während die Hirsche immer mehr Feist ansetzten.

Vor dem 10. August wollte Frau v. G. nicht auf den Feisthirsch pürschen. Das Geweih sollte nach dem Fegen erst die schöne dunkle Farbe bekommen, die besonders alten kapitalen Feisthirschen öfters fehlt, weil sie meistens mit dem Geweihaufbau nicht so schnell fertig sind wie weniger starke Hirsche und dann auch noch möglichst schon am ersten Jagdtag erlegt werden.

Ganz so einfach, wie wir uns die Erlegung des Kapitalen vorgestellt hatten, sollte sie aber nicht werden. Das wäre auch gar nicht im Sinne der Jägerin gewesen. Schon mehrmals hatten Frau v. G. und Revierförster Kusch auf unsichtbar in den Waldrand eingebauten Hochsitzen oder in Schirmen angesessen. Sie hatten das Klappern der Geweihe oft erregend nahe gehört, aber die Hirsche waren abends erst bei Dunkelheit ausgetreten und morgens vor Büchsenlicht wieder von den Feldern verschwunden.

An einem Morgen hatten sie die Hirsche, die sich schemenhaft gegen den Morgenhimmel abhoben, einwechseln sehen. Kusch schlug vor, sich schleunigst bei dem herrschenden guten Wind an der „Silviawiese" anzusetzen, denn dort hatte er in den letzten Tagen frische Fährten entdeckt. Die Hirsche traten auch bald auf die Wiese, um dem mit Hafer gefüllten Pansen noch frischen Weißklee als Weichfutter zur besseren Verdauung zuzuführen.

Mit einer guten Kugel brach der Kapitale in Sichtweite zusammen. Der jetzt ungerade Sechzehnender trug ein sehr starkes, hohes, enggestelltes, dunkelbraunes und bis zu den weißen Kronenenden geperltes Geweih, das trocken 9 kg wog. Das Alter des Hirsches schätzten wir auf elf Jahre. Wäre er noch drei Jahre älter geworden, dann hätte das Geweih die sehr schwer zu erreichenden 10 kg sicher überschritten, denn die Zähne des Hirsches waren noch sehr gut.

Im Jahre 1941 hatten die Hirsche uns nur einen kurzen Besuch abgestattet. Ob sie nach dem Abschuß des ungeraden Sechzehnenders die unteren Jagen mieden, sich wieder in das etwas höher gelegene Jagen 6 umgestellt hatten und dort von dem wildfeindlichen Bauern und seinem Bello vertrieben worden waren, wußten wir nicht.

Der erfahrene Waidmann wird nun mit Recht fragen, ob denn das Rotwild unserer vier Reviere, die auf 100 ha doch etwa fünf Stück Standwild hatten, nicht auch auf die Felder drängte? Das hatte es natürlich auch mit aller Macht getan! Um aber die Wildschäden in erträglichen Grenzen zu halten, war schon seit Jahren das Kernstück der vier Reviere, etwa acht Zehntel der Flächen, durch Stangenzäune eingegattert worden. Bei dem lange andauernden Krieg hatte sich aber auch bei der Landbevölkerung Not eingestellt. Um hier zu helfen, wurden Scheine zum Sammeln von Beeren und Pilzen ausgegeben. Dies hatte aber zur Folge, daß die Zäune nicht mehr wilddicht gehalten werden konnten; und undichte Sperrzäune sind bekanntlich schlechter als gar keine. Schon 1941 forderte der Leiter der Landwirtschaft, Oberinspektor Imhoff, daß des Nachts das Wild von den Feldern verscheucht werden sollte. Es war also höchste Zeit, daß hier die Büchse mehr eingesetzt würde.

Den starken Zehner mit den langen Endgabeln und sehr kurzen Eissprossen, den wir schon vor vier Jahren in Jagen 6 gesehen hatten, wollte ich so schnell wie möglich auf die Decke legen. Er trat mit vier mittelalten Hirschen, darunter auch einem Eissprossenzehner, der aber lange Eissprossen und kürzere Endgabeln zeigte, wieder auf die Felder aus. Revierförster Kusch hatte diese Wanderhirsche schon vor Aufgang der Jagd gesehen und von allen Geweihzeichnungen angefertigt. Drei, auch die beiden Eissprossenzehner, hatten schon gefegt.

Anfang August 1942 saßen wir noch von Tau und Tag auf verschiedenen Kanzeln. Die Hirsche zogen im Morgendunst, kaum als solche erkennbar, aus einem Haferfeld und nahmen in einem Rübenschlag noch etwas weiche, feuchte Äsung zu sich. Als dem Alten die schnell zunehmende Helligkeit nicht mehr zusagte, schlug er einem jüngeren Kronenhirsch mit der linken Stange so auf die rechte Keule, daß wir das Klatschen auf etwa 300 m deutlich hörten. Der so Zurechtgewiesene erinnerte sich auch sogleich seiner Pflicht – es war der Leithirsch – und zog vor dem Rudel, wie zum Kirchgang, dem Tageseinstand zu. Hier zeigte sich wieder deutlich, daß nicht der Leithirsch, sondern der Älteste, der Erfahrenste, der Herrscher über das Rudel ist. (Daß die Rudelbildung bei Hirschen und Kahlwild verschieden erfolgt und ganz anderen Motiven entspringt, darüber habe ich „Im Paradies der Hirsche" eingehend berichtet.) Die Hirsche hatten sich schon auf etwa 200 m meinem Hochsitz genähert, als plötzlich ein Greifvogel über mir im Geäst aufhaken wollte, unter heftigem Schwingenschlagen aber sofort wieder abstrich. Die Hirsche verhofften, schoben sich durcheinander und bogen in Richtung auf meinen Nachbarn Kusch ab. Trotz des jetzt sehr guten Lichtes war es mir nicht möglich, den alten Zehner auf annehmbare Schußentfernung frei zu bekommen.

So einfach der Abschuß des alten Hirsches sich zunächst auch angelassen hatte, so schwierig sollte er aber noch werden. Der Erfolg bei der Jagd hängt eben nicht nur vom Können des Jägers, sondern auch von vielen Zufälligkeiten ab, auf die wir keinen Einfluß haben, die das Jagen aber oft doch recht reizvoll machen. Die Hirsche zogen abends so spät auf die Felder und morgens so früh zu Holze, daß wir sie manchmal nur schemenhaft zu sehen bekamen, an einen sicheren Schuß aber nicht zu denken war. Bei Mondschein hatte ich in meinem langen Jägerleben noch nie auf ein Stück Rotwild geschossen, weil ich es nie nötig gehabt hatte. Bei einem jagdbaren Hirsch wäre mir dies erst gar nicht in den Sinn gekommen.

Der halbe August lag schon hinter uns, und der Rest des Hafers sollte eingebracht werden. Aus einem großen Maisschlag – die Kolben standen schon in der Reife – zog eines Morgens ein Rudel Hirsche, die aber nicht den Wechsel auf unseren gemeinsamen Hochsitz einschlugen, sondern mehr ostwärts in einen Kartoffelschlag wechselten. So schnell wie möglich verließen wir unseren Sitz, um auf einem Pürschsteig den Hirschen näher zu kommen. Daß der alte Gabelzehner dabei war, hatten wir feststellen können. Unser Bemühen war aber vergeblich, denn die Hirsche hatten an den Koppeln des „Hirschhofes", auf dem von der Güterverwaltung Schweine gezüchtet und gemästet und Hühner gehalten wurden, schon bald den Waldrand erreicht. Wir hatten schon aufgegeben, da klagte auf dem „Hirschhof" ein Hausschwein so laut und eindringlich, als ob es schon das Messer an der Kehle hätte. Die Hirsche wendeten sofort und kamen im Troll näher. Es waren noch über 200 m, da verhofften sie. Kusch sagte: „Jetzt oder nie!" Mich hatte aber ein starkes Jagdfieber gepackt, wie ich es gar nicht kannte, und ich konnte daher meinen, doch so auffälligen Hirsch im Rudel nicht finden. „Welcher ist es?" fragte ich. „Der zweite von links!" flüsterte Kusch. Da nahm ich alle Kraft zusammen und kam auch im Blatt ab, vielleicht etwas zu weit hinten. Der Hirsch machte mit dem Rudel noch einige Fluchten, verfiel dann in Troll und blieb bald mit hängendem Haupt und krummem Rücken stehen. Er war jetzt noch etwa 60 m weiter entfernt, aber als das Punktabsehen meines Zielfernrohres hoch im Blatt stand, warf ihn das zweite Geschoß meiner 7×64-Büchse in der Fährte zusammen.

Nun mußte ich mich aber setzen, denn das Herz schlug mir bis zum Halse. Kusch wunderte sich, daß ich derart vom Jagdfieber mitgenommen wurde, weil er dies von mir nicht kannte. Als ich mich wieder erholt hatte, gingen wir zum Hirsch. Erst jetzt kam die Freude voll zum Durchbruch. Der Hirsch war stärker, als wir angenommen hatten, denn die oft prahlende Krone fehlte. Dafür hatte er aber eine sehr gute Auslage, 112 und 110 cm lange, starke, bis in die äußersten Spitzen der Sprossen und Enden geperlte, dunkle Stangen und starke Rosen. Trocken wog das Geweih 7,2 kg. Das war für einen Gabelzehner mit nur 5 cm langen Eissprossen ein sehr gutes Gewicht.

Als das Echo das „Hirsch tot" vom Walde zurückwarf, kam vom „Hirschhof" her ein Mann, der Betreuer der dortigen Viehhaltung. Er konnte es gar nicht begreifen, daß den Hirschen hier „so mächtige Hörner" wuchsen. Als ihn Kusch fragte, warum in alle Herrgottsfrühe ein Schwein so mächtig geschrien habe, sagte er: „Das hatte sich im Stacheldraht verfangen, und als ich ihm helfen wollte, da schrie es noch mehr, da blieb mir nichts anderes übrig, als es abzustechen!" In der Notzeit, in der das Fleisch abgeliefert werden mußte, kamen solche Notschlachtungen öfter vor, da brauchte noch nicht einmal ein Fleischbeschauer bemüht zu werden. Als Kusch dem uns bekannten Manne sagte, daß nur wegen des Schweinegeschreis der Hirsch zu Strecke gekommen sei, da sagte er: „Na also, Hirschbraten und Schweinebraten sollen ja gut zueinander passen. Ich habe das aber noch nicht probieren können!"

Kusch fuhr mit seinem Fahrrad nach Steineich, um den Forstamtskutscher Peter zum Abtransport des Hirsches herbeizuholen. Der Hirsch sollte erst im Forstamt aufgebrochen werden, denn es sollte in dieser Zeit kein Gramm Feist verlorengehen.

Ich blieb bei meinem Hirsch sitzen und dachte darüber nach, wie ich zu dem Hirschfieber gekommen war? Es waren doch schon vier Jahre vergangen, seit ich mich um diesen Zehner bemüht hatte, und diesmal war es doch wohl die letzte Chance, die mir geboten wurde. Heute im Morgengrauen hatte noch die Aussicht bestanden, vom sicheren Hochsitz aus zum Schuß zu kommen, dann waren Enttäuschung und Hoffnung einander gefolgt. Das Überschätzen der Entfernung meinerseits, das Nichterkennen des Hirsches, das Fehlen einer Gewehrauflage, stattdessen der Ausweg, an einem dünnen, schwankenden Erlenstämmchen anstreichen zu müssen, und schließlich die möglichst schnelle Schußabgabe waren wohl die Ursache der so starken Erregung. Jetzt wurde mir auch zum ersten Mal bewußt, wie unterschiedlich es doch sein kann, wenn man einen Gast führt oder selber in solche Zwangslage gerät. Zwar hatte ich schon immer, wenn sich der geführte Jäger alle Mühe gegeben hatte, waidmännisch zu handeln, und es dennoch zu Fehlschüssen gekommen war, wenn er zu entsichern vergessen hatte, oder wenn der falsche Hirsch auf der Decke lag, von dem Unabänderlichen das Beste gemacht. So wollte ich es auch in Zukunft halten, denn kein Mensch ist vollkommen!

Das Alter des Hirsches schätzten wir auf 14 Jahre; erst jetzt trug er sein stärkstes Geweih. Beim Aufbrechen wurde dem Hirsch ein voller Eimer Feist entnommen, der begeisterte Abnehmer fand. Das erste Geschoß hatte einen Lungenflügel gestreift, die Leber zerfetzt und war dann in dem mit Mais gefüllten Pansen stecken geblieben. Das zweite Geschoß saß hoch Blatt und hatte das sofortige Zusammenbrechen und Verenden bewirkt.

Bis Kriegsende habe ich noch einige Hirsche geschossen, aber keinen mehr wie diesen starken – ich darf wohl sagen – kapitalen Gabelzehner.

Kapitale Hirsche im Taunus
Vergangenheit, Gegenwart und Zukunft

Im Jahre 1894 wurde von dem Verlag Neumann in Neudamm ein Buch von E. Andreae unter dem Titel: „Die Geschichte der Jagd im Taunus" – mit besonderer Berücksichtigung der Rotwildbestände – herausgegeben.

In diesem Buch berichtet Andreae, daß Cäsar schon vor Christi Geburt und Tacitus 98 bis 104 nach Christi über die Jagd der Deutschen im Taunus geschrieben haben:

„Zu der Zeit lebten in den Taunuswäldern Auerochsen, Bären, Wölfe, Elche, Hirsche, Sauen, Rehe, kleines Haar- und Raubwild und Wildgeflügel aller Art, und diese Wildarten wurden auch von den damaligen Bewohnern der Gegend bejagt. Sowohl Cäsar wie auch Tacitus erzählten, daß die hohe Jagd (Hochwild) mittels gezähmter Hirsche erfolgt war."

Im „Waidmann" vom 18. Januar 1889, Band XX, Nr. 18, schreibt E. von Dombrowsky, nachdem er die Hirsche anderer deutscher Wildbahnen besprochen hat, folgendes:

„Trauriger sieht es freilich im Taunus, dem Jagdgebiet Se. Hoheit des Herzogs von Nassau, aus. Wo früher, namentlich in der Umgebung des Jagdschlosses Platte, Hirsche standen, wie sie heute nur noch in Ungarn, der Bukowina und Nieder-Österreich vorkommen, in Deutschland aber nirgends mehr gefunden werden.

Herzog Adolf von Nassau erlegte im Revier Platte im Jahre
1844 einen 24-Ender von 12,0 kg Geweihgewicht,
und ebendort
1844 einen 16-Ender von 15,5 kg Geweihgewicht.
Im Revier Naurod
1861 einen 12-Ender von 9,5 kg Geweihgewicht.
Im Revier Chausseehaus
1864 einen 22-Ender von 10,5 kg Geweihgewicht.

Obgleich gerade im 18. und 19. Jahrhundert sich die Landesherren (auch Herzöge, Fürsten, Grafen und andere) mit kapitalen Geweihen beschenkten, von denen man heute nicht immer weiß, woher diese stammten, so steht bei den vom Herzog Adolf von Nassau erlegten hochkapitalen Hirschen doch einwandfrei fest, daß sie tatsächlich im Taunus gestreckt worden waren.

Wenn auch dem besitzenden Adel zu jener Zeit das uneingeschränkte

Privileg der Jagdausübung zustand und die Bauern sogar schon Wildschaden forderten, das Wild aber nicht von ihren Feldern vertreiben durften, glaube ich nicht in der Annahme fehlzugehen, daß ohne starke Kraftfutterzugaben während der Geweihentwicklung die Hirsche, schon gar nicht die im maritimen Klima lebenden Taunushirsche, solche kapitalen Geweihe schieben konnten. Erhärtet wird diese meine Ansicht durch Berichte meines Pleßer Vorgängers, Oberwildmeister Reich, der den Fürsten Pleß schon im letzten Viertel des vorigen Jahrhunderts zu Jagden, auch in Mittel- und Westdeutschland, begleitet hat. Wie er mir persönlich erzählte, hat er von seinen Kollegen erfahren, daß dort in manchen Revieren für die Hirsche sogar Brot mit allerlei geheimnisvollen, geweihbildenden Zutaten gebacken wurde. Der Erfolg wäre dann auch nicht ausgeblieben.

Heute wird nun oft das seinerzeitige Jagdausübungsrecht des besitzenden Adels als Übervorteilung angesehen. Das mag sein. Es hat aber auch seine guten Seiten gehabt, denn als nach der Revolution von 1848 jedem auf seinem Grund und Boden die Jagdausübung zugebilligt wurde, gab es bei den Kleinbesitzern sehr bald keinen Hasen mehr, sogar kaum noch eine Lerche. Nur den Großgrundbesitzern ist es zu verdanken, daß über diese aufrührerischen Zeiten hinweg das größte, das am meisten begehrte Wild, das edle Rotwild, dem deutschen Wald erhalten geblieben ist. Ob dies nun teils aus waidmännischem Empfinden, teils nur deshalb der Fall war, weil man seiner in den großen Wäldern nicht habhaft werden konnte, spielt bei dieser Betrachtung keine Rolle. Es beweist aber mit aller Deutlichkeit, daß das Rotwild zu seiner Erhaltung und seinem Wohlbefinden einen großen Lebensraum benötigt.

Als nach der Revolution von 1848 das Jagdausübungsrecht an eine bestimmte Mindestgröße eigenen Besitztums gebunden wurde, den Kleinen es dadurch ganz verlorenging und den Großen beschränkt wurde, hat es dann auch gar nicht lange gedauert, bis die kapitalen Hirsche im Taunus verschwunden waren. Warum dies so gekommen ist, darüber gibt Andreae in seinem Buch gute Auskünfte, und weil sich diese mit den heutigen Verhältnissen wie ein Ei dem anderen gleichen, glaube ich, daß deshalb für kurze Auszüge allgemeines Interesse vorhanden sein dürfte.

E. Andreae, der im Taunus selber Rotwildreviere in Pacht hatte, schreibt u. a. in seinem Buch folgendes:

„Das Rotwild im Taunus ist gemeinsames Eigentum der jeweiligen Pächter. Kommt nun ein nicht waidgerecht jagender Pächter dazwischen, was im Laufe der Zeit immer wieder vorkommen wird, so müssen die anderen für dessen waidmännische Erziehung sorgen. Man begeht einen

Fehler, wenn man einen solchen Herrn nicht weiter berücksichtigt, man sollte im Gegenteil den neuen Eigentümer an dem gemeinsamen Wildbestand womöglich auf die Jagden einladen, wenigstens auf die Nachbarjagden, damit er den waidmännischen Betrieb kennenlernt und auch dafür gewonnen wird ...

In einer größeren Anzahl von Revieren werden seit Jahren keine Spießer und Gabler geschossen, und die Folge davon hat sich schon bemerkbar gemacht, es sind z. B. in den Jahren 1892 und 1893 einige sehr gute Hirsche mit kapitalen Geweihen geschossen worden ..." (Nach allen bisherigen Erfahrungen beruht das aber nicht auf dem Schonen der Hirsche vom 1. und 2. Kopf. Es ist vielmehr anzunehmen, daß noch ältere, gut veranlagte Hirsche im Bestand gewesen sind, denn schon zwei Jahre später schreibt Andreae auf Seite 213 ...):

„Die heutigen Jagdverhältnisse im Taunus – zu kleine Reviere in zu vielen Händen – haben zur Folge, daß den besseren Hirschen zu frühzeitig und zu eifrig nachgestellt wird. Unsere Waidmänner birschen schon fleißig vom August ab, so daß der bessere Hirsch schon vor oder zu Anfang der Brunft abgeschossen wird. Hieran ist nun wegen der heute bestehenden Jagdgesetze wenig zu ändern, es werden auch für die Gelegenheit, einen besseren Hirsch zur Strecke bringen zu können, zu große Geldopfer gebracht, als daß man einen guten Hirsch vor und zu Beginn der Brunftzeit ziehen lassen könnte, nur aus Rücksicht auf die günstigeren Erfolge bezüglich des Beschlagens, denn man läuft dabei Gefahr, daß derselbe dennoch in einem anderen Revier zu früh abgeschossen wird. Soll im Interesse des Rotwildbestandes und im besonderen bezüglich der Aufbesserung der Geweihe etwas getan werden, so bleiben nicht viele Mittel, welche zum Ziele führen können. Das Beste wäre eine Vereinigung einer möglichst großen Zahl Jagdinhaber, welche in ihren Revieren keine geringen Hirsche abschießen, daß also z. B. nur vom Achter aufwärts geschossen würde; je älter der Hirsch wird, desto vorsichtiger wird er, so daß er sich oft genug den Nachstellungen der Jäger entzieht. Man würde dadurch also sicher erreichen, daß bald wieder bessere Hirsche zur Strecke kämen und dadurch den wahren waidmännischen Genuß erzielen!" (Aber auch dies hat und konnte auch nicht zum Erfolg führen! Und schon ein paar Jahre später, um 1894 kommt die Klage): „Was sind die Geweihe der heute zur Strecke kommenden Hirsche häufig für jämmerliche Trophäen, sie können einem richtigen Waidmann keine Freude bereiten und stehen in keinem Einklang zu den dafür aufgewendeten Summen, sagen wir lieber Geldopfern!"

Schon in den 1880er Jahren wurden im Taunus für Rotwildjagden

Preise bezahlt, die auch die heutigen sehr hohen Pachtpreise für solche Jagden weit übertreffen. Nach Berichten von E. Andreae zahlte Baron Dr. W. Erlanger für das Bad Homburger Revier – 851,25 ha Wald und 247 ha Feld – 6020 Mark jährlich. Der Wildschaden betrug trotz strenger Wildhut 800 bis 1000 Mark, dazu kam noch für Ankauf der Waldnebennutzungen ein Betrag von 250 Mark (im Interesse der Ruhe), so daß die ganze Pacht für die Bad Homburger Stadtjagd rund 7000 Goldmark betrug. Wenn man bedenkt, daß die Goldmark etwa den zehnfachen Kaufwert unserer heutigen DM hatte, dann bekommt man den richtigen Begriff der Jagdpachtpreise, die in der Nähe von Frankfurt bezahlt wurden.

Der Wildbestand ist zu jener Zeit im Bad Homburger Stadtwald ein recht hoher gewesen. Er wurde mit 60 Stück Rotwild, das sind etwa 7 Stück auf 100 ha, angegeben und der Abschuß mit 12 bis 18 Stück festgesetzt. Bald danach hatte der Bestand erheblich abgenommen, und der Abschuß wurde im Durchschnitt auf 6 bis 8 Stück, darunter 3 bis 4 Hirsche, jetzt meist nur Sechsender, herabgesetzt!

Wie die „Geschichte der Jagd im Taunus" bewiesen hat, sind auch die *guten* Vorschläge von Andreae und anderen Waidgenossen, sich zu großen Rotwildbezirken (gleich unseren heutigen Hegeringen) zu vereinen, um gut veranlagte Hirsche alt genug werden zu lassen, alle fehlgeschlagen, weil sich nicht alle Jäger an die getroffenen Vereinbarungen gehalten haben.

Und wie ist es heute? Kaum war 1961 ein zahmer ungerader Vierzehnender, der sein viertes Geweih trug, aus dem Opelschen Freigehege in Kronberg/Taunus ausgebrochen und in die freie Wildbahn abgewandert, da fiel er schon der Kugel eines Jagdpächters zum Opfer. Das Geweih dieses Hirsches wog trocken 7,1 kg!! Nicht besser erging es einem Hirsch, der 1963 aus dem Eingewöhnungsgatter Schloßborn, Taunus, ausgebrochen war. Der Hirsch trug erst sein drittes Geweih. Es wog nach der Erbeutung 5,5 kg! 1965 war der stärkste Hirsch des Opelschen Freigeheges, ein ungerader Zwanzigender in die freie Taunuswildbahn gelangt. Am 25. 10. 1965 wurde dieser zahme Hirsch in einem kleinen Revier von 156 ha von dem Jagdpächter erschossen! Der Hirsch trug das siebente Geweih. Es wog trocken mit sehr kleinem Schädel 14 kg! Die Schützen dieser drei zahmen Hirsche waren langjährige Revierpächter. Sie bezeichneten sich als erfahrene, waidgerechte Jäger; sie hätten sich nur beim Ansprechen geirrt!!

Seit 1953 habe ich alle aus dem Hochtaunus stammenden Trophäen bei den Schauen gesehen, die Geweihe und Gehörne z. T. auch selbst bewertet, aber ein wirklich reifer, alter Ia-Hirsch ist mir nicht begegnet. Aus solchen Vorkommnissen mag nun jeder Rotwildjäger seine Schlüsse ziehen.

„Als am 3. 4. 1971 die Rotwild-Gebiets-Trophäenschau für den Taunus im Butzenbacher Bürgerhaus stattfand, waren dort 170 Trophäen ausgestellt, von denen ganze vier von Hirschen stammten, die 10 und 11 Jahre alt waren, aber nichts besonderes darstellten. (Die Kritik kommt von erfahrenen Taunusjägern. Bemängelt wird hauptsächlich das gänzliche Fehlen von alten, starken Hirschen).

Zu viele Geweihträger wurden zu jung abgeschossen, 17 Prozent der ausgestellten Hirsche hätte unbedingt am Leben bleiben müssen, und es stellt sich die Frage, ob Unkenntnis oder Rücksichtslosigkeit zu den Fehlabschüssen führten. Dabei war noch mancher Hirsch, den man bei schärferem Maßstab ebenfalls in die Klasse der Schonbedürftigen hätte einreihen müssen . . ."

Das sind harte Worte. Aber wenn auch nur einige Jäger sich nicht an die vereinbarten Richtlinien halten oder die erlegten Hirsche „umschulen", indem sie den erbeuteten Geweihen „versehentlich" falsche Unterkiefer anhängen, denn kann das erstrebte Ziel, zu reifen, starken Hirschen zu kommen, nicht erreicht werden. Könnte man die derart Handelnden selber zu waidgerechten Jägern umschulen, dann wären wir sicher ein gutes Stück weiter gekommen. Obgleich in der Jetztzeit bei den Trophäenschauen die Geweihe mit ganzem Schädel nebst Unterkiefer abgeliefert werden müssen, finden Schießer immer noch Möglichkeiten, diese Vorschriften zu umgehen.

Aber solche schwarzen Schafe gibt es nicht nur im Taunus, sondern in allen Rotwildgebieten. Man denke doch nur an die Wildereien aus eigenen Reihen in Springe und Marjoß und anderen Revieren.

Das Rotwild hat sich, wie dies die Streckenlisten des Deutschen Jagdschutz-Verbandes beweisen, auch in dem dichtbevölkerten Bundesgebiet den gegebenen Verhältnissen angepaßt und sich laufend vermehrt, zumindest ist seine Bestandsdichte in den letzten Jahren gleich geblieben. Am Rotwild liegt es also nicht, wenn die erwartete qualitative Aufbesserund der Bestände bisher ausgeblieben ist, sondern an den Menschen! Daher muß auch berücksichtigt werden, daß gerade der Taunus, der von mehreren Großstädten und Industrien umgeben ist, wohl die größten Menschenansammlungen eines Rotwildgebietes in der Größe von etwa 45 000 ha aufweist, und daher besonders starken Beunruhigungen ausgesetzt ist. 1970 sollen es nach einem Bericht der Zeitschrift „Christ und Welt" etwa 20 000 000 gewesen sein, die im Taunus Erholung suchten.

Leider halten sich diese Naturliebenden nicht alle an die freigegebenen Wege, Plätze, Wiesen oder Waldstücke, vielmehr gibt es in der Masse immer welche, die das Wild aus seinen Einständen vertreiben. Dabei bleibt es sich gleich, ob es sich um Beerensammler oder Pilzsucher oder als solche getarnte Wilderer (besonders Schlingensteller) handelt, oder ob auch Jäger, die mit dem Wild nicht den nötigen Kontakt haben und durch „Herumgeistern" in der Dämmerung oder durch nächtliches Schießen vom durchwärmten Hochsitz aus, das ihre dazu beitragen.

Aber trotz dieser unliebsamen Begleiterscheinungen gibt es im Taunus noch Reviere, in denen auch sehr starke Hirsche (ich meine solche über 180 Punkte) herangehegt werden könnten, wenn zwischen den Jagdnachbarn (Hegeringen) ein gutes Einvernehmen herrschen und als Standwild bekannte gut veranlagte Hirsche alt genug werden könnten. Bei der nötigen Sachkenntnis und Ausdauer kann dann auch ab und zu ein Internationaler Goldmedaillenhirsch zur Strecke kommen. Man darf aber nicht außer acht lassen, daß in unserem Klima dazu ein Reifealter von 12, besser 14 Jahren nötig ist. (Selbst in den von der Natur begünstigten Rotwildbiotopen Ungarns und Jugoslawiens müssen die kapitalsten Hirsche nach den neuesten Erkenntnissen der Hege (sprich Fütterung) 12 Jahre alt werden. Das hat der von Marion Schuster erlegte Weltrekordhirsch gezeigt.

Für die Jagdpächter in der Bundesrepublik ist das natürlich ein sehr langer Weg, den die meisten kaum durchhalten werden. Jeder möchte in einer Jagdpachtperiode doch wenigstens einen starken Hirsch von über 5 kg Geweihgewicht und über 170 Punkten erlegen. Das sind nach den fortschreitend sich verbessernden Hegemaßnahmen nur bescheidene Ansprüche, die sich aber trotzdem in dicht besiedelten Gebieten mit vielen kleinen Revieren und noch mehr Jagdausübungsberechtigten nur vereinzelt werden durchführen lassen. Bei einer zum Schutze der Land- und Forstwirtschaft geforderten Wilddichte von 1 bis 1,5 Stück Rotwild auf 100 ha und einem Geschlechterverhältnis von 1,3 Stück männlichem und 1,0 Stück weiblichem Wild auf der gleichen Fläche kann es nach den durchgeführten Abschußfreigaben – wie schon gesagt – kaum noch jagdbare, reife Hirsche geben. Um das zu verschleiern, werden in manchen Rotwildgebieten acht- und neunjährige Hirsche in die Klasse Ia eingegliedert, weil ohne eine sichtbare Altersmarkierung bei einer eventuellen Gerichtsverhandlung niemand beeiden wird, daß diese Hirsche nicht doch schon älter sein können.

So werden der Wildbahn die am besten veranlagten Hirsche vier bis fünf Jahre zu früh entnommen, was sich auf die Dauer bitter rächen muß. Die einfachste Entschuldigung ist dann: „Bei uns werden die Hirsche nicht stärker!"

Man sollte es auch ganz allgemein vermeiden, einzelne erlegte kapitale Hirsche noch besonders hochzuspielen; denn das stachelt bei Neuverpachtungen die an der Pachtung interessierten Jäger noch verstärkt an. Der Erleger hat aber oft keinen hegerischen Anteil an einzelnen erlegten kapitalen Hirschen. Ein Revier ist auch nur dann besser geworden, wenn ein wirklich kapitaler Hirsch nicht nur eine Eintagsfliege bleibt!

Wenn bei Neuverpachtungen mit offenen Karten gespielt und den an der Pachtung interessierten Jägern die Abschüsse der letzten Pachtperiode nach Geschlecht, Altersklassen, Wildpret- und Geweihgewicht klipp und klar mitgeteilt würden — was aber von der Unteren Jagdbehörde ausgehen müßte, denn die Verpächter haben daran natürlich kein Interesse — dann könnte dies die oft stark überhöhten Jagdpachtpreise erheblich eindämmen!

Wer wohl die Mittel aber trotzdem nicht die Möglichkeit hat, eine Rotwildjagd pachten zu können, dem sollte man es auch nicht verübeln, wenn er sich dafür Ersatz im Ausland sucht. Wer aber vom Wesen und der Ethik der Jagd durchdrungen ist, dem kann ein Hirsch, der ihm je nach Inhalt seines Geldbeutels angeboten und ihm dann auch vorgeführt wird, bei weitem nicht den waidmännischen Genuß bereiten, als wenn er einen starken Hirsch durch eigene Mitwirkung, viel Mühen, Sorgen und Entsagungen erlegen kann!

Das ist aber sogar im Taunus möglich. Neben den schon erwähnten erfolgversprechenden Hinweisen ist von besonderer Wichtigkeit, daß dem Rotwild in Notzeiten durch Verbesserung der Lebensbedingungen (am einfachsten durch Kraftfutterzugaben) geholfen wird. Weil es sich in der kalten Jahreszeit der vielen Besucher wegen nicht in den durchsichtigen Laubholzbeständen aufhalten kann, ist es gezwungen in Fichtendickungen Einstand zu nehmen. Diese haben aber die unangenehme Eigenschaft, daß sie mit ihrer flachen, weitstreichenden Bewurzelung die oberen Bodenschichten aushagern und durch die dichte Benadelung nicht soviel Licht und Feuchtigkeit auf den Boden lassen, daß sich dort nährstoffhaltige Gräser oder Kräuter entwickeln können. Will man also zu starkem, gesundem Rotwild kommen, dann muß man sich darüber im klaren sein, daß sich die Notzeiten — und damit die Fütterungszeiten — in solchen Gebieten mindestens solange hinziehen, bis die Tiere ihre Kälber setzen und die Hirsche mit dem Aufbau ihrer Geweihe fertig sind. Bekanntlich dauert das bei kapitalen länger als bei mittelalten Hirschen.

3 Von guten Damschauflern

Mit Damwild habe ich verhältnismäßig spät Fühlung bekommen. In meiner engeren Heimat kam es meines Wissens zu Anfang unseres Jahrhunderts nicht vor. Den Begriff „engere Heimat" muß ich allerdings als sehr begrenzt bezeichnen, denn ich habe nicht einmal unseren Kreis Deutsch-Krone, Westpreußen, kennengelernt. Ich glaube auch, daß das selbst meinem Vater nicht möglich gewesen ist, weil damals nur wenige Wohlhabende motorisiert waren. Das geringe Einkommen der Forst- und Jagdbeamten machte oft schon die Anschaffung eines Fahrrades zum Problem. Daher war es auch nur wenig im Gebrauch, schon gar nicht im Dienst, weil es hieß, daß mit solchen Tretmaschinen auf guten Wegen Geschwindigkeiten erzielt würden, die das Abfährten, besonders aber den Forst- und Jagdschutz unmöglich machten. Sollte sich das Fahrrad aber trotzdem weiter durchsetzen, dann würde man in Bezirken mit schlechten Wegen bald keinen Beamten mehr zu sehen bekommen, und die Holzdiebe, die Wilderer und das Raubzeug hätten dann freies Tanzen.

Da zu den Forstrevieren des deutschen Ostens in der Regel eine große Landwirtschaft gehörte, hatten die Inhaber wohl ihr Pferdegespann, das aber nur für den eigenen Betrieb verwendet und möglichst geschont wurde. Es ist daher durchaus möglich, daß es auch in unserem Kreis damals schon Damwild gegeben hat, die uns bekannten Jäger und Förster davon aber auch nichts gewußt haben.

Vielfach habe ich gehört, daß über das Damwild recht abfällig gesprochen wurde, daß die Erlegung der halbzahmen „Damböcke" und „Damzicken" keinen echten Waidmann befriedigen könne. Nur Schießer, die um jeden Preis ihre Wände mit Trophäen bereichern wollten, könnten Freude am Abschuß solchen Wildes haben. Daß dies nur Ausnahmen sein konnten, wie sie auch noch heute in kleinen Tiergärten vorkommen, war mir schon in früher Jugend durch Jagdzeitungen bekannt. Solche Urteile konnten nur von Leuten kommen, die das Damwild in freier Wildbahn nicht kannten.

Meine erste Bekanntschaft mit Damwild in freier Wildbahn machte ich 1911 in den Pleßer Oberforsten. Hier gab es wohl einen guten Rehwildbestand, aber kein Rotwild, und an Damwild wurden 40 bis 50 Stück auf 9000 ha, etwa 0,5 auf 100 ha, geduldet.

Im November nach der Brunft bekam ich ein Schmaltier zum Abschuß frei. Viele Pürschen hatte ich schon hinter mir, aber noch nie ein Stück Damwild gesehen. Anfang Dezember war etwas Schnee gefallen, der sich bei Wind und Regen bis gegen Mittag größtenteils zu Wasser verwandelt hatte. In diesem Schneematsch stieß ich zufällig auf verwaschene Abdrücke, die von Damwild herrühren konnten. Neugierig folgte ich diesen Zeichen über eine Bodenrippe, und schon hatte ich im Windschatten einer Dickung drei Stück Damwild – Alttier, Schmaltier und Kalb – vor mir, die auf gute Schußweite friedlich ästen. Der Schuß auf das Schmaltier war nicht schwer, ich hatte mein erstes Stück Damwild zur Strecke!

Daß dies nicht immer so einfach sein würde, hatte ich längst den Erzählungen erfahrener Damwildjäger entnommen. Wegen seiner großen Unstetigkeit und seines Mißtrauens ist die Pürsch auf Damwild schwieriger als die auf Rotwild. Wird letzteres auch einmal beunruhigt, so wird es doch, falls der Jäger sich ruhig verhält, auch wieder vertraut. Damwild dagegen läßt sich nicht täuschen und zieht fort; der nachpürschende Jäger hat dann kaum noch Chancen zu Schuß zu kommen.

Im nächsten Frühjahr, als ich meine Arbeitskraft hauptsächlich den Aufforstungen, die nach dem großen Schneebruch von 1903 noch in vollem Gange waren, widmen mußte, fiel mir auf, daß Heger Polko, bei dem ich in Lawek wohnte, sobald wir in die Nähe des Teufelsmoors kamen, heimlich an seinen Hut tippte und das Kreuzzeichen machte. Auch die 40 bis 50 Kulturmädchen, die ich bei den Pflanzungen zu beaufsichtigen hatte, hörten, sobald sie auf dem Heimweg in die Nähe des Moores kamen, mit ihrem Gesang auf. Als ich Hegemeister Järisch nach dem sonderbaren Benehmen fragte, erzählte er mir, daß der Vorgänger von Polko, Heger Lischka, von Wild- oder Holzdieben vor etwa 20 Jahren erschossen oder erschlagen wurde und seine Leiche wahrscheinlich in den tiefen, alten Torfstichen, die mit Sumpf- und Wasserpflanzen verschiedenster Arten bewachsen waren, versenkt worden sei. Unweit des Moores hätte man unter einem eingeäscherten Reisighaufen einen halbverkohlten Stiefel von Lischka gefunden. Seitdem würde dieser Ort des Schreckens soweit wie möglich von der Bevölkerung gemieden.

Für mich wurde dieses kleine Sumpfgebiet aber bald ein Ort des Friedens und der Erholung, das ich gern, auf einem alten Stubben sitzend, betrachtete. Immer aber mit einer gewissen Ehrfurcht vor der Macht des Schicksals.

An einem heißen Sommertag hatte ich mich wieder an die alten

Krüppelkiefern, hinter denen sich dichte Sumpfporsthorste breitmachten, vorsichtig herangepürscht. Noch hatte ich nicht ganz meinen alten Stubben erreicht, als ein Geprassel und Geplansche losging, das mir das Herz stocken ließ. Schnell hatte ich mich aber wieder gefaßt, sprang etwas zur Seite, um besseren Ausblick zu haben, und sah gerade noch, wie ein Damschaufler, der Wasser und Sumpf durchronnen hatte, wieder festen Boden unter die Läufe bekam und mit Bocksprüngen flüchtete. Da er keinen Wind bekommen hatte, schien er sich über den Störenfried nicht klar zu sein, denn plötzlich verhoffte er und äugte zurück. Mit dem Jagdglas vor den Augen erkannte ich, daß ich einen kapitalen Schaufler vor mir hatte. Seine glatte, dunkle Sommerdecke war mit Schlamm behaftet, und er sah aus wie ein schwarzer Teufel. Sehr schnell verschwand er im Unterholz des Bestandes.

Nun wollte ich aber auch wissen, wo der Schaufler gesessen hatte. Er hatte sich ein trockenes Plätzchen in dem Porst ausgesucht, über das ein leichter Wind hinwegstrich, so daß er unter dem hier sehr zahlreich vorkommenden, blutsaugenden Geziefer nicht gar zu sehr zu leiden brauchte. Der scharfe Porstgeruch soll auch Ungeziefer fernhalten.

Durch mein Erscheinen war dem Schaufler der Rückwechsel abgeschnitten und daher mußte er durch Wasser und Morast flüchten. Obwohl Damwild nicht suhlt, dürfte dem Schaufler das kühle Bad nicht unangenehm gewesen sein. Ob es derzeit in den Oberforsten noch einen so kapitalen Schaufler geben würde, war sehr fraglich.

Als ich hochbefriedigt den Rückweg antrat, verschwand in den Porstbüschen eine schwarze Kreuzotter – eine Moorotter –, die neben allem hier vorkommenden Getier genau so in diese Landschaft gehörte wie die Krüppelkiefern, der Sumpfporst, die stelzfüßigen Erlen und all die anderen, zahlreichen Sumpf- und Wasserpflanzen.

Als einer der ältesten Pleßer Beamten bekam Hegemeister Järisch den gemeldeten Schaufler zum Abschuß frei. Er wollte ihn gleich in der Feiste erlegen und gab sich auch alle erdenkliche Mühe. Alles Pürschen, meistens zu Fuß, ab und zu auch mit einem Ackerwagen, blieb erfolglos. Er hatte überhaupt kein Stück Damwild zu sehen bekommen. Da der lange Fußmarsch ihm auch sehr zu schaffen machte, gab er es auf und trat den Schaufler seinem Neffen, Oberstabsarzt Dr. Järisch, ab. Dieser sollte ihn in der Brunft, wenn mehr Aussicht auf Erfolg bestand, erlegen, und ich sollte ihn führen.

Zur Brunft traf Dr. Järisch auch pünktlich ein. Es ging ihm aber genau so, wie seinem Onkel, dem alten Hegemeister. Zu jeder Tageszeit und auch bei jedem Wetter waren wir im Revier, aber von dem so begehrten

Schaufler vernahmen wir nicht einmal einen Brunftschrei und sahen auch kein Wild. So war es auch wohl verständlich, daß selbst sehr passionierte Jäger resigniert nach 14 Tagen aufgeben wollten. Zur rechten Zeit kam aber noch die Nachricht, daß Heger Polko am Feldrand in Jagen 27 den Brunftschrei eines Schauflers gehört habe. Die Gegend lag allerdings ganz außerhalb unseres Pürschbereiches. Noch am gleichen Abend waren wir dort. Bei Dunkelheit hörten wir einen Damhirsch im angrenzenden Jagen 36 schreien. Am nächsten Morgen hörten wir ihn etwa dort, wo ich im Vorjahr das Schmaltier erlegt hatte. Sobald es das Licht erlaubte, pürschten wir mit aller Vorsicht dorthin, und viel schneller, als erwartet, lag der kapitale Schaufler auf der Decke. Fort flüchtete ein Tier mit Kalb und ein Spießer, wahrscheinlich dasselbe Tier, dem ich im Vorjahr das Schmaltier genommen hatte.

Die große Freude über die Erlegung des kapitalen Schauflers war verständlich. Der lange Dorn am unteren Ansatz der Schaufeln ließ auf ein hohes Alter schließen. Nach den stumpfen, nicht mehr voll ausgebildeten Enden konnte der Schaufler sogar schon zurückgesetzt haben. Auch der breite Schädel und die sehr kurzen Rosenstöcke deuteten darauf hin. Über den Zahnabschliff war zu jener Zeit noch wenig bekannt. Sachverständige schätzten das Alter des Schauflers, auch das klobige, bleischwere Geweih beachtend, auf zehn bis zwölf Jahre. Wie viele Jäger mochten auf diesen alten Damhirsch, der nicht nur durch ein Revier oder ein Forstamt seine Fährte gezogen hatte, schon gepürscht haben!

Im Südosten der Pleßer Niederforsten lag das etwa 800 ha große Damwildgatter. Die Niederforsten waren nur durch einen schmalen Landstrich etwa im Verlauf der Straße von Nikolai über Neu-Berun bis zur damaligen österreichisch-galizischen Landesgrenze von den Oberforsten getrennt.

Nach mir vorliegenden Schußlisten (herausgegeben von dem Fürstlich Pleßischen Archivar Dr. E. Zivier) ist die Damwildzucht hauptsächlich auf Massenvermehrung und Massenabschuß eingestellt gewesen. Dementsprechend war auch das Geschlechterverhältnis 1:2. Es wurden in den zehn Jahren von 1893 bis 1903 im Schnitt erlegt: 24 starke und 9 geringe Schaufler, sowie 22 Spießer und 77 Stück Kahlwild, in Summa 132 Stück.

Bis zum Beginn des ersten Weltkrieges wurden alljährlich etwa 60 Prozent des ziemlich gleichgebliebenen Zuwachses in eingestellten Jagen abgeschossen, die restlichen 40 Prozent von der sehr guten Jägerei bei bestem Wahlabschuß erlegt. Immer wieder habe ich von den Alten gehört, daß Damwild sich nicht mehr beruhigt, sobald es eine Bewegung wahrgenommen hat, und daher sogleich weiterzieht. Das Nachpürschen könnte man sich ersparen, man käme doch nicht mehr zum Schuß. Der Hegeabschuß der Forstbeamten hat sich auch sehr gut ausgewirkt, denn sonst hätten nachhaltig unmöglich so große Strecken erzielt werden können.

Die starken Schaufler wurden soweit wie möglich vom Fürsten und seinen Gästen während der Brunft zur Strecke gebracht. War Kaiser Wilhelm II. oder sonst ein Staatsoberhaupt zum Abschuß eines Wisentstieres anwesend, dann nahmen sie auch an der Damwildjagd teil. Für diese hohen Gäste waren dann immer noch einige kapitale Schaufler reserviert.

Bei der guten natürlichen Äsung und der angemessenen Fütterung kamen in Pleß reife, kapitale Schaufler zur Strecke. Voraussetzung war, daß die bestveranlagten auch mindestens zehn Jahre alt wurden. Ich glaube, später in meinem langen Jägerleben festgestellt zu haben, daß die Zahnabnutzung beim Damwild langsamer vor sich geht, als beim Rotwild, und daher das Damwild oft jünger geschätzt wird, als es tatsächlich ist. Begründen möchte ich meine Beobachtungen damit, daß Damwild mehr auf Kräuter-, Laub-, Knospen- und Weichholzäsung angewiesen ist und hartstengelige Gräser und Sträucher nach Möglichkeit meidet.

An den vielen Abwurfstangen, die im Pleßer Gatter gefunden wurden, war auffällig, daß ein großer Teil besonders von starken Schauflern Stangen-, Sprossen- und Endenbrüche aufwies. Daraus war ersichtlich, daß die Damschaufler mehr und anhaltender kämpften als Rothirsche.

Wie mir Förster Waiblinger, in dessen Revier der größte Teil des Damwildgatters lag, erzählte, wäre es gar nicht leicht, erbittert kämpfende Schaufler auseinanderzubringen. Man müßte schon ziemlich nahe herangehen, um sie durch Rufe und, wenn das nichts nützte, durch einen Schreckschuß voneinander zu trennen. Wäre das gelungen und sie flüchteten in eine Richtung, dann würde es oft gar nicht lange dauern, und der Kampf begänne von neuem.

Bei dem Geschlechterverhältnis von 1:2 war dies eigentlich schwer verständlich. Es war doch genug weibliches Wild vorhanden! Es muß aber wohl berücksichtigt werden, daß das Gatter stark mit Damwild besetzt war und die Brunftplätze daher oft nicht weit genug voneinander lagen.

Durch das Gatter floß die Pszczynka, ein Flüßchen, das die Grenze zwischen den Revieren Brzozow und Mezerzitz bildete und sein reines, klares Wasser der Weichsel zuführte.

Auf der Mezerzitzer Seite hatte ein Heger Anfang Dezember einen Damwildlauf entdeckt, der nur etwas aus dem Wasser herausragte. Er wollte den Lauf herausziehen, doch dies schaffte er nicht. Da berichtete er dies seinem nächsten Vorgesetzten, Förster Amon. Auch unter Mithilfe mehrerer Waldarbeiter gelang es nicht, das Rätsel zu lösen. Erst durch ein Pferdegespann konnten zwei kapitale Damschaufler auf die Wiese gezogen werden, die sich so miteinander verkämpft hatten, daß sie nur durch Absägen einer Stange voneinander getrennt werden konnten.

Im Forstamt Steineich, in Deutsch-Oberschlesien gelegen, dessen Leitung ich im Mai 1938 übernommen hatte, gab es der Qualität nach einen guten Rot- und Schwarzwildbestand. Auch starkes Rehwild kam an den Feldrändern und in den großen Gutsfeldern genügend vor. Das unstete, unruhige Damwild war bis auf wenige Stücke schon abgeschossen worden, sollte aber nicht ganz ausgerottet werden. Besonderes Interesse erregte im zweiten Weltkrieg ein kapitaler Schaufler, auf den schon jahrelang besonders geschätzte Gäste des Besitzers gepürscht hatten. Als ich den Schaufler Ende August kurz vor dem Fegen unvermutet zu Gesicht bekam, war ich stark beeindruckt von der Höhe des Geweihs, der edlen Form und der Länge und Masse der Schaufeln. Leider wurde er bald danach in der Nähe des Grenzteiches verludert gefunden. Er war unweit eines Ameisenhügels verendet, und die fleißigen Ameisen hatten alle Bastreste des Geweihs sauber abgeputzt, so daß es jetzt weiß wie gebleicht aussah. Und weil auch seine Masse und Wucht deutlich zum Ausdruck kamen, war der Anblick um so bedrückender.

Das Geweih zeigte alle Merkmale eines alten, kapitalen Schauflers. In der Stangenlänge, der Länge und Breite der ideal ausgebildeten Schaufeln sowie in der Form und Auslage konnte es sehr gut mit den besten norddeutschen, auch Holsteiner Trophäen konkurrieren. Nur die Stangenstärke und der Rosenumfang hätte besser sein können. Die sehr kurzen Rosenstöcke, der lange Dorn am Schaufelansatz und die Zahnabnutzung ließen auf ein Alter von zehn bis zwölf Jahren schließen. Auch an Wildpret war der Schaufler sehr stark, dies kam besonders durch die vielen, dicken Feistfalten am Träger zum Ausdruck. Durch Krankheit — die bei dem sehr harten Damwild selten ist — oder einen Unfall war der kapitale Schaufler nicht eingegangen. Recht deutlich zeigte sich an dem stark aufgeblähten Kadaver ein von Maden wimmelnder waidwunder Einschuß. Ob er die tödliche Kugel im eigenen Revier oder in der Nachbarjagd erhalten hatte, konnte trotz vieler Bemühungen nicht festgestellt werden. So schändlich endete unser kapitalster Schaufler!

Wer in freier Wildbahn auf Damwild gejagt hat, weiß über dessen Sinnesschärfe Bescheid. Wie weit diese aber ausgebildet sein kann, beweist ein Vorgang, der sich vor etwa zehn Jahren zugetragen hat. Ein mir gut bekannter pensionierter Oberforstmeister erzählte mir folgendes:

Er habe, um seiner Passion für Wald und Wild auch weiterhin nach-
gehen zu können, auf dem sehr großen Flughafen in Frankfurt/Main
den Jagdschutz für das dort vorkommende Wild übernommen. Er sei
sehr erstaunt gewesen, als er bei einem Pürschgang auf ein siebenköpfiges
Rudel Damwild stieß, das bei dem für menschliche Ohren kaum erträglichen Lärm der Düsenflugzeuge in einem Kiefernbestand friedlich äste.
Als er aber ein kleines, trockenes Kiefernästchen zerbrach, seien alle
Köpfe hochgegangen und hätten in seine Richtung geäugt. Obwohl er
nicht frei und unbeweglich gestanden habe, sei das Rudel sofort, ohne
noch einmal zu sichern, im Bestand verschwunden. Kommentar überflüs-
sig!

4 Von groben Sauen

„Die Sauen sind wieder da!" Diese Nachricht wird überall dort, wo man Verständnis dafür erwarten kann, von recht verschiedener Wirkung sein.

Den Landwirt erfüllt sie oft mit Zorn und Sorgen, wenn er sieht, wie die Saaten durchwühlt, die frischgelegten Kartoffeln herausgebrochen werden und das reifende Getreide vernichtet wird. Ist er zugleich auch Jäger, dann wird sich sein Ärger wesentlich mildern; denn er hat es in der Hand, den Schwarzwildschaden erheblich herabzudrücken.

Der Forstmann sieht die Sauen mit einem lachenden und einem weinenden Auge. Laubholzsaaten, ganz besonders Eichelsaaten, werden ohne Zaun nicht hochzubringen sein. Dasselbe gilt auch für Wildäcker und in beschränktem Maße für gut gepflegte Wildwiesen. Allgemein gesehen ist der Nutzen, den das Schwarzwild dem Walde bringt, aber bedeutend größer als der Schaden, den es zuweilen anrichtet. Die im Walde unter der Bodenstreu überwinternden Raupen des Kiefernspinners, die Larven der Blattwespen, die Puppen von Forleule und Kiefernspanner sowie die auf feuchten Stellen vorkommenden kleinen und großen Gehäuse- und Nacktschnecken dienen ihnen als Fraß und werden in Massen vernichtet.

Auf der Suche nach diesen Schädlingen sowie durch das Aufwühlen des Bodens nach Mäusenestern und das Umbrechen nach Eicheln und Bucheckern wird der Waldboden durchlüftet und die Bodenstreu mit dem Mineralboden vermischt. Die Humusteilchen werden dadurch unter Mitwirkung zahlreicher Bodenbakterien schneller, als da sonst geschehen würde, zersetzt und mit anderen Nährstoffen in kürzerer Zeit in einen für alle Pflanzenwurzeln aufnahmefähigen Zustand versetzt.

In Mastjahren ist der Segen, den Eichen und Buchen spenden, meistens so groß, daß selbst nach vielen Fraßgängen der Sauen immer noch genug Samen im Boden bleiben, um gute Naturverjüngungen zu sichern.

Von Schwarzwildgegnern, die es unter Forstleuten auch gibt, hört man bisweilen: „Ja, wenn die Sauen nur die schädlichen Insekten nehmen würden, dann wäre ihr Nutzen für den Wald unbestreitbar, aber sie nehmen doch auch die nützlichen!" Sortieren können sie die im Waldboden liegenden nützlichen Schmarotzerinsekten, wie die Tönnchen der Raupenfliegen und die Kokons der Schlupfwespen, natürlich nicht. Es liegen jedoch genügend Beweise aus der Praxis vor, daß Insektenkalamitäten durch Schwarzwild verhindert wurden. In dem Pleßer Saugatter (etwa 600 ha) blieben die Kiefernbestände gesund, während die angrenzenden durch Forleule, Kiefernspanner und durch jahrelangen Fraß der bunten Kieferngespinstwespe zugrunde gerichtet wurden.

Bei den Jägern, ob jung oder alt, werden die Worte: „Sauen fest!" immer freudig aufgenommen werden. Die Jungen erhoffen Erfüllung ihrer Wünsche, sich an Treib- oder Einzeljagden beteiligen zu dürfen, um auch einem Schwarzkittel einmal eine Kugel antragen zu können. Rotwild ist für sie wie überhaupt für den Durchschnittsjäger in den meisten Fällen tabu, aber auf das unstete Schwarzwild, das bald hier, bald dort auftaucht, kann man schon einmal mit einer Einladung rechnen. Vielleicht ist es auch gar kein Zufall, daß Diana oft gerade den jungen Jägern lächelt, die bei Treibjagden doch öfter die Stände bekommen, die keinen Anlauf vermuten lassen. Die prominenten Jäger, die häufig durch ihr sonst unruhiges Leben nicht mehr stundenlang auf ihrem Stand untätig ausharren können, vergrämen sich oft selbst das Wild, das dann die Beute eines jungen überglücklichen Jägers wird.

Die Ältesten unter uns, die das Wort „Sauen" zwar auch noch begeistert, die nun aber nicht mehr freudig zur Büchse greifen können, werden in dankbarer Erinnerung auf ein langes Jägerleben zurückblicken, das ihnen die Schwarzkittel oft vergoldet haben. Manchmal aber gab es auch bittere Enttäuschungen. Nachstehend werde ich einige Erlebnisse erzählen.

Meine erste Begegnung mit einer groben Sau

Es war zur Zeit der Roggenernte. Mein Bruder Max und ich wollten nach Steinpilzen Ausschau halten. Es hatte nach langer Dürre ausgiebig geregnet, da konnten schon die ersten gewachsen sein, die unseren geübten, scharfen Augen kaum entgehen würden. Bald fanden wir auch hocherfreut die ersten Steinpilze des Jahres mit schönen braunen Kugelköpfen und schneeweißen Stielen. Da auch für den Winter mit getrockneten Pilzen gesorgt werden mußte, würde jetzt wieder eine schöne Zeit für uns beginnen.

Auf dem Heimweg stießen wir in der „Raume Heide" auf eine Schwarzwildfährte, so stark, wie wir bisher noch keine gesehen hatten. Max sagte: „Die ist ganz frisch, sie steht ganz deutlich im Sandboden, der vom Nachtregen noch feucht ist. Wir wollen doch einmal sehen, wohin sie führt. Mutter wird zwar auf uns warten, aber wenn wir den ganzen Weg in einem Trab zurücklegen, holen wir wieder auf!" Mir, dem Jüngeren, war das natürlich wie aus der Seele gesprochen. Wir nahmen also unsere Sinne zusammen und folgten der Fährte wie Schweißhunde. Unser Förstervater, der aus einer alten Familie der Grünröcke stammte, aber leider viel zu früh an den Folgen eines Unfalles gestorben war, hatte uns, seine ältesten Söhne, schon früh in die Fährten- und Spurenkunde so gut eingeweiht, daß wir unmöglich Rot- mit Schwarzwild- oder Reh- mit Frischlingsfährten verwechseln konnten. Die starke Keilerfährte zu halten war nicht schwer. Der Sandboden war nur mit Kiefernkusseln, mit dem sehr genügsamen Schafschwingel, mit Heidekraut oder nur mit Hungermoos bewachsen. Wenn auch die Abdrücke der Schalen nicht immer sichtbar waren, so konnten wir doch, auf lichtere Stellen vorgreifend, gut folgen. Wir hatten schon die Straße Stranz nach Kl. Nakel überquert, und weiter ging es schnurgerade den Torfbrüchen zu, und hierhinein führte die Fährte.

Hier konnte ein so starker Keiler doch wohl kaum stecken, denn der Bruch war naß und nur schwach mit Wollgras und an den Torfstichen mit einigen Schilf- und Rohrstengeln bewachsen. Die wenigen Kusselkiefern, die hier noch Fuß gefaßt hatten, waren unten kahl, und unter den einzelnen, kümmerlichen Wacholdern gab es auch keine Deckung. Jetzt fing es an schwierig zu werden. Um den Bruch herum war es feucht und darum stark graswüchsig. Mit Abfährten war da nicht mehr viel zu machen.

Wir umschlugen daher den Bruch in einer größeren Entfernung und kamen an eine Kusselkiefer, deren weit ausgebreitete Äste den Boden berührten und die von meterhohem Sandrohr umgeben war. Hier blieben wir unwillkürlich stehen. Da war es mir, als ob die unteren Äste der Kiefer sich gehoben hätten. Ich wollte meinen Bruder darauf aufmerksam machen, kam aber nicht mehr so weit, denn schon fuhr ein schwarzgrauer „Koloß" heraus, winkte freundlich mit dem Pürzel und verschwand mit kurzen Fluchten unseren Blicken in Richtung der Grenze. Diese wurde durch das Fließ, das die Seen Gr. Schmollen und Mellen verband, gebildet, trennte die Stranzer Gemarkung vom Deutsch-Kroner Stadtwald und war nur etwa 600 m entfernt.

Wir standen da, wie versteinert. Wer hätte auch jemals daran denken können, daß hier, in dem übersichtlichen Heidegelände ein Stück Schwarzwild, geschweige ein so grober Keiler, stecken würde! Ich fand zuerst wieder Worte und sagte: „So einen möchte ich auch einmal schießen!" Max zuckte nur mit den Schultern und sagte: „Da kannst du aber noch lange warten; und so einer ist eine große Seltenheit."

Nach und nach wurde es uns klar, was wir angerichtet hatten. Wir hatten den stärksten Keiler, der wohl jemals hier vorgekommen war, aus dem Revier vertrieben und durften nun gar nicht darüber sprechen, denn sonst wurde uns womöglich noch das Pilzesuchen verboten. Max sagte auf dem Heimweg: „So mächtig groß und so lang hätte ich mir auch den stärksten Keiler nicht vorgestellt; er hatte aber nur kurze Borsten und sah gar nicht so grimmig aus!" Wir hatten bis dahin immer nur erlegte Wintersauen gesehen und wußten nicht, daß ein blanker Sommerkeiler ganz anders aussehen kann.

Vor unserer lieben Mutter hatten wir keine Geheimnisse, und daher erzählten wir ihr auch von dem urigen Keiler, den wir vertrieben hatten. Sie tröstete uns aber und sagte: „Da braucht ihr euch weiter keine Vorwürfe zu machen. So ein alter Keiler ist wohl nirgends zu Hause. Der ist einmal hier und einmal dort. Von dem Vater wurde er auch schon gefährtet, aber gesehen hat ihn bisher wohl noch niemand. Wer weiß, wo der noch einmal endet!"

Wir waren nun wieder mächtig stolz, gerade diesen alten, heimlichen – man konnte fast sagen „unheimlichen" – Keiler gesehen zu haben. Wir hatten aber nicht einmal auf das Gewaff geachtet, das wir auf die paar Schritte doch ohne weiteres hätten sehen müssen. Die ganze Erscheinung hatte uns doch zu sehr in ihren Bann geschlagen.

Eine saugrobe Bache

Damals, als wir den alten Keiler so unerwartet aus seinem Kessel hochmachten, war ich 13 Jahre alt. Drei Jahre später war ich schon in der Königlichen Oberförsterei Rohrwiese in der Forstlehre und bekam meinen ersten Jahresjagdschein. Damit waren für mich zunächst aber nur Raubzeug und Raubwild frei. Im Herbst desselben Jahres durfte ich aber schon unter strenger Aufsicht meines Lehrherrn an kleinen Treibjagden teilnehmen. Auf Schalenwild bekam ich aber noch keine Abschußerlaubnis.

Meinen ersten Zusammenstoß mit einer „groben" Sau erlebte ich im Mai des zweiten Lehrjahres.

Der Fiskus hatte von der Herrschaft Martzdorf ein großes Waldgebiet erworben. Das schlagbare Holz war vorher restlos genutzt worden. Zurück blieben viele große Hiebflächen, oft mit mannshohem Ginster bestockt, aber auch große Schonungen und Dickungen. Meistens bestanden sie aus Kiefernsaaten, denen etwas Fichte beigemischt worden war. Reine Fichten kamen nur auf den wenigen feuchten Senken vor.

Da es hier nur wenige befahrbare Wege gab, sollte ein entsprechendes Wegenetz angelegt werden. Mein Lehrherr, Forstmeister Splettstößer, führte die Planung und die damit verbundenen Vermessungs- und Nivellierungsarbeiten selbst aus. Neben zwei Arbeitern, die für die erforderlichen Instrumente freie Sicht schaffen mußten, war auch ich täglich mit von der Partie. Ich hatte die Grund- und Nummernpfähle zu setzen und bei der Längenmessung mitzuhelfen.

In der großen Dampfmühlenschonung des Reviers Grünbaum gingen die Arbeiten nur langsam vonstatten, denn hier gab es kaum ein Durchkommen. Weil mein Lehrherr am nächsten Tage dringend anderweitig zu tun hatte, sollte ich die jetzt wenig übersichtlichen Fluchtlinien nachbessern. Ich zog also am nächsten Morgen mit Beil, Handsäge und der in einer Mappe wohlverwahrten Skizze, deren äußerste Schonung ich mir besonders angelegen sein lassen sollte, los und begab mich bald an die Arbeit.

Hier ganz allein in der großen, weltabgeschiedenen Dickung, in der an diesem heißen Tage alles Leben erstorben schien, fühlte ich mich „sauwohl“. Meinen Rock hatte ich ausgezogen und arbeitete nur in Hemd und Hose. Als die Mittagszeit herankam – das merkte ich an meinem Magen, denn eine Uhr hatte ich noch nicht – suchte ich mir am Rande einer Blöße ein schattiges Plätzchen und aß mein Brot in Ruhe und mit Behagen.

Nach nur kurzer Pause sagte ich mir: Die Arbeit ist heute gut vorangegangen; es kann doch wohl nichts schaden, wenn ich so zwischendurch einmal einen Erkundungsgang unternehme. So eine große, von Menschenhand noch unberührte Dickung muß doch eigentlich manches Geheimnis in sich bergen, dessen Entdeckung recht reizvoll sein könnte. Also machte ich mich auf den Weg, nahm mein Werkzeug und die Mappe und schlich langsam und vorsichtig in die Wildnis hinein. Ich hoffte, zumindest ein paar gute Abwurfstangen zu finden oder einen mit Jungfüchsen besetzten Bau aufzuspüren oder Jungschnepfen beobachten zu können, denn hier hatte noch spät im Frühjahr ein sehr guter Schnepfenstrich stattgefunden. Aber nichts, auch gar nichts konnte ich entdecken. Zwar warnten vor dem Schleicher die Waldpolizisten, die Eichelhäher, aber auch von diesen konnte ich kein Nest finden.

Als ich an eine dicht mit Adlerfarn bestockte Blöße kam, in deren

Mitte sich ein dichter Fichtenhorst befand, glaubte ich, ein verdächtiges Knacken vernommen zu haben. Da aber alles ruhig blieb, umschlug ich den Fichtenhorst und wollte gerade in ihn eindringen, als mir plötzlich starke Sauwittrung in die Nase kam. Schon hörte ich auch heftiges Blasen, und mit weitaufgerissenem Gebräch stürmte ein Untier auf mich los, wie es schrecklicher nicht vorzustellen war. Beil, Säge und Karte glitten mir aus den Händen, und nach einer blitzschnellen Kehrtwendung sauste ich in langen Sätzen davon, erreichte bald eine junge Birke und hantelte mich an dieser hoch. Aber, o große Not, das Stämmchen war zu schwach, neigte sich langsam zur Erde, blieb aber glücklicherweise mit der Krone in einer Kiefer hängen. Ich konnte mich mit der anderen Hand noch schnell an der Kiefer festklammern und hing nun mit weitausgebreiteten Armen zwischen Himmel und Erde, etwa anderthalb Meter über dem Boden. Lange konnte ich es in dieser Stellung natürlich nicht aushalten. Als ich jedoch ängstlich und vorsichtig zurückblickte, war von dem wütenden Angreifer nichts mehr zu sehen.

Langsam und geräuschlos ließ ich mich auf den festen Boden nieder und lief, so schnell mich meine Füße tragen wollten, und so gut es die Dickung zuließ, immer der Sonne entgegen; nur erst einmal fort von dem Ort des Schreckens! Als ich den Dickungsrand erreicht hatte, erholte ich mich einen Augenblick. Jetzt merkte ich erst, daß mir auch mein Hut fehlte. Nach kurzer Überlegung kam ich zu dem Entschluß, alle Sachen ruhig liegen zu lassen, denn es schien mir nicht geheuer, noch einmal mit dieser „wilden Bestie" in Berührung zu kommen!

Meinem Lehrherrn erstattete ich sofort Bericht, und dieser sagte nur: „Das hätte auch schlimmer ausgehen können. Das war eine Bache mit ganz jungen verspäteten Frischlingen, und diese ist gefährlicher als ein angeschweißter Keiler! Nur eins verstehe ich nicht. Wir haben doch erst gestern dort gearbeitet und nichts von Schwarzwild gemerkt. Wie konnte die Bache mit ihren Frischlingen dorthin kommen, wo doch noch alles voll frischer Menschenwittrung war? Das ist doch wohl kaum möglich!" Nun mußte ich natürlich Farbe bekennen, daß ich mich auf einer Entdeckungsreise befunden habe und so auf die Bache gestoßen sei.

„Heute können Sie die Sachen nicht mehr holen, aber morgen ist die Gefahr vorbei. Die Bache führt ihre Frischlinge jetzt bestimmt an einen ruhigeren Ort. Machen Sie die Arbeit in Ruhe fertig, denken Sie aber immer daran, daß der sonst so sichere Wald auch Gefahren in sich bergen kann!" Sonst erfolgten kein Wort des Tadels oder Vorwürfe von meinem Lehrherrn.

Am anderen Morgen machte ich mich bei herrlichem Sonnenschein wieder auf den Weg. Auf meiner Flucht war ich auf einer ganz anderen Seite aus der Dickung gekommen, als ich sie betreten hatte. Leider hatte ich die Stelle, an der ich herausgekommen war, nicht verbrochen, aber mein Orientierungssinn, der in den Kinderjahren beim Pilz- und Beerensuchen gut ausgebildet worden war, ließ mich auch hier nicht im Stich. Ohne Schwierigkeiten fand ich Beil, Säge und Mappe wieder. Ich traute mich aber doch nicht gleich an die Sachen heran, sondern zerbrach erst einige Äste und schimpfte laut auf die Bache, die mir Angst und Schrecken eingejagt hatte. Erst als sich nichts rührte, hob ich meine Sachen auf und nahm das Beil fest in die Hand. Das Lager, aus dem ich die alte Bache mit ihrem Nachwuchs vertrieben hatte, wollte ich mir jedoch recht genau ansehen.

Der Kessel lag am Nordrande der Fichten; von außen war er nicht sichtbar. Erst als ich in den Horst hineinging, fand ich ihn. Er glich mehr einer Höhle als einem offenen Lager. Von oben war er mit den am Stamm sitzenden grünen Fichtenzweigen gut abgedeckt und innen mit altem Farnkraut, Moos und trockenem Gras sehr gut ausgepolstert. Hier hätten die Frischlinge auch große Kälte überstehen können. Aber was gut ist gegen die Kälte, ist auch gut gegen die Hitze, sagt ein altes Sprichwort.

Mein Hut lag dort, wo ich die Birke erklommen hatte. Auch meine Jacke fand ich bald. Ich war aber viel weiter von meinem Arbeitsplatz abgekommen, als ich angenommen hatte. Froh und wohlgelaunt ging ich an meine Arbeit und war auch bald damit fertig.

Ich hatte meinen ersten Zusammenstoß mit einer im wahrsten Sinne des Wortes „groben Sau" erlebt. So ungestüm und unbeherrscht hätte sie mich doch nicht gleich anzunehmen brauchen, wenn ich auch beinahe in ihre „Kinderstube" gestolpert wäre!

Sauen im Getreide

Der Sommer war gekommen. Lange war auf den Feldern Ruhe gewesen, aber jetzt mit dem reifenden Hafer waren auch die Sauen wieder da. Sie nahmen auch keine Rücksicht darauf, ob das Feld einem Bauern oder dem Oberförster gehörte.

Das Dienstland der Oberförsterei und der Försterei Rohrwiese lag in einem Stück zusammen. Es war gegen Rotwild und Sauen eingezäunt. Das Edelwild respektierte diesen Zaun, die Sauen aber taten dies nicht.

Sie fanden immer wieder eine morsche oder wackelige Latte, und wenn es gar nicht anders ging, dann wühlten sie sich unter den Zaun hindurch; herein kamen sie doch. Waren sie erst einmal in der Einzäunung, dann blieben sie, wenn das Getreide hoch genug war und genügend Deckung bot, auch gerne dort; die eingegatterte Feldfläche betrug etwa 200 Morgen.

Durch tägliches Abfährten hatte ich herausbekommen, daß ein einzelnes sehr starkes Stück Schwarzwild in das Haferland gewechselt war. Mein Lehrherr nahm diese Nachricht freudig auf und vermutete, daß der Keiler auch tagsüber in dem großen, an den Hafer angrenzenden Roggenschlag stecken würde; denn heraus war er nicht mehr zu fährten. Der Forstmeister hatte bei zwei Morgenpürschen den Hafer mehrmals umschlagen, aber nichts wahrgenommen. Am nächsten Morgen war er schon draußen, als es noch finster war. Da vernahm er mit seinem sehr guten Gehör ein leises Rascheln und Schmatzen im Hafer, da wußte er Bescheid. Das Büchsenlicht wartete er noch ab, dann ging er kurz entschlossen, ohne Rücksicht auf entstehende Geräusche, in das Haferfeld und ahmte die Laute einer Rotte Sauen, die sich in Ruhe und Sicherheit beim Fraß befindet nach. Als er die Stelle erreicht hatte, an der er den Keiler vermutete, war alles still. Mit schußfertiger Büchse und unter äußerster Anspannung von Auge und Ohr blieb er stehen. Schon nach kurzer Zeit tauchte wie ein Geist der mächtige Kopf eines Stückes Schwarzwild auf gute Schußentfernung aus dem Hafer auf. Mit einer Kugel hinter die Teller war er aber sofort wieder verschwunden.

Der Keiler wurde mit einem Pferd aus dem Hafer herausgeschleift. Er wog aufgebrochen knapp drei Zentner.

Das war noch Jagd! Von vielen nicht gekonnt, aber auch nicht überall anwendbar, denn auf gutem Boden reicht selbst der Kopf eines Hauptschweines aus reifendem Hafer nicht heraus.

Grober Keiler im Treiben

Der November brachte die erste Neue. In den Revieren Grünbaum und Neukrug war schon in den Vorjahren ab und zu ein Keiler gefährtet worden, der die Gemüter aller, die diese Fährte in Augenschein nehmen konnten, aufs höchste in Erregung brachte. Sein Aktionsradius war, wie dies bei sehr groben Keilern wohl immer der Fall ist, sehr groß, denn in den großen Privatforsten der Herrschaft Dyck und Preußendorf war dieser „Urian" seiner Fährte nach auch bekannt. Wie weit er aber überhaupt wechselte, wußte niemand.

Gegen 11 Uhr traf im Büro der Oberförsterei die telephonische Meldung ein, daß im Revier Grünbaum ein grober Keiler mit einer Rotte Sauen in einer großen Kiefern-Fichten-Dickung fest sei. Forstsekretär Jeltsch gab die Meldung sofort an Forstmeister Splettstößer weiter. Dieser besprach mit dem zuständigen Förster Petri die Lage und ordnete für 13 Uhr eine Drückjagd an.

Alle Revierbeamten wurden benachrichtigt, und auch der Forstsekretär, der allein den ganzen Schreibkram der etwa 8000 ha großen Oberförsterei ohne Schreib- und Rechenmaschine zu bewältigen hatte, wurde hierzu eingeladen. Er hatte, so unvorstellbar das heute erscheinen mag, in der stillen Zeit nur einen halben Tag Bürodienst und mußte an dem anderen halben Tag Forst- und Jagdschutz ausüben.

Weil ich keine Aufforderung, an der Jagd teilzunehmen, erhalten hatte, war ich recht traurig. Im stillen hoffte ich aber immer noch, wenigstens mit den Hunden dabeisein zu dürfen. Als dann der Forstmeister ins Büro kam und sagte: „Unsere Hunde bleiben heute zu Hause, Förster Geib bringt seine gut auf Sauen eingejagten Dackel mit", verschlug es mir doch förmlich die Sprache. Ganz hell leuchtete es aber wieder in mir auf, als der Nachsatz kam: „Sie dürfen heute an der Jagd teilnehmen. Haben Sie auch genug anzuziehen? Es ist sehr kalt!" Das bejahte ich nicht nur, sondern beteuerte sogar, daß es mir sicher noch zu warm werden würde.

Um 13 Uhr waren die zehn Schützen auf dem Sammelplatz, alle bärtige Männer mit jagdlichen Erfahrungen, ernst, aber doch voller Humor. Ich konnte mich natürlich nicht zu dieser Garde rechnen; als elfter Schütze trug ich aber auch eine Büchse. Bei dem scharfen Nordost mußte ich die Ohren recht spitzen, damit mir ja kein Wort verlorenging.

Förster Geib aus Neukrug, ein stattlicher Mann von zwei Meter Länge, ein ebenso vorzüglicher Schütze wie hervorragender Hundeführer, der auf vielen Suchen mit seinen großen und kleinen Hunden sehr bekannt, auch vielfach geehrt worden war, nahm seine beiden saufarbigen Rauhhaardackel aus dem riesigen Rucksack und sagte: „Was die beiden Kerlchen schon geleistet haben, ist kaum vorstellbar. Wenn die an den alten Urian geraten, dann wird er sie nicht mehr los, die kann er nicht mehr abschütteln!" Er fügte auch gleich hinzu: „Gott Gnade aber demjenigen, der leichtsinnig auf den Keiler Dampf macht und womöglich einen meiner treuesten Kameraden gefährdet!" und dabei klopfte er vielsagend, laut und vernehmlich auf seinen Hirschfänger. Allgemeines Gelächter folgte.

Der kleine kugelrunde Förster Mund aus Mellentien Abbau, der seine Waffe auch vorzüglich zu führen wußte, meinte: „Sie wollen wohl nur, daß wir den kapitalen Keiler, hinter dem Sie nun schon jahrelang her sind, laufen lassen! Sie werden uns doch noch zutrauen, daß wir so einem Bassen die Kugel dorthin setzen, wohin sie gehört, ohne gleich einen Ihrer Hunde mit umzulegen!"

Dann wurde es feierlich, Jäger und Treiber setzten sich in Bewegung, und kein Wort wurde mehr gesprochen. Aber ich hatte den Gesprächen schon soviel entnommen, daß keiner auf schwache Sauen schießen würde, denn die Gelegenheit, auf so einen Keiler zu Schuß zu kommen, wäre einmalig im Leben.

Förster Petri, der Betreuer des Reviers, stellte die Schützen an. Jedem wurde zugeflüstert, daß er den besten Stand innehabe. Der Keiler war nicht mit der Rotte gezogen, sondern aus Richtung Dyck kommend eingewechselt. Hier auf den Rückwechsel kam Forstmeister Splettstößer. Selber ein sehr guter Schütze, wurde er links von Hegemeister Haase aus Eichfier, der auch schnell und sicher schoß, und rechts von Förster Geib flankiert. Die Abstände der einzelnen Schützen voneinander waren des sehr ausgedehnten Treibens wegen so groß, daß praktisch jeder auf sich selbst angewiesen war.

Die Rotte war aus Revier Rohrwiese gekommen. Auf diesen Stand kam der Revierbetreuer von Rohrwiese, Förster Nöring. So stellte Petri einen nach dem anderen an. Er selber mußte mit einem Stand vorliebnehmen, der mir nicht sehr aussichtsreich erschien, aber er war gewissermaßen Gastgeber, und da gehörte sich das wohl so.

Die große Fichten-Kiefern-Dickung war auf den zwei langen Seiten mit Schonungen, Dickungen und von einem mit Fichten unterstellten Kiefern-Stangenholz umgeben. Hier waren alle die erprobten, guten Schützen angestellt. Die beiden kurzen Seiten der Dickung grenzten an Kulturen, deren Pflänzchen erst knapp aus der schwachen Schneedecke herauslugten. Hier bekam ich meinen Stand. Ich hatte beste Aussicht und Schußfeld nach allen Seiten, das schien mir aber auch alles zu sein.

Das Treiben mußte längst angefangen haben. Der Haumeister des Reviers sollte mit den beiden Waldarbeitern und den Hunden nach der Uhr angehen, der starken Fährte folgen und erst, wenn Sauen in der Nähe waren, was er schon an den Dackeln merken würde, diese schnallen. Man nahm an, daß der Keiler bei der Rotte sein würde, denn die Rauschzeit war schon im Gange.

Schätzungsweise mochte schon eine Stunde vergangen sein, seit ich meinen Stand eingenommen hatte. Von überschüssiger Hitze war nun nichts mehr zu merken. Im Gegenteil, die Kälte kroch mir langsam, aber stetig ins klappernde Gebein. Den scharfen Nord-Ost bekam ich aus erster Hand. Es gab keinen Baum und keinen Strauch, der mir etwas Schutz vor diesem grimmigen Wind gewährte. Hätte ich doch nur noch ein zweites warmes Hemd angezogen! Das dünnere hatte ich wohl mit einem dickeren vertauscht, aber das genügte auf die Dauer nicht. Die Unterjacke war gut, aber das dünne abgetragene Lodenmäntelchen ließ den scharfen Wind gar zu sehr hindurch.

Von der Jagd war von meinem Stande aus nichts zu hören und zu sehen. Die Zähne begannen mir vor Kälte zu klappern, doch wagte ich nicht, die Büchse aus der Hand zu stellen, um mir, wie das die Holzschläger machten, durch Schlagen der Arme um den Körper die nötige Bewegung und damit Wärme zu verschaffen.

Endlich fiel ein Schuß.

Bei dem von mir abstehenden Wind und der schneeverhangenen Dikkung war er nur dumpf und schwach hörbar. Er kam wie eine Erlösung vor. Schnell trat ich von einem Bein auf das andere und verschaffte mir etwas Bewegung. Gleich faßte ich aber die Büchse wieder fester, denn man konnte ja nicht wissen.

Nach längerer Zeit fiel in derselben Richtung noch ein Schuß. Das war der Fangschuß, sagte ich mir. Gleich wird „Sau tot" und „Jagd vorbei" kommen.

Die Signale kamen aber nicht. Statt dessen hörte ich den Hetzlaut der Hunde. Wie elektrisiert riß es mich zusammen. Die Hetze kam näher. Schon hatte ich die Büchse gestochen und erwartete mit angespannten Sinnen das Wild, aber nichts ließ sich sehen. Der Hetzlaut wurde wieder leiser und verscholl in der Ferne.

Das Blut war mir durch den Körper gepulst und hatte mich augenblicklich warm gemacht, aber nun verging wieder eine lange Zeit, in der sich nichts ereignete. Der scharfe Wind hatte nicht nachgelassen, und schon stellte sich auch wieder ein Kältegefühl ein, das mir die Glieder schlottern ließ.

Gerade wollte ich mir Wärme durch etwas Bewegung verschaffen, da schob sich der alte „Urian" aus der Dickung und ging in kurzen Fluchten ab. Die Büchse flog an den Kopf, doch der Schuß war schon heraus, ehe ich ihn in der Visierlinie hatte. In gewaltigen Fluchten setzte der Keiler nun über die freie Fläche. Schnell versuchte ich die griffbereite neue Patrone in den Lauf zu bekommen. Das glückte mir aber nicht, die Patrone entglitt den steifen Fingern und fiel in den Schnee! Ich war wie gelähmt. Alles um mich herum schien zu versinken, in

Der Luchs wagt sich immer wieder ins westliche Europa vor.

Auf dem Wechsel mit Fernziel — dem Kräfteverhältnis angemessen.

schwarz auf weiß. Durch diese Patzerei glaubte ich meine ganze Zukunft verschandelt zu haben. Vor kurzer Zeit noch so glücklich, an der Jagd teilnehmen zu dürfen, und nun tief traurig; wie ein Häufchen Unglück stand ich da.

Lange sinnieren konnte ich nicht; denn schon tauchte Förster Petri auf. Da wir uns bei dem Wind auf die Entfernung nicht verstehen konnten, breitete er die Handflächen nach oben und fragte durch Zeichen: „Was ist los?"

Ich hob die Hand etwa in Höhe eines ausgewachsenen Ochsen und zeigte über die freie Fläche.

Er schien verstanden zu haben, kam näher, und als er vor der Keiler-fährte den Ausriß der Kugel im Schnee mit viel aufgewirbeltem Sand sah, da wußte er vollends Bescheid. „Schade", sagte er, „wer hätte gedacht, daß so ein alter, erfahrener Keiler über diese freie Fläche gehen würde!"

Bald verkündete das Horn: „Hahn in Ruh – Jagd vorbei!"

Nun kam einer nach dem anderen, bestaunte die mächtige Fährte und blickte auf einen niedergeschlagenen jungen Jäger. Die Entfernung war nicht zu groß, 90 bis 100 Meter. Alle waren der Ansicht, daß das Treiben bei der Kälte zu lange gedauert hätte, ganz besonders für mich, da ich die ganze Zeit dem scharfen Wind am meisten ausgesetzt gewesen wäre.

Der alte Hegemeister Haase aus Eichfier, eine stattliche Erscheinung mit wallendem Vollbart, klopfte mir väterlich auf die Schulter und sagte: „Grämen Sie sich nicht, das hätte auch jedem von uns passieren können. Sie sind noch jung und haben das Leben vor sich. Ob Ihnen aber noch einmal so ein Keiler begegnen wird, ist fraglich; denn die sind sehr, sehr selten!" Nach einer kurzen Pause fügte er noch hinzu: „Sie hätten auch manchen Neider gehabt!" Jetzt erfuhr ich, daß ein Überläufer zur Strecke gekommen war, der auch gleich verblasen wurde.

Förster Petri lud die ganze Jagdgesellschaft zu einer Tasse Kaffee ein. Forstmeister Splettstößer lehnte dankend ab, weil er Besuch zu Hause habe. Förster Perdelwitz aus Jagolitz schützte viel Arbeit und den weitesten Weg vor und fuhr gleichfalls ab. Die anderen fanden sich in der nahen Försterei, wo auch die Wagen standen, ein.

Bald saßen alle an einer gemütlichen Kaffeetafel. Natürlich drehte sich die ganze Unterhaltung um die heutige Saujagd. Der lebhafte Förster Schramm aus Dolfusbruch, der mit seiner Meinung nie zurückhielt, sagte zu seinem Nachbarn, dem dicken Förster Weyer aus Eichfier Abbau: „Wenn Sie den Finger gerade gelassen und den Überläufer nicht ge-schossen hätten, ich glaube, daß Sie heute den Bruch für diesen kapitalen

Keiler am Hute tragen würden; dort, wo die Rotte aus der Dickung flüchtete, wäre bei völliger Ruhe auch der Keiler gekommen!"

Weyer meinte: „Ich hatte an einem Graben guten Einblick in das Treiben. Schon mehrmals hatte ich geringe Sauen vor den Hunden flüchten sehen. Jetzt kamen wieder vier Stück an dem Graben entlang, bogen kurz vor mir ab und gingen flüchtig über die Schneise. Da ich von einem starken Stück nichts gesehen hatte, machte ich auf das letzte, einen Überläufer, Dampf. Es wäre doch nicht das erste Mal gewesen, daß ich auf demselben Stand nach schwachen auch noch starke Sauen erlegt hätte!"

„Ja," sagte Hegemeister Borkenhagen aus Mühlheide, der Senior der Jägerschaft, „wenn der Überläufer im Feuer gelegen hätte oder bald verendet gewesen wäre, dann hätte Ihre Rechnung aufgehen können. So aber war die Sache doch wohl recht zweifelhaft. Die Hunde haben das kranke Stück, das zugleich einen hohen Vorderlaufschuß und einen sehr tiefen Blattschuß hatte, noch weit gehetzt und dann auch noch lange gestellt. Bis Förster Geib den Fangschuß geben konnte, hat es auch noch lange gedauert. Ich glaube auch gehört zu haben, daß das beschossene Stück klagte, da konnten Sie bei einem so alten, erfahrenen Keiler nicht mehr mit ihm rechnen!"

Das Klagen des Stückes hatten mehrere Schützen gehört, und alle wußten gleich, daß es sich hier nicht um den Keiler handeln konnte, denn starke Sauen klagen auch bei schweren Knochenschüssen nicht.

Von den Treibern wurde bestätigt, daß der starke Keiler bei der Rotte gewesen sei, die Fährten hätten da sehr deutlich gezeigt. Die Hunde hätten die Rotte bald gesprengt und dann wohl nur an schwachen Sauen gejagt; alle seien auch wohl jetzt noch nicht aus der Dickung heraus.

Auch ich mußte den Hergang meines Fehlschusses und die Maße des Keilers beschreiben. Das tat ich, so gut ich es konnte, ohne Umschweife. Einstimmig war man der Meinung, daß ich die Büchse nicht hätte stechen dürfen, weil man nach so langem Stillstehen bei solch kaltem Wind nicht mehr das notwendige Gefühl hierfür im Drückefinger haben kann. Alle diese, für mich hochinteressanten Folgerungen habe ich dankbar in mir aufgenommen und sie später auch beherzigt.

Bald erfolgte der allgemeine Aufbruch. Alle waren glücklich über den Verlauf der Jagd, wohl weniger über den erlegten Überläufer, auch nicht über meinen Fehlschuß, sondern einzig und allein darüber, daß der Gröbste aller hiesigen Keiler noch lebte. Jeder hoffte wohl im stillen, vielleicht doch noch einmal mit ihm zusammenzutreffen.

Mich nahm Herr Nöring, der Förster des Reviers Rohrwiese, auf seinem Wagen mit und setzte mich an der Oberförsterei ab.

Nachtansitz auf Sauen

Unterwegs hatten wir die Fährte des von mir gefehlten Keilers gekreuzt. Förster Nöring meinte: „Der hat die Richtung direkt nach der Dampfmühlenschonung und ist jetzt schon bei Ihrer ‚groben‘ Bache, die Sie im Mai auf die Bäume gejagt hat. Vielleicht läuft der Sie doch noch einmal an!"

„Auf meinem Dienstland", fuhr er fort, „ist auch wieder viel Schwarzwildschaden. Ich habe einen kleinen Acker, der Kartoffeln trug, mit Roggen einsäen müssen, weil es nicht anders paßte, und nun habe ich dort häufig Besuch von Sauen. Oft genug habe ich schon angesessen, aber immer kommen sie erst bei Dunkelheit. Wenn Sie dort zu Schuß kommen sollten, würde mich das freuen. Das Loch im Zaun, durch das die Sauen aus der Dickung kommen, werden Sie schnell finden. Wir haben jetzt zunehmenden Mond. Das Licht würde bei der Schneedecke schon ausreichen, aber bei dem Nordost geht das nicht. Man kann dort nur bei Westwind auf Erfolg rechnen. Bitte um Nachricht, wenn Sie sich ansetzen wollen, damit wir uns nicht gegenseitig stören. Waidmannsheil und gute Nacht!"

Über diese Einladung war ich hocherfreut, und mich bedankend, schritt ich meiner Behausung zu. Jetzt war meine jagdliche Niederlage doch nicht mehr gar so trostlos wie vor einigen Stunden. Die „Dampfmühlenschonung" war nur etwa 2 km von dem Dienstland entfernt. Von dort würden auch die Sauen kommen, und dabei könnte jetzt in der Rauschzeit doch auch der grobe Keiler sein!

Am anderen Morgen war der Wind umgeschlagen. Er kam jetzt aus der richtigen Ecke, hatte aber Regen mitgebracht. Die schwache Schneedecke war noch im Laufe des Tages verschwunden, und daher kam bei dem bedeckten Himmel ein Ansitz auf Sauen nicht in Frage. Am nächsten Tage war schon besseres Wetter und für den Abend Mondschein zu erwarten. Ich verständigte Förster Nöring, daß ich heute gern ansitzen würde, und erhielt auch seine Zustimmung. Ich sollte mich aber vorher noch bei ihm melden, um die nötigen Instruktionen mit auf den Weg zu nehmen.

Schon um 15 Uhr war ich in der Försterei. Nöring erklärte mir Ort und Lage, beschrieb mir genau seinen schon zurechtgemachten Stand und gab mir, damit ich nicht so lange zu stehen brauchte, seinen Sitzstock mit. Er vergaß auch nicht, mir zu sagen, daß der Pfahl, den ich auf dem

Roggen sehen würde, genau 80 m von dem Stand entfernt sei. Weiter sollte ich auf keinen Fall schießen. Nachdem ich noch mit der Familie Kaffee getrunken hatte, machte ich mich dankbar und zuversichtlich auf den Weg.

Der Abend kam sehr schnell. Alle Sinne aufs äußerste angespannt, wartete ich der Dinge, die da kommen sollten. Eine Eule erschreckte mich, gleich, als ich auf meinem Stand war, weil sie dicht vor mir auf einem Zaunpfosten aufhakte. Der Mond schien hell und klar, und in der Ferne konnte ich auf einem anderen Saatacker drei Rehe erkennen, die dort friedlich ästen. Das leise Säuseln des schwachen Windes in den Nadeln der Kiefern forderte so recht zum Einschlafen auf. Es wurde wieder kalt, die Felder schienen schon bereift zu sein, und deutlich konnte ich einen Hasen auf weite Entfernung wahrnehmen. Gegen 21 Uhr sollte ich wieder in der Försterei sein. Später würden die Sauen kaum kommen, weil sie hier beim Anwechseln von keiner Seite gestört würden. Da ich die Zeit für gekommen hielt, trotz angestrengten Lauschens auch nichts vernehmen konnte, machte ich mich auf den Heimweg.

Förster Nöring erwartete mich schon, und ehe ich berichten konnte, sagte er: „Heute sind die Sauen sicher nicht gekommen. Es ist viel zu hell, das ist kein Sauwetter. Der Mond hat aber einen großen Hof, morgen kann es schon wieder anders ein. Meinen Sitzstock können Sie drei Tage lang behalten, ich werde in den nächsten Tagen doch nicht hinauskommen."

In der klaren Nacht hatte es stark gefroren, und auch am Tage blieb das Thermometer unter Null. Am Nachmittag drehte der Wind mehr nach Norden, und Forstsekretär Jeltsch meinte: „Das riecht ja förmlich nach Schnee!" Mir zugewandt sagte er: „Für Sie habe ich einen Auftrag vom Chef. Sie sollen diesen Brief morgen früh zu Rittergutsbesitzer Schröder nach Ruschendorf bringen und dort gleich auf Antwort warten!" Das machte ich gern. Der Weg führte durch Wald, zum Teil durch mir unbekannten Wald, vielleicht gab es Interessantes zu sehen oder Neues zu entdecken.

Gegen Abend zogen Wolken auf, und der Wind war kälter geworden. Ich zog noch ein warmes Hemd über und machte mich wohlgemut auf den Weg zum Ansitz. Sorgsam vermied ich es, den Wechsel, den die Sauen nehmen sollten, zu kreuzen. Auf meinem Stand angekommen, merkte ich, daß der Wind sich nicht weiter nach Norden drehen durfte, sonst mußte austretendes Wild von mir Wittrung bekommen. Das Licht war nicht gut, nur ab und zu brach der Mond schüchtern durch die Wolken.

Eine halbe Stunde mochte vergangen sein, da war es mir, als ob ich ein Ästchen hätte brechen hören. Schon merkte ich, daß ich ein Herz in der Brust hatte, denn es begann vernehmlich zu klopfen. Da sich aber nichts ereignete, beruhigte ich mich wieder, lauschte jedoch aufmerksam in die verdächtige Richtung. Bald hörte ich, daß ich mich nicht getäuscht hatte. Deutlich vernahm ich jetzt das Anstreichen ziehenden Wildes an Stämmchen und Zweigen, und als es auf dem gefrorenen Boden schwach polterte, war auch schon eine ganze Rotte Sauen auf dem Acker, schwache und starke. Sie blieben nicht in der Nähe des Zaunes, sondern trollten gleich weiter und gingen sofort ins Gebräch.

Ein sehr starkes Stück hob sich besonders aus der Rotte ab. Ich dachte gleich an den gefehlten Keiler, und das Herz pochte mir gegen die Rippen. Ich ging mit der Büchse in Anschlag, aber Korn und Kimme konnte ich nicht zusammenbringen. Da dachte ich an die Lehre von Onkel Hermann in Preußendorf, der sehr viele Sauen erlegt hatte.

Ich holte mir also das Licht vom Himmel, ging gut in den schwarzen Kasten hinein und ließ fliegen. Ein gewaltiger Feuerstrahl blendete mich, unzählige Sternchen tanzten mir vor den Augen. Der Rückstoß war größer als je gewesen, und da es mir so warm und feucht um die Nase wurde, merkte ich, daß diese wohl blutete. Das war mir nun ganz egal, die Hauptsache war, daß der starke Keiler eine gute Kugel hatte. Ob das aber auch der Fall war? Kugelschlag hatte ich nicht gehört, überhaupt nichts von den flüchtenden Sauen vernommen. Es summte mir ja jetzt noch in den Ohren. Was war überhaupt geschehen? Ich hatte doch den Büchsenlauf vorher trocken ausgewischt und ganz nach dem totsicheren Rezept von Onkel Hermann verfahren: Die Büchse gen Himmel auf die hellste Stelle gerichtet, das Korn schön gestrichen in die Mitte der Kimme genommen, mußte die linke und vor allem die rechte Hand hierbei die Büchse fest umklammern, die Backe fest am Kolben kleben und auch die Nase nicht mehr verschoben werden. So, mit dieser gewissermaßen eingeschraubten Büchse, geht man langsam mitten ins Ziel und krümmt ruhig durch. Wenn man das alles genauso macht, dann konnte ein größeres Stück Wild nicht vorbeigeschossen werden.

Das war von mir schon oft genug geübt und jetzt auch so durchgeführt worden. Gestochen hatte ich auch nicht, eingedenk meines letzten Fehlschusses. Vielleicht hatte ich nur vergessen, die Büchse fest in die Schulter zu ziehen; denn bei dem 11,5-cm-Geschoß und den 5 g Schwarzpulver dahinter mußte man schon fest auf den Beinen stehen.

Während mir so allerlei Gedanken durch den Kopf gingen, fiel in der Nähe der Försterei ein Schuß, dem bald ein zweiter folgte. Darauf hörte ich laut und eindringlich das Klagen eines Stückes Schwarzwild. Ein dritter Schuß schien es erlöst zu haben, denn jetzt war alles still. Was hatte das zu bedeuten? Schnell kletterte ich über den Zaun und eilte über das Feld in Richtung der Schüsse vorwärts. Da flammte vor mir ein Licht auf. Das konnte nur Förster Nöring sein, der seine Pfeife nur nachts, wenn er schlief, ausgehen ließ. Um ihm nicht ins Schußfeld zu kommen, rief ich, so laut ich konnte: „Herr Förster Nöring!"

„Ja, kommen Sie nur her, hier an den Zaun. Haben Sie was geschossen?" fragte er.

„Nein", sagte ich, „ich weiß es nicht."

„Aber ich", sagte er, „zwei Stück, anscheinend Überläufer. Bleiben Sie gleich innerhalb des Zaunes. Etwas rechts von Ihnen muß ein Stück liegen, direkt am Zaun." Ich fand das Stück.

„Ist es ein Überläufer?"

„Ja", sagte ich, „das kann ein starker Überläufer sein."

„Jetzt gehen Sie einmal nach links bis dahin, wo der Zaun den rechten Winkel macht, dort muß das andere Stück liegen."

„Hier liegt nichts", sagte ich.

„Sie müssen weiter auf das Feld gehen, dem habe ich doch noch den Fangschuß gegeben."

„Richtig, hier liegt es, es ist wohl ebenso stark wie das erste."

„Jetzt klettern Sie erst einmal über den Zaun. Wir gehen in die Försterei, nehmen den wohlverdienten Trunk zu uns und werden uns genügend stärken."

Wohlverdienten Trunk, dachte ich . . . Du ja, aber ich?

„Daß das heute noch so kommen würde", begann Förster Nöring, „hätte ich nicht gedacht. Den ganzen Tag habe ich bei der Lohnrechnerei gesessen. Gegen Abend wurde mir der Stuhl zu heiß, und ich mußte mir unbedingt die Füße etwas vertreten. Hätten Sie nicht auf Sauen angesessen, dann wäre ich dahin gegangen. So aber machte ich mich auf den Weg nach ‚Ottospring'. Die Quellen frieren hier nicht zu, und manche Ente habe ich dort schon auf dem Zuge geschossen. Von weitem hörte ich wohl einige Enten, aber zu Schuß kam ich nicht. Heute müßten eigentlich Sauen kommen, dachte ich auf dem Heimweg: Es ist nicht zu hell, das Licht könnte gerade noch ausreichen. Seit vielen Jahren habe ich die Erfahrung gemacht, daß die Sauen kurz vor dem Einfrieren besonders stark auf die Felder drängen, als wüßten sie, daß sie bei starkem Frost nicht mehr an die geliebten Kartoffeln herankommen. Möglicherweise setzt jetzt schon der Winter ein, und da könnten sie zeitig auf den Läufen sein.

So in Gedanken versunken, erreichte ich das Gatter, da fiel Ihr Schuß. Ich hörte deutlich Kugelschlag und dachte: Die Kugel sitzt! Da polterte es über den Acker, direkt auf mich zu. Der Wind stand sehr günstig, und schon war die Rotte am Zaun, fünf bis sechs Schritte vor mir. Die Büchsflinte lag im Anschlag, und als ein Stück aus dem Pulk frei wurde, schoß ich; es brach im Feuer zusammen. Jetzt ein heilloses Durcheinander, nach links und rechts spritzte die Rotte auseinander. Rechts von mir macht der Zaun den rechten Winkel. Hier wieder Stutzen und Gedränge. Ich wurde noch eine Kugel los. Lautes Klagen antwortete. Schnell noch eine Kugel in den Lauf, denn das Stück wollte auf den Acker zurück, da erlöste es der Fangschuß. Ich glaubte es zu kurz gefaßt und beide Vorderläufe zerschossen zu haben; denn es schob sich nur rutschend vorwärts. Auf was für ein Stück haben Sie denn geschossen, und wieviel Sauen waren in der Rotte?"

„Acht Stück und dabei ein sehr starkes", sagte ich. „Auf das starke Stück, das ich für einen Keiler hielt, habe ich geschossen."

„Dann kann es auch wohl liegen, denn bei den Sauen, die mich anliefen, war kein so starkes Stück. Womöglich haben Sie den vor einigen Tagen gefehlten Keiler schneller als gedacht wieder vor die Büchse bekommen!"

Mittlerweile hatten wir das Forsthaus erreicht. Noch im Hausflur kam uns die Frau Förster entgegen und fragte: „Was war das eigentlich für eine Ballerei, ich dachte schon, Ihr wäret mit Wilderern zusammengestoßen?"

„Nein, dieses Mal nicht", erwiderte ihr Mann, „wir sind nur den Sauen erfolgreich auf die Schwarte gerückt, oder vielmehr, sie wollten uns umrennen. Zwei liegen, anscheinend sogar drei. Morgen früh wird nachgesucht."

Als ich in den Schein der Petroleumlampe kam – elektrisches Licht gab es dort noch nicht – entsetzte sich Frau Nöring und sagte: „Um Gottes willen, was ist Ihnen denn passiert? Sie sind ja ganz voll Blut!"

„Das kann wohl so schlimm nicht sein", gab ich beruhigend zurück. „Das kann nur von meiner Nase herkommen, die zu vorwitzig war, sich zu weit an den Daumen, der die Büchse fest umklammerte, heranwagte und beim Rückstoß einen kräftigen Stüber abbekommen hat."

„Sehen Sie einmal in den Spiegel, Sie werden vor sich selber erschrekken. Nicht nur das Gesicht ist rot, sondern auch Hände und Mantel. Dort ist Wasser und Seife, damit können Sie sich wieder menschlich machen."

Ich sah tatsächlich zum Fürchten aus. Der Schaden ließ sich aber schnell wieder beheben.

„Warum schießen Sie auch mit dieser alten ‚Kartaune‘, die ist doch viel zu schwer."

„Zu schwer ist die für mich nicht", erwiderte ich. „Sie kennen doch meinen Onkel Hermann. Der ist nun schon alt und lange nicht so groß und stark wie ich. Was der mit seiner alten 71er zur Strecke bringt, das erlegen alle Beamten der Oberförsterei nicht. Eine neue Büchse kann ich mir erst kaufen, wenn ich selbst etwas verdiene."

Nachdem wir uns ordentlich gestärkt hatten, wurde die Beute eingeholt. Zwei Überläufer, beides Keilerchen. Die rote Arbeit war schnell getan, denn jeder brach ein Stück auf. Der erste Überläufer hatte die Kugel auf dem Halsansatz und war gleich verendet. Beim zweiten war die Kugel richtig angesagt: kurz Blatt, beide Vorderläufe gefaßt. Der Fangschuß saß etwas höher und hatte gleich tödlich gewirkt.

Für den nächsten Morgen wurde der Treffpunkt um 6.30 Uhr in der Försterei festgesetzt, damit wir noch in Ruhe Kaffee trinken konnten. Ich berichtete, daß ich anschließend mit einem Brief nach Ruschendorf müsse, möglichst noch am Vormittag.

In der Nacht hatte es stark gefroren, und gegen Morgen war etwa ein Fingerdick Schnee gefallen. Rechtzeitig war ich im Forsthaus. Das Frühstück war schnell eingenommen, und hinaus ging es in die frische Winterluft.

„Der Schnee hätte jetzt auch nicht zu kommen brauchen, auf dem Anschuß werden wir nichts finden", sagte Förster Nöring. „Wie weit waren die Sauen von dem Richtpfahl entfernt?"

„Darauf habe ich in der Aufregung gar nicht geachtet, ich möchte sagen, daß sie hinter dem Pfahl gebrochen haben."

Gebrochen war überall, ob frisch oder alt ließ sich nach dem Schneefall nicht feststellen. Das Suchen nach Schußzeichen, Schnitthaar oder Schweiß verlief vollständig ergebnislos. Uns blieb zunächst nichts weiter übrig, als die ganze Gegend mit den Augen und auch mit dem Jagdglas abzusuchen, aber kein dunkler Hügel deutete auf ein verendetes Stück Schwarzwild hin. Wir gingen auf eine kleine Bodenwelle, um alles noch besser einsehen zu können. Wieder kreisten unsere Jagdgläser nach allen Seiten und blieben dann lange an einer Stelle haften. „Sehen Sie etwas, Herr Förster?" fragte ich beklommen. Keine Antwort. Das Glas wurde heruntergenommen, mit dem Taschentuch geputzt und wanderte wieder an die Augen. Ich strengte meine Augen an, konnte aber nichts entdecken, der Hintergrund am Dickungsrand war zu dunkel. Dann kam die Erlösung: „Dahinten am Zaun liegt Ihr Keiler!"

Jetzt war ich nicht mehr zu halten, sondern stürmte mit langen Sätzen zu der bezeichneten Stelle. Da stand ich nun vor meinem Keiler. Und als mein Helfer in der Not herantrat, da sagte ich nur: „Das ist er nicht!" „Nein", sagte er, „das ist er nicht, das ist eine Bache."

Wie vom Blitz getroffen zuckte ich zusammen. Das war ein schwerer Schlag für mich; denn eine Bache durfte ich auf keinen Fall schießen. Was würde nun daraus werden?

Wir drehten das schwere Stück gemeinsam um. Dann sagte Förster Nöring: „Die Kugel sitzt etwas zu weit hinten, nur die Lungenränder können noch gefaßt sein. Nur gut, daß wir gestern abend nicht mehr nachgesucht haben. Wer weiß, wohin die noch gezogen wäre. Frischlinge hat die Alte in diesem Jahr bestimmt nicht geführt, sonst könnte sie unmöglich so gut bei Wildpret sein. Machen Sie in der Försterei eine kurze schriftliche Meldung an Herrn Forstmeister, die nehme ich mit, wenn ich die drei Sauen dort abliefere. Alles andere werde ich auch schon in das rechte Licht rücken. Und Sie bringen Ihren Brief nach Ruschendorf."

Mir fiel ein Stein vom Herzen; denn ich war sicher, daß jetzt alles in richtigen Händen lag und zum Guten ausschlagen würde. Gegen Mittag war ich wieder von Ruschendorf zurück. Zunächst kehrte ich in der Försterei ein, um zu erfahren, was der Forstmeister gesagt hatte.

„Daß ich gleich drei Sauen brachte, gefiel ihm nicht recht. Er meinte, daß wir das Schwarzwild doch nicht ausrotten wollten. Es wäre doch ein sehr interessantes Wild und hätte auch durchaus seine Daseinsberechtigung. Den Wildschaden, den es bisweilen anrichte, hätten wir immer noch verkraften können. Über die starke Bache war er erstaunt. Sie wog aufgebrochen 252 Pfund und hatte außer Aufbruch und Gescheide schon einen ganzen Eimer voll Weißes abgegeben. Daß sie keine Frischlinge hatte, stand einwandfrei fest, denn vom Gesäuge war nicht einmal eine Andeutung vorhanden. Ich glaube nicht, daß Ihnen Vorwürfe gemacht werden."

Das Rückschreiben aus Ruschendorf, das ich meinem Lehrherrn übergab, schien ihn sehr zu befriedigen. Da es außerdem noch eine Einladung zu einer Hochwildjagd enthielt, war er besonders guter Laune. Bezüglich der von mir erlegten Bache sagte er nur: „Die Nachtschießerei liebe ich ganz und gar nicht. Es wird zuviel Unheil dabei angerichtet. Merken Sie sich das für Ihr ganzes Leben. Daß die Bache keine Frischlinge führte, ist nicht Ihr Verdienst, sondern einfach Dusel. Aber den braucht ein junger Mensch bisweilen, um nicht schon in den Anfängen steckenzubleiben!" Damit war für ihn die Angelegenheit erledigt.

Für mich aber noch nicht, denn ich hatte durch den „Anstand auf Sauen" Anschluß an ein trautes Försterhaus gefunden, in dem besonders die drei Töchter des Hauses für gute Laune und Unterhaltung sorgten. Leider waren sie nur sehr wenig daheim, denn durch den Besuch einer höheren Schule waren sie an einen anderen Ort gebunden. Einer war ich besonders zugetan, aber die weitere Berufsausbildung und das spätere Zeitgeschehen brachten uns weit auseinander und trennten uns endgültig.

Vor einiger Zeit erhielt ich einen Brief, in dem eine Frau Erna L., geb. Nöring, anfragte, ob ich vor etwa einem halben Jahrhundert in Rohrwiese gewesen wäre. Sie hätte in „Wild und Hund" eine Abhandlung gelesen, die nur von mir geschrieben sein könnte. Dies konnte ich nur freudig bejahen. Da einer ihrer Söhne in Frankfurt/M. ansässig ist, gab es auch bald ein Wiedersehen.

Ort und Zeit wurden genau vereinbart. Pünktlich war ich zur Stelle. Da stand ein Mütterchen und blickte mich mit freundlichen Augen an. Ich trat näher und fragte: „Sind Sie – – –, bist Du Erna?" „Ja", sagte sie, und schon lagen wir uns in den Armen. Was in unserer Jugend unter strenger Aufsicht vor 52 Jahren in der Waldeinsamkeit nicht möglich gewesen war, geschah jetzt auf offener Straße in einer großen Stadt!

Unsere Familien lernten sich kennen und schätzen. Viel, sehr viel gab es zu erzählen. Zwei Kriege waren über uns hinweggegangen, hatten Schmerz und unsagbares Leid hinterlassen, und dann waren wir vertrieben worden. Vertrieben aus dem Land unserer Vorfahren, das diese im Laufe von Jahrhunderten mit viel Fleiß und Kraft kultiviert und aufgebaut hatten. Was uns aber immer verbinden wird, ist die Erinnerung an die geliebte Heimat!

Ein starker Keiler in der Mark Brandenburg

Im Revier Gandenitz fand eine Treibjagd statt, eine schöne Waldjagd, auf der außer Hasen meistens auch einige Füchse und Schnepfen, ab und zu auch ein Stück Schwarzwild zur Strecke kamen.

Die Treiberwehr wurde von den Schülern der Forstschule Templin in der Uckermark gestellt. Daß solche Treibjagden, besonders wenn sie musterhaft durchgeführt wurden, zu der praktischen Ausbildung der jungen Leute gehörten, ist wohl verständlich. Forstmeister Jacob war seinerzeit Direktor der Forstschule. Er überwachte alles mit Argusaugen und jeder, auch der kleinste jagdliche Verstoß wurde rücksichtslos geahndet. Ob das nun den Herrn Landrat persönlich oder einen Hilfsförster betraf, spielte dabei keine Rolle. Nachdem Begrüßung geblasen, die Unfallverhütungsvorschriften verlesen und der Jagdplan besprochen worden waren, ging die Leitung der Jagd an den zuständigen Revierförster über.

Die Stände für die Schützen waren schon vor einer Woche abgesteckt worden, und da der Wind seine Richtung nicht geändert hatte, konnte die ganze Jagd gegen den Wind, jedes einzelne Treiben mit dem Wind durchgeführt werden.

Während der Besprechungen hatten wir, die Treiber, Gelegenheit, uns im Flüsterton über die anwesenden Schützen zu unterhalten. Auffallen durften wir nicht, sonst wäre sofort ein Donnerwetter zwischen uns gefahren. Es war aber natürlich, daß wir jungen Leute, die wir alle schon zwei Jahre praktische Lehrzeit hinter uns hatten, vielfach in Forsthäusern aufgewachsen und zum Teil schon selber sehr gute Schützen waren, mit unserer Meinung nicht zurückhielten. Da wurden meist humorvoll die Schützen selbst aufs Korn genommen und Figur, Kleidung und Bewaffnung bekrittelt oder auch als vorteilhaft anerkannt. Die mitgeführten Hunde wurden hiervon natürlich nicht ausgeschlossen.

Von den hier anwesenden Schützen waren uns die meisten bekannt. Da war zunächst unser Direktor und sein Assistent Pech. Wir kannten sie nur vom theoretischen Unterricht her, und da konnten wir nur staunen, was es da im Fach Jagd alles zu lernen gab. Von den älteren Jahrgängen hatte einer oder der andere erfahren, daß beide sehr gute Jäger und Schützen sein sollten. Na, wir würden ja sehen! Dann waren da die vier Forstbeamten des Stadtforstes Templin, die Förster Kreigenbohm, Nolte und Schwarzkopf sowie der Forstaufseher Schulz; diesen Titel führten seinerzeit die Försteranwärter. Die Förster kannten wir von den allsonnabendlich stattfindenden Exkursionen her, denn was uns an den Wochentagen an theoretischem Wissen im Schulsaal beigebracht worden war, wurde draußen im Revier praktisch unter Beweis gestellt. So ging es denn einmal in dieses und ein andermal in jenes Revier, und dabei lernten wir die Revierbeamten kennen. Allen ging der Ruf voraus, daß sie als Jäger und Schützen ihren Mann standen. Die vier Herren in Jagdzivil kannten wir nicht. Sie mußten aber ihre Bewährungsprobe längst bestanden haben, denn sonst wären sie zu solchen Jagden nicht eingeladen worden. Drei von ihnen trugen Doppelflinten-Selbstspanner und der vierte, ein ziemlich korpulenter Herr, führte einen schnittigen Drilling gleichen Systems. Sofort hieß es, ob der „Dicke" sich wohl so schnell drehen könnte, wie ein flüchtiger Hase über eine Schneise flitzte? Stimmen für und wider konnte man vernehmen, aber am Abend wußten wir es: Der „Dicke" war flink und beweglich wie ein Gummiball, und beim Verlesen der Strecke stellte es sich heraus, daß er Jagdkönig geworden war.

Von den Waffen der Forstbeamten fiel besonders der alte Hahndrilling von Forstaufseher Schulz auf, es war der unter dem Namen „Försterdrilling" bekannte 16/65×9,3/72. Er mochte ein Erbteil sein, denn er sah schon recht mitgenommen aus.

Nach den kurzen Hinweisen des Jagdleiters wurde sofort zum ersten Treiben ausgelaufen. Alles klappte wie am Schnürchen. Bald fielen auch einige Schüsse, und die ersten fünf Hasen lagen auf der Strecke. So verlief ein Treiben nach dem anderen, und Schützen wie auch Treiber waren bei dem schönen Jagdwetter in bester Stimmung. Jetzt sollte noch ein Treiben genommen und dann gefrühstückt werden, natürlich aus der Jagdtasche. Die Schützen wurden darauf aufmerksam gemacht, daß in diesem Treiben Sauen vorkommen könnten, denn unweit von hier waren sie heut morgen gefährtet worden. Die Drillingmänner waren jetzt im Vorteil. Sie steckten ihre Kugelpatronen greifbar in die Taschen. Die Flintenschützen legten sich ihre Flintenlaufgeschosse zurecht.

Das bevorstehende Treiben war ein schwaches Kiefernstangenholz mit unterständigen Fichten, durch Saat entstanden. Die Kiefern, die in der Jugend schnellwüchsig sind, waren etwa 4 bis 5 m hoch, während die Fichten kaum Mannshöhe erreicht hatten. Der leichte Boden und das verhältnismäßig trockene märkische Klima mochten ihnen nicht zusagen.

Die Treiben waren so eingerichtet, daß meistens acht Schützen in die Front kamen und zwei auf den Flügeln etwa in Höhe der Treiber mitgingen. Alles war klar, nur für den rechten Flügel hatte der Jagdleiter noch keinen Schützen, denn das Treiben grenzte hier an eine Kieferndickung, und die Abteilungsgrenze bot kaum Schußfeld. Da wurde von Förster Schwarzkopf Schulz vorgeschlagen, und sämtliche Schützen waren der Meinung, daß – wenn dort jemand etwas treffen würde – es nur Schulz sein könnte.

Das war doch der Mann mit dem alten Hahndrilling, aus dem er nur Schwarzpulver schießen konnte. Den mußte man sich doch einmal etwas genauer ansehen! Schulz mochte Mitte dreißig sein, war mittelgroß, schlank, und aus seinem schmalen, gesunden Gesicht leuchteten blaue Augen, die überall zu sein schienen, so daß ihnen nichts entgehen konnte. Die Nase war etwas groß geraten. Am auffälligsten waren aber die Ohren, deren Muscheln etwas nach vorn gerichtet waren und dauernd in Hab-Acht-Stellung zu stehen schienen. Der Mann war wohl flink und lebhaft, machte aber sonst einen ruhigen, ausgeglichenen Eindruck.

Von den 44 Treibern, die alle blasen konnten, waren für diese Jagd zwölf Signalhornbläser ausgesucht worden. Die beiden Hornisten, die auf dem linken und rechten Flügel gingen, waren für den ganzen Tag eingeteilt; sie hatten also in jedem Treiben ihren Platz. Die anderen zehn mußten sich möglichst gleichmäßig auf die ganze Treiberwehr verteilen. Da ich für den rechten Flügel bestimmt war, hatte ich noch kurz Gelegenheit, mich mit Schulz zu unterhalten. Ich wollte von ihm wissen, wie er hier auf der Abteilungsgrenze, die teilweise nur durch einen alten verfallenen Rüsselkäfergraben kenntlich war, etwas treffen wollte.

„Die Frage läßt sich nicht ohne weiteres beantworten", meinte Schulz. „Jeder Fall kann hier anders sein. So ganz schwer ist das Treffen hier nun aber auch wieder nicht. Man hört ja das Wild kommen. Die Treiber geben in den meisten Fällen hierfür auch einen guten Hinweis. Man muß nur sehr schnell übersehen, auf welcher Stelle es knallen muß. Geht es auf der sehr schmalen Schneise nicht, dann findet sich in der angrenzenden Dickung vielleicht noch eine Schluppe, auf der ein Schuß anzubringen ist. Wenn nicht, muß man auch einmal aufs Schießen verzichten können. Unnütze Knallerei liebe ich nicht."

Vom linken Flügel her kam nun das Signal: „Das Ganze langsam treiben", es setzte sich durch die Treiberlinie fort, und ich konnte am rechten Flügel damit abschließen.

Mehr als das halbe Treiben lag wohl schon hinter uns, nichts hatte sich ereignet, kein Schuß war gefallen. Auf einmal aber ging es los: „Sauen im Treiben, auch grobe Sauen!" Gleich kam auch das Signal: „Das Ganze halt" und „Nehmt Richtung". Sofort wurde, soweit dies in dem dichten Bewuchs überhaupt möglich war, die Treiberlinie begradigt. Instruktionsgemäß trampelten jetzt 44 Beinpaare, daß der Boden dröhnte, und die Treiberklappern rasselten unentwegt. Durch die lebende Mauer konnte eigentlich kein Wild nach hinten ausbrechen. Es knallte denn auch gleich recht lebhaft, zuerst am linken Flügel und dann auch in der Front. Schon warteten wir darauf, daß das Treiben weitergehen sollte, da kam plötzlich der Ruf: „Starker Keiler nach rechts!" und pflanzte sich in Windeseile von einem Treiber zum anderen fort. Der Basse mußte so nahe gekommen sein, daß die Gewehre erkannt wurden. Schon war er auch bei mir, und wollte ich nicht über den Haufen gerannt werden, mußte ich ausweichen. Schnell machte ich zwei Sätze nach rückwärts. Zu meinem Unglück war ich ihm aber direkt in die Fluchtrichtung gesprungen und flog sogleich ins Unterholz, daß es prasselte. Noch im Fallen rief ich: „Er kommt, er kommt!"

Kaum hatte ich mich aus dem Astgewirr herausgearbeitet, da knallte es auch schon. Das kann wohl nichts geworden sein, dachte ich mir, denn gerade hier war doch kein Schußfeld. Kugelschlag hatte ich auch nicht gehört; aber so viel war mir klar, daß Knall und Kugelschlag auf kurze

Entfernung so dicht beieinander liegen, daß beide kaum voneinander zu unterscheiden sind.

Jetzt lief ich schnell zum Dickungsrand, um zu hören, was passiert war. Unweit von dem Schützen kam ich heraus und sah ihn fragend an. Er deutete mit der Hand in die andere Abteilung und sagte: „Dort, wo die kleine Birke wackelt, macht er gerade sein Testament!"

„Darf ich schnell mal hinspringen?" fragte ich.

Schulz nickte mit dem Kopf und sagte: „Aber vorsichtig, recht vorsichtig, falls er noch nicht verendet sein sollte!"

Schnell war ich in der Nähe des Keilers, die letzten Schritte mit angespannten Sinnen sehr langsam vortastend. Da lag er! Die Läufe zuckten noch, und das gewaltige Gebrech klappte noch ein paarmal auf und zu. Hellroter Lungenschweiß floß daraus in das grüne Moos. Welch ein uriger, mächtiger Keiler!

Jetzt kam vom linken Flügel her, von wo aus Forstassessor Pech die Treiberwehr leitete, das Signal: „Das Ganze langsam treiben." Schnell flitzte ich zurück und nahm meinen Posten als rechter Flügel-Hornist wieder ein. Herrn Schulz rief ich noch schnell zu: „Waidmannsheil! Ein starker Keiler, wirklich ein hauendes Schwein!"

„Was haben Sie denn mit Ihrer Hose gemacht?" fragte mich Schulz, „die ist doch vom Knie bis zur Hüfte aufgeschlitzt. Sind Sie verletzt worden?"

Tatsächlich! Das hatte ich noch gar nicht bemerkt. Das linke Hosenbein hatte an der angegebenen Stelle seinen Zusammenhang verloren. „Das stammt von dem Keiler, auf dem ich reiten lernen wollte!" sagte ich. „Verletzt kann ich aber nicht sein, denn die Unterhose ist nicht kaputt." Dabei wußte ich nicht einmal, ob der Keiler wirklich nach mir geschlagen hatte, oder ob ich bei dem Sturz ins Grüne an einem Aststummel hängengeblieben war.

Kurz bevor das Treiben beendet war, knallte es bei Schulz noch einmal. Vorsichtig steckte ich meine Nase aus der Dickung. Schulz winkte mir, näherzukommen, und sagte dann: „Nehmen Sie den Hasen doch gleich mit, etwa 20 m vor uns liegt er." Wolle fand ich sofort an den unteren Zweigen einer kleinen Kiefer, aber den Hasen nicht. „Er wird ein paar Meter weiter liegen", sagte Schulz, „er kam sehr flüchtig." Tatsächlich lag er auch etwa 5 m weiter, als ich angenommen hatte, von dichtem Gestrüpp verdeckt. Das war wieder ein Schnappschuß gewesen, wie er nur wenigen Schützen glückt.

Das Treiben war beendet. Der Streckenwart notierte einen Keiler, einen Überläufer, einen Fuchs und vier Hasen. Fuchs und Hasen lagen schon auf der Strecke, das Schwarzwild sollte sogleich herbeigeschafft werden.

Inzwischen war auch meine zerrissene Hose, die notdürftig durch eine Sicherheitsnadel zusammengehalten wurde, entdeckt worden. Ich mußte den Hergang des Schadens genau schildern, und allgemein war man der Ansicht, daß ich bei dem Zusammenprall mit dem Keiler selber „viel Schwein" entwickelt hätte. Ich berichtete dann noch, daß ich den Keiler schon gesehen hätte, und daß es sich hier nicht nur um einen sehr starken, sondern sogar um einen hauenden Keiler handele.

Letzteres hätte ich besser für mich behalten sollen. Denn schon setzte unser Direktor ein und sagte: „Sie haben also den Keiler schon gesehen; war er denn im Feuer zusammengebrochen?"

„Nein", erwiderte ich, „mit der sehr guten Kugel war er noch etwa 60 m in die angrenzende Schonung geflüchtet."

„So, so, da haben Sie also einfach Ihren Flügelposten verlassen und sind in den angrenzenden Bestand gelaufen und haben so unsere Instruktion völlig mißachtet. So etwas wird doch nur gelehrt, um Jagdunfälle jeglicher Art nach Möglichkeit auszuschalten. Die Flügeltreiber haben eine gewisse Verantwortung. Sie aber haben das Vertrauen, das ich in Sie gesetzt habe, enttäuscht. Das hätte ich nicht von Ihnen erwartet. Bei den nächsten Treiben kommen Sie möglichst in die Mitte der Treiberlinie, damit Sie nicht wieder ausbrechen können, und Ihrer Passion Herr werden!" Das war hart, aber gerecht.

Nachdem das Frühstück beendet und der starke Keiler genug bewundert worden war, wurden die Sauen sofort aufgebrochen. Je eher das geschieht, um so besser ist es; denn von allen Schalenwildarten verhitzt Schwarzwild am ehesten, so hatten wir es gelernt.

„Wer kann uns jetzt vorführen, wie ein starkes Stück Schwarzwild schnell und richtig aufgebrochen wird?" wandte sich unser Direktor an seine Forstschüler. Mehrere meldeten sich, aber Meyer aus Pommern hatte wohl die meiste Übung. Wie er sagte, war er in einem „Saurevier" aufgewachsen. Er machte sich auch sofort an die Arbeit, und mit seinem guten Waidmesser verlief alles wie am Schnürchen bis zum Drosselknopf. Als er hier mit seinem Messer einfach die Schwarte durchstach und Drossel und Schlund durchschärfte, rief Forstassessor Pech: „Halt, was machen Sie da?" Meyer ließ sich aber nicht verblüffen und entgegnete: „Sauen sind keine Wiederkäuer, da braucht man nicht den Schlund zu verknoten, weil Panseninhalt nicht austreten kann." Das brachte ihm noch besonderes Lob ein.

Herr Pech ging dann noch auf die Altersschätzung des Keilers ein:

„Die Abschliffstelle an den Gewehren des Keilers ist enorm. Sie beträgt jederseits 6 cm. Zählt man noch 1 cm hinzu, dann kann man mit einem Alter von sieben Jahren rechnen. Einen weiteren Anhalt für das Alter eines Keilers findet man auch an dem Umfang der aus dem Unterkiefer ausgekochten Gewehre. Ist der Umfang an der Zahnwurzel (der offenen Pulpahöhle) und dem Beginn der Abschliffstelle gleich, dann dürfte der Keiler ein Alter von sieben Jahren erreicht haben. Mit sieben Jahren ist aber weder die Länge der Abschliffstelle noch der Umfang des Gewaffs beendet, der Prozeß geht weiter bis zum Tode des Keilers."

Wie wir später erfuhren, hatte der Keiler aufgebrochen 140 kg gewogen.

Ein schöner Jagdtag lag wieder hinter uns. Wenn die Strecke auch nur gegen 50 Stück Wild betrug, so war sie doch wieder recht bunt. An den Hasen wurde uns gezeigt, woran man junge und alte erkennen kann, an Schnepfen, wo der Schnepfenbart und die Malfedern leicht zu finden sind, und an den Füchsen durfte jeder an der Viole riechen. Wer den ganzen Jagdtag über mit Ernst und Aufmerksamkeit bei der Sache war, lernte es verstehen, daß ohne praktische Vorführungen die Vorlesungen im Schulsaal häufig nur reine Theorie waren und bleiben konnten.

Nach dem Verblasen der Strecke wurde der zweistündige Heimweg unter die Füße genommen. Als wir in schöner Marschordnung unter den Klängen unserer Pleß-Waldhörner durch die Straßen von Templin zogen, da öffneten dich die Fenster und freundliches Winken ging herüber und hinüber. Bisweilen wackelten auch nur die Gardinen, und dahinter war manch' schüchternes, hübsches Mädchen zu erkennen.

Der Trichinenkeiler

Im Revier Lendzin, in den Pleßer Oberforsten, kam Schwarzwild nur selten als Wechselwild vor. Hegemeister Järisch (den heutigen Titeln nach Oberförster), dem ich als Hilfsförster zugeteilt war, saß schon über 20 Jahre auf dieser Stelle; noch nie hatte er Schwarzwild in seinem Revier gehabt. Es war daher auch nicht verwunderlich, daß er meine Meldung, in Jagen 2 zwei grobe Sauen gefährtet zu haben, sehr skeptisch aufnahm.

„Sie werden die beiden Zuchtsauen von Bauer Lischka, der am Waldrand wohnt, und die dem Revier einen Besuch abstatteten, gefährtet haben", sagte Järisch.

Im Blickwinkel halbschräg zwischen die Lauscher präsentiert sich in ganzer Harmonie das ebenmäßige, langvereckte Gehörn.

„Das könnte schon sein", erwiderte ich, „nur will mir nicht recht einleuchten, warum sie sich dann in der Dickung eine Suhle eingerichtet
haben." Weiter getraute ich mir nichts zu sagen, weil ich das Revier und
die Verhältnisse noch nicht genügend kannte. Es war schon Mitte November, bald konnte Schnee kommen und dann würde es sich ja zeigen, ob
es Haus- oder Wildschweine waren.

In einer Nacht von Samstag auf Sonntag war endlich der ersehnte
Schnee gefallen. Schon bei Tagesanbruch war ich im Revier und – welch'
Ereignis – vom Felde standen zwei starke Saufährten in die Dickung,
in der ich die Suhle entdeckt hatte. Zwar waren die Fährten ziemlich ver-
schneit und vom Winde verweht, aber daran bestand kein Zweifel: Es
waren Schwarzwildfährten! Schnell hatte ich die große Kiefern-Fichten-
dickung umkreist, und zu meiner großen Freude waren die Sauen nicht
heraus. Als ich noch etwas Einblick in die Dickung nahm und hierzu einen
alten, verwachsenen Schleifweg benutzte, fielen mir schon von weitem
dunkle Stellen auf; hier hatten die Sauen frisch gebrochen, und ich
glaubte sogar Schwarzwildwitterung in die Nase bekommen zu haben.
Sofort machte ich meinen Drilling schußfertig. Der Reiz, das Wild bei
dem guten Wind vorsichtig anzugehen, drängte zur schnellen Ausführung
der Tat. Ich blieb aber doch noch stehen und horchte, ob ich nicht noch
etwas wahrnehmen würde. Nichts! Diese kurze Wartezeit ließ mich die
Lage noch schnell überdenken: Es war durchaus möglich, daß ich zu
Schuß kommen konnte. Aus Erfahrung wußte ich aber, daß so etwas
leicht fehlschlägt, und wohin die Sauen dann ziehen würden, war nicht
vorauszusehen. Kurz entschlossen begab ich mich zur Försterei.

Hier kam ich zur rechten Zeit; die Familie schickte sich gerade an zur
Kirche zu fahren. Auf meinen Bericht blieb Järisch zurück, und bald
standen wir an den frischen Saufährten. Er wollte sich einen geeigneten
Stand in der großen Dickung suchen, nach 10 Minuten sollte ich den
Fährten folgen.

Zunächst kam ich auch gut voran, öfter stehen bleibend und hier und
da ein Ästchen knackend. Manchmal war das Fichtenunterholz aber so
dicht, daß ich einfach nicht durchkommen konnte. Nach vielem Hin und
Her, Kreuz und Quer war ich so verwirrt, daß ich nicht mehr wußte wo
Süden und wo Norden war. Plötzlich fiel hinter mir ein Schuß, der in der
schneebehangenen Dickung kaum zu hören war. Sofort begab ich mich,
laut sprechend, in die Richtung des Schusses. Bald hörte ich Järisch rufen:
„Hier stehe ich, kommen Sie mehr nach links!"

Ja, da stand er, aber sein sonst fröhliches Gesicht sah böse aus. Was
Gutes war wohl nicht zu erwarten. Da ging es auch schon los:

„Das kommt bloß davon, wenn man dem Herrgott die Zeit stiehlt. Um rasch ins Revier zu kommen, habe ich den Lodenmantel über den Sonntagsanzug gezogen und die Schuhe gewechselt. Die beiden sehr starken Sauen kamen flüchtig. Schon beim Anschlag ist mir der Schuß losgegangen, der Anzug ist mir zu eng geworden, daran sind Sie mitschuldig. (Auch das noch! dachte ich). Als ich das große Revier mit den Hegern allein betreute, war ich oft so abgespannt, daß mir das Essen nicht schmeckte. Jetzt kann ich über Appetitlosigkeit nicht mehr klagen und habe zuviel Feist angesetzt.

Zunächst gehen wir nach Hause, um uns mit einem steifen Grog zu trösten, mir ist auch sehr kalt geworden."

„Und ich bin durchschwitzt", sagte ich.

Als die Damen aus der Kirche kamen, war auch unser seelisches Gleichgewicht soweit hergestellt, daß sie unserer guten Laune entnahmen, wir hätten beide Sauen erlegt.

Am Nachmittag wollte ich mich überzeugen, wohin die Sauen geflüchtet waren. Es war wohl nicht anzunehmen, daß sie sich bald wieder gesteckt hatten. Wider Erwarten hatten sie jedoch eine große Dickung in Jagen 26, die kaum zwei Kilometer von Jagen 2 lag, angenommen und nicht verlassen. Blieben die Schneeverhältnisse bis morgen gut, dann würde ich mich beizeiten um den Verbleib der Schwarzkittel kümmern.

Am Montagmorgen war ich schon um 9 Uhr in der Försterei und meldete: „Beide starke Sauen in Jagen 26 fest!" Die Meldung wurde sofort an die zuständige Oberförsterei Czulow weitergegeben und für 13 Uhr eine Treibjagd vereinbart.

Zur festgesetzten Zeit waren sieben Schützen zur Stelle, die sogleich durch Hegemeister Järisch angestellt wurden. Fünf bekamen ihren Stand in Alt- und Stangenhölzern, möglichst so weit von der Dickung ab, daß überkippender Wind die anwechselnden Sauen nicht gleich zurückprellen lassen würde. Förster Wild, ein sehr schneller und sicherer Schütze, stand an der Dickung an einer nur 2 m breiten Schneise, und ich bekam meinen Stand in der Dickung, an einem alten Vorflutgraben. Allen Schützen war bekannt, daß zwei Waldarbeiter mit dem gut an Sauen jagenden Rauhhaarteckel am Riemen den Fährten so lange folgen sollten, bis die Sauen vor ihnen hoch würden, um dann den Hund zu schnallen.

Der Zeit nach mußten die Treiber längst angegangen sein. Bald hörte ich auch Hetzlaut, und schon „flog" ein starkes Stück Schwarzwild über den breiten Graben, dem das zweite sogleich folgte. Für mich war es leider zu weit für einen sicheren Schuß. Da knallte es links von mir im Altholz, wo Forstsekretär Träger stand. Kurzer, harter Kugelschlag war deutlich hörbar. Niemand hatte erwartet, daß die Sauen hier kommen und wieder in die Dickung zurück flüchten würden, in der sie gestern beschossen worden waren. Bald darauf fiel rechts von mir ein zweiter Schuß, dem kurz danach ein dritter folgte. Jetzt waren beide Sauen tot, dachte ich, für mich war dies also nur ein kurzer Traum! In diese Gedanken hinein ertönte das Signal „Sammeln der Jäger!"

Als ersten Schützen stieß ich auf Träger. Ihm waren die Sauen in den Wind gekommen und sofort umgeschlagen, und zwischen den vielen Anflughorsten hatte er die Kugel auf eine starke Kiefer gesetzt. Als wir an den Stand von Förster Wild kamen, brachte er viele sehr lange Schnittborsten vom Anschuß. Die Schneise wäre zu schmal, meinte er, das letzte der beiden sehr starken Stücke hätte er wohl nur „gekämmt". Als wir in der Nähe des Sammelplatzes angekommen waren, erklang „Sau tot!" Oberförster Treskow, der Leiter der Nachbar-Oberförsterei Emanuelssegen, blickte strahlend auf den von ihm erlegten, sehr starken Keiler. Auf das zweite Stück, wahrscheinlich die Bache, hatte er in dem Stangenholz keine sichere Kugel loswerden können.

Zu langen Diskussionen über das Woher und Wohin der beiden starken Sauen war jetzt keine Zeit, die konnten nach der Jagd erfolgen. Zunächst sollte versucht werden, die zweite Sau noch mal einzukreisen. Da die Neue gut war und genügend Gespanne zur Verfügung standen, war dies nach etwa 6 km auch geschafft. Das schwindende Büchsenlicht drängte zur Eile. Kaum war die Dickung umstellt und der Hund auf die Fährte gesetzt, da fiel auch schon ein Schuß, dem „Sau tot!" folgte. Hegemeister Järisch stand bei dem zweiten Stück, einem von ihm erlegten, gleichfalls sehr starken Keiler.

Daß so einem jagdlichen Erfolg auch gebührend Beachtung geschenkt werden mußte, verstand sich von selbst. In einer kleinen Gastwirtschaft, die in der Nähe der Försterei Lendzin lag, wurde das Schüsseltreiben hergerichtet. Die Wirtin, die früher Köchin gewesen war, sollte sich besonders gut hierauf verstehen. Der Beweis wurde auch sehr bald erbracht. Nicht nur die Möhrbraten (Filet), die nicht wie so häufig verbrutzelt waren und noch die schöne, rosa Färbung zeigten, schmeckten vorzüglich, sondern auch die Lebern der vier- bis fünfjährigen Keiler, die in diesem Jahr noch nicht gerauscht hatten. Der nötige Alkohol sorgte für die beste Stimmung, und hätte nicht der Stalldrang der Pferde die gute Heimbeförderung bewirkt, wer weiß, wo manches Gespann gelandet wäre!

Als ich am Sonntag nach der glücklichen Jagd von Familie Järisch zum Mittagessen eingeladen dort eintraf, herrschte eine trübe Stimmung. Das merkte ich natürlich sofort, und schon begann auch der Hausherr: „Mein

Neffe, der Oberstabsarzt Järisch aus Graudenz, den Sie auch schon als guten Jäger und Schützen kennengelernt haben, hat mich vor längerer Zeit gebeten, ihm von den Pleßer Jagden einen guten Keilerkopf zu schicken. Den wollte er mit allen Finessen zubereiten lassen und dem Offizierkorps stiften. Jetzt habe ich ihm den Kopf des von mir erlegten Keilers geschickt, doch gestern kam telegraphisch die scheußliche Nachricht: „Keiler hat Trichinen!" Da sank auch ich auf einen Stuhl und wußte nicht, was ich sagen sollte. –

„Geschehen muß nun doch etwas!" sagte Järisch. „Zunächst werde ich dies meinem Freund und Kollegen Reinhard G. mitteilen." Unverzüglich begab er sich zum Telephon und sagte etwa folgendes: „Reinhard, setz dich erst einmal hin, sonst fällst Du mir um. Der von mir erlegte Keiler hat Trichinen!"

Kurze Zeit herrschte völlige Ruhe, dann aber sagte der Empfänger: „Das ist doch nicht so schlimm, Fritze, die Biester werden wir einfach abtöten!"

„So einfach dürfte das wohl nicht sein", entgegnete Järisch. „Wenn auch in der Leber keine Trichinen sitzen, dafür um so mehr in den Möhrbraten. Mit was wollen wir die überhaupt abtöten?"

„Mit Alkohol natürlich!" erwiderte G. „Morgen nachmittag kommt Rendant Ossig aus Emanuelssegen, um meinen Waldarbeitern ihren Lohn in Alt Berun auszuzahlen. Der fährt bei Dir vorbei. Du brauchst mit Benzel nur auf den Wagen zu steigen, und wir können mit dem Abtöten beginnen!"

Was dieses Abtöten aber für schlimme Folgen haben würde, ahnten wir noch nicht.

Es wurde auch alles so durchgeführt, wie es besprochen war. Daß man mit Alkohol Trichinen abtöten konnte, glaubten wir nicht, aber daß er uns – wenn auch nur vorübergehend – von dem Grübeln ablenken würde, war auch schon etwas wert.

Als wir nach fröhlich durchzechter Nacht am Morgen verladen wurden, kam uns gar nicht in den Sinn, wie schwer uns diese Fahrt werden würde. Ossig hatte bei der Zecherei brav mitgehalten, aber auch der Kutscher mußte etwas „mitgenascht" haben, denn er war eingeschlafen und die Pferde waren vor einem Straßenbaum stehengeblieben. Als der Wagen nicht mehr rollte, wurde der Kutscher wach, riß die Pferde zur Seite und trieb sie gleich so scharf an, daß ich von dem Vordersitz, der keine Rückenlehne hatte, nach hinten in den Wagen fiel, und zwar so, daß nur die bestiefelten Beine herausragten. Aus dieser Lage konnte mich von den Insassen des engen Wagens niemand befreien, und in dieser

Aufmachung fuhren wir nach stundenlanger Fahrt in den Hof der Försterei Lendzin ein.

Die Damen des Hauses, die sich viel Sorgen wegen unseres langen Ausbleibens gemacht hatten, waren nicht gerade erfreut, als diese Schnapsleichen eintrafen. So schnell wie möglich wurden wir beide abgeladen und zur Ruhe gebracht, während der Kutscher mit Ossig nach Emanuelssegen weiterschaukelte. Das Erwachen war auch nicht gerade erfreulich. Eindringlich wurden wir darauf aufmerksam gemacht, wie sehr wir uns mit dieser Fahrt blamiert hätten. Järisch sagte nur, daß wir auf dem langen Weg in dem Novembernebel niemand gesehen hätten. „Das hatte doch einen anderen Grund", entgegnete Frau Järisch, „Ihr wart so benebelt, daß Ihr niemand gesehen habt, aber von vielen gesehen wurdet!"

Uns, Järisch und mir, hatte das Trichinenabtöten" ein für allemal genügt. Viel schlimmer waren die Folgen für Reinhard G. Um sein Revier lagen mehrere Ortschaften und dementsprechend auch die nötigen Kneipen. Die Geschichte mit dem „Trichinenabtöten" mußte in der Nähe des Geschehens doch wohl bekannt geworden sein, denn wo er eine Gastwirtschaft betrat, wurde er zum weiteren Abtöten eingeladen. Da er sehr gutmütig war, wurde ihm letzten Endes immer die ganze Zeche aufgebürdet. Daß dies zu katastrophalen Folgen führen mußte, war vorauszusehen. G. verfiel der Trunksucht. In diese für G. tragische Zeit fiel der erste Weltkrieg. Alle wehrfähigen Kollegen wurden eingezogen. Zurück blieben nur die Alten, die aber so mit Arbeit überlastet waren, daß sie manchmal nicht wußten, wie die Wirtschaft weitergehen sollte.

Nach Kriegsende fand wie alljährlich am 20. Juli – sofern es kein Sonn- oder Feiertag war – auf dem 126 ha großen künstlichen Paprotzaner Teich die traditionelle Entenjagd statt. Als wir nach der sehr erfolgreichen Jagd am Abend bei offenem Feuer gemütlich beisammensaßen, entspann sich zwischen dem Pleßischen Generaldirektor und dem Oberforstmeister folgender Dialog:

Der Generaldirektor: „Was macht eigentlich G., hat sich sein Zustand gebessert oder ist er noch schlechter geworden?"

Darauf der Oberforstmeister: „G. ist jetzt soweit, daß er seinen Dienst nicht mehr ausüben kann."

„Dann müssen wir den Mann doch pensionieren!"

„Damit würde die Misere leider nicht aus der Welt geschafft. G. erhält noch nicht die Vollpension, seine wirtschaftliche Position ist total zerrüttet, er hat noch schulpflichtige Kinder, was sollte dann aus der Familie werden?" entgegnete der Oberforstmeister.

„Und was wäre Ihrer Meinung nach dagegen zu tun?" fragte der Generaldirektor.

„G. ist ein guter Forstmann und ein vorzüglicher Jäger und Schütze. Von Natur aus ist er gar nicht als Trinker veranlagt. Nur durch den ‚Trichinenkeiler' – für ihn war diese Jagd Dienst – ist es zu seinem Verfall gekommen. Ich meine, aus fürstlichem Anlaß hat er sich gewissermaßen das Trinken angewöhnt, daher müssen wir es ihm auf fürstliche Kosten auch wieder abgewöhnen!" erwiderte der Oberforstmeister.

„Wie sollte denn so etwas vor sich gehen?"

„In Tarnowitz, also gar nicht weit von hier, ist eine Trinkerheilanstalt, dort werden Fälle, so wie sie nicht ererbt sind, oft geheilt. Die Angelegenheit wird natürlich nicht billig sein, aber damit würde wirklich eine gute Tat für eine ganze Familie erbracht werden!"

Der Generaldirektor ging darauf ein und sagte: „G. mag ein Gesuch an die Fürstliche Generaldirektion einreichen, was ich dann dazu tun kann, wird geschehen."

So kam G. nach Tarnowitz. Als er nach längerer Zeit als geheilt entlassen wurde, war er wieder der alte. Er machte seinen Dienst, schoß wie früher ausgezeichnet und war gutmütig und liebenswürdig wie zuvor.

Leider war die Heilung nicht von Dauer. Er mußte noch ein zweites Mal nach Tarnowitz geschickt werden. Der gute Erfolg hat dann aber für ein langes Leben ausgereicht.

Von den sieben Schützen, die an der Jagd auf die zugewanderten beiden groben Keiler und an dem Schüsseltreiben teilgenommen hatten, ist keiner an Trichinen erkrankt. Zum Bereiten der Möhrbraten, die sicher mit Trichinen gespickt waren, war doch wohl soviel Hitze nötig gewesen, daß sie abgetötet wurden. Manch einer ist aber aus Sorge vor dem, was noch folgen konnte, vorzeitig grau geworden.

Der Gröbste aller Keiler in Pleß

Ein bitterkalter Novembertag war angebrochen. Staubfeiner Pulverschnee hatte auf die alte verharschte Schneedecke eine „Neue" gezaubert, die allerdings nur geübten Augen ein sicheres Abfährten möglich machte.

In den Pleßer Niederforsten geisterte der Fährte nach seit einiger Zeit ein ungewöhnlich starker Keiler herum, den noch niemand gesehen hatte. Er mochte aus den Westkarpaten zugewandert sein, denn in dem Pleßer Gatter gab es nicht derart klobige Fährten.

Revierförster Wild, der das Revier Cielmitz betreute, hatte den Keiler in einem Kiefernstangenholz mit sehr dichten unterständigen Fichtenhorsten eingekreist und dies der zuständigen Oberförsterei Pleß gemeldet. Dort fand an diesem Tage aber eine Treibjagd in einem Fasanerierevier statt, an der die Beamten der Nachbarreviere und außerdem die Oberförster der anderen Pleßer Oberförstereien teilnahmen. Somit waren keine Schützen zu bekommen.

Gegen Mittag rief mich Kollege Wild an und teilte mir mit, was er erlebt und ausgerichtet hatte. Der Keiler, so meinte er, würde kaum bei uns bleiben und mit Beginn der Rauschzeit, die eigentlich schon im Gange sein könnte, wieder abwandern. Wenn ich Lust hätte, möchte ich doch gleich nach Jagen 66/67 kommen, dorthin, wo ich neulich den Fuchs geschossen hatte. Natürlich war ich mit Begeisterung bei der Sache.

Nach dem Mittagessen machte ich mich sofort auf den Weg und merkte jetzt erst, wie bitterkalt es war. Kollege Wild fand ich mit seinen beiden Rauhhaardackeln an der vereinbarten Stelle. Die Lage wurde kurz besprochen. Er wollte beide sauscharfen Hunde auf die Fährte setzen. Der alte „Urian" würde die Kleinen nicht ernst nehmen und sich stellen. Das wollte er ausnutzen und ihm die Kugel antragen. Sollte der brüchige Harschschnee es ihm aber unmöglich machen, auf gute Schußentfernung heranzukommen, dann würde der Keiler mich wahrscheinlich anlaufen. Uns wäre doch durch Erfahrung bekannt, daß Sauen mit Vorliebe alte, bekannte Fuchspässe annehmen.

Für langes Stehen war ich entsprechend angezogen. Bis zu den Knien steckte ich in Filzstiefeln. Leichtes, den Wind nicht durchlassendes Pelzwerk, darüber ein lockerer Lodenmantel, sorgten für Warmhaltung, unbehinderten Anschlag und daher auch für sicheres Schießen. Eingedenk des Fehlschusses auf meinen ersten groben Keiler konnte ich die Hände jetzt in einen Jagdmuff stecken, und die Ohren waren durch Klappen geschützt. Trotz alledem schlich sich die Kälte nach zweistündigem Stehen langsam von unten nach oben.

Eben war es mir, als hätte ich Hundelaut gehört. Schnell nahm ich noch einmal das Schußfeld ins Auge. O Schreck! Da kam doch ein Waldarbeiter mitten auf dem Gestell direkt auf mich zu! Ich stand mit halbem Wind etwa 40 m von dem bekannten Fuchspaß an dem Stangenholz, in dem der Keiler steckte. Ich winkte dem Mann zu, in den Gestellgraben zu springen, an dem auch ich stand. Der aber döste vor sich hin, ohne den Blick vom Boden zu heben, ihm mochte auch sehr kalt sein. Er war schon auf etwa 80 m an mich herangekommen, da sprang ich mitten auf das Gestell und winkte. Er aber verstand mein Zeichen falsch und drückte sich in die Randfichten der gegenüberliegenden Dickung. Jetzt war es mir, ohne den Mann zu gefährden, kaum möglich, auf den Keiler zu schießen, falls er hier anwechseln würde. Ich hatte aber schon vorher eine etwas lichtere Stelle erspäht, auf der ich vielleicht doch eine Kugel loswerden konnte. Schnell rückte ich noch näher an das Stangenholz heran.

Da war in den unterständigen Fichten auf dem alten Fuchspaß auch schon der Teufel los. Der alte erfahrene Keiler wollte die Deckung nicht verlassen, ohne gesichert zu haben. Die Hunde griffen ihn aber unentwegt an; und als Kollege Wild näherkam – ich hörte schon, daß er den Harschschnee durchtrat – setzte der Keiler mit einer mächtigen Flucht mitten auf das Gestell, dicht gefolgt von den zwei Dackeln, und verschwand mit der nächsten Flucht in der Dickung. Ich schoß, aber als der übereilte Schuß fiel, wußte ich, daß ich zu hoch abgekommen war.

Für mich war dies natürlich ein Schock, der aus den geschilderten Umständen wohl begreiflich war. Als Revierförster Wild jetzt mit einem mächtigen Fichtenbruch auf mich zukam, sagte ich nur: „Den können Sie sich selbst an den Hut stecken, ich habe den stärksten aller Keiler überschossen!" Schnell hatte ich ihm mein Mißgeschick erzählt, und als ich dem Waldarbeiter zurief, aus der Dickung zu kommen, konnte Wild sich auch gleich in meine Lage versetzen. Er sagte daher auch nur: „Pech, richtiges Saupech! Aber so etwas soll manchmal vorkommen!" Die Spuren, die die Kugel an den abgeschossenen Zweigen hinterlassen hatte, zeigten uns deutlich, daß jede Nachsuche unnötig war.

Zu strenge Herren regieren nicht lange. Das hatte sich wieder an dem zu früh und zu hart einsetzenden Winter gezeigt. Der Schnee mußte Tauwetter weichen. Wie die Fährte zeigte, war der Keiler nicht abgewandert, er war durch die Reviere Promnitz und Studzinitz mehr an das Saugatter im Revier Jankowitz herangewechselt.

Als im Dezember wieder Schnee fiel, wurde er im Revier Studzinitz eingekreist. Die Spitzen der Pleßer Verwaltung wurde zu diesem Treiben eingeladen. Generaldirektor Dr. N. bekam den aussichtsreichsten Posten. Aber wie das so oft auf Jagden ist: Die sonst im Leben erfolgreichsten Menschen haben keine Geduld zum langen Anstehen. Dies war auch hier wieder der Fall. Der gröbste aller hiesigen Keiler war dem Schützen auf dem bekannten Wechsel bei gutem, halbem Wind gekommen, hatte lange am Dickungsrand verhofft und gesichert, wie dies nach dem Treiben im Schnee festzustellen war, und war dann zurückgeflüchtet. Es muß angenommen werden, daß er Bewegungen oder Umhertreten des Schützen wahrgenommen hatte. Der Keiler hatte dann versucht, die nächste Dickung zu erreichen und war hierbei einem anderen hohen

Schützen so unverhofft gekommen, daß dieser die Kugel nicht loswerden konnte. Trotz allem war der alte Basse nicht kopflos davongestürmt – so etwas gibt es bei alten, erfahrenen Sauen nicht –, sondern er hatte einen alten Maschendrahtzaun durchbrochen, um über eine schmale Wiese in sichere Deckung zu kommen. Damit hatte natürlich keiner von den erfahrenen, schlauen Jägern gerechnet und hier einen der jüngsten Schützen, den in der Landwirtschaft tätigen Amtmann Srocke, angestellt. Diesem kam jetzt der Keiler auf etwa 60 Gänge und erhielt eine gute Kugel, die ihn noch auf der Wiese verenden ließ.

Der Keiler stand erst in den Anfängen der Rauschzeit, hatte noch viel Weiß und wog unaufgebrochen etwas über 4 Zentner, ein Gewicht, das hier noch nicht erreicht worden war!

Tragisches Ende eines Hauptschweines

An einem schönen sonnigen Novembernachmittag pürschte ich im Revier Dianenberg, das zum Forstamt Tost Peiskretscham gehörte, auf einen alten Abschußhirsch, den wir seit mehreren Jahren nicht vor die Büchse bekommen hatten. Heuer hatte ich ihn einmal nach der Brunft auf der großen „Sibyllenwiese" gesehen. Nach der Grummeternte waren Gras und Klee gut nachgewachsen, und da der ganze Sibyllengrund Ruhe und Frieden ausstrahlte, hoffte ich hier auf Erfolg. Trotz der günstigen Witterung bekam ich wider Erwarten kein Wild zu sehen.

Schon begannen Nebel aufzusteigen, da hörte ich plötzlich – ich muß schon sagen – „den Aufschrei einer Sau". Aha, sagte ich mir, die Rauschzeit muß schon im Gange sein, da treibt ein Keiler eine Bache, die ihm nicht gleich willig ist, und die nun dafür mit unsanften Püffen bedacht wird!

Mehr auf guten Wind als auf verursachte Geräusche achtend, strebte ich zügig der Fichtenschonung zu, in der ich den Rauschbetrieb vermutete. Eine ehemals nasse Wiese war aufgeforstet worden, aber viele Fehlstellen boten noch leidlich Einblick in die etwa mannshohe Dickung. Ich kam gerade noch zurecht, als ein „sagenhaft" starker Keiler eine verhältnismäßig schwache Bache von mir fort in Deckung trieb. Auf die kurze Entfernung von etwa 40 m stand das Punktabkommen meines Zielfernrohres direkt auf dem Waidloch des Keilers. Ich brauchte also nur den Schießfinger zu krümmen und für den Urian wären Fortpflanzungstriebe und Winternot für immer beendet gewesen. Solchen Schuß auf gesundes kapitales Wild verboten mir aber mein Empfinden und meine waidmännische Erziehung. Zwar versuchte ich noch durch Seitwärtsspringen einen besseren Schuß anzubringen, aber dies war zu spät, denn schon schlugen die Fichtenzweige hinter dem Keiler zusammen. Mit schußfertiger Waffe verharrte ich noch so lange auf meinem Stand, bis die Abenddämmerung alle Kontraste verschluckte und damit jedes sichere Ansprechen unmöglich machte. In der Deckung ging das Treiben des Keilers weiter, ein Zeichen dafür, daß eine Störung meinerseits nicht erfolgt war.

Der ungewöhnlich starke Keiler hatte es mir natürlich angetan. So oft es meine Zeit erlaubte, war ich im Sibyllengrund. Auf der großen Wiese sah ich einmal eine gemischte Rotte von Bachen, Frischlingen und Überläufern, auch ein oder der andere geringe Keiler mochte dabei sein. Ich machte mir aber erst gar nicht die Mühe, auf Schußentfernung heranzukommen, denn mein Sinnen und Trachten stand nach etwas Höherem. Alles Ansitzen und sorgsamstes Pürschen sowie alle nachgeahmten Laute, die man gelegentlich der Rauschzeit von Schwarzwild hört, nützten nichts; der Kapitale ließ sich nicht mehr sehen.

Da tat ich etwas, was ich als erfahrener Jäger immer für unwürdig gehalten und jungen Jägern gegenüber für unwaidmännisch gebrandmarkt hatte: Ich suchte mir eine geeignete Stelle in der Saudickung, um den stärksten aller Keiler anzukirren, aber mit dem Gelöbnis, nur auf ihn und kein anderes Stück Schwarzwild zu schießen. Bei der nächsten Fahrt nahm ich im Auto einen Sack voll Maiskolben mit und verteilte diese so, daß ich auch bei Windwechsel an den erwählten Stand herankommen konnte. So oft es meine Zeit erlaubte, saß ich in einem notdürftig hergerichteten Schirm. Fast immer konnte ich Sauen verschiedenster Stärke und ihr Verhalten beobachten, geschossen habe ich aber nicht.

Eines Nachmittags kam einer unserer ukrainischen Waldarbeiter ganz außer Atem in mein Arbeitszimmer gestürzt und sagte: „Schnell kommen, große Schwein ist da!" Sofort setzte ich mich mit dem Mann ins Auto und fuhr in das von ihm bezeichnete Jagen. Seine drei Kameraden – sie arbeiteten zu viert in einer Rotte – warteten voller Ungeduld auf uns. Alle waren so aufgeregt, daß ich Mühe hatte, sie solange festzuhalten, bis ich ihnen erklärt hatte, wann sie losgehen, wie sie sich in der Dickung benehmen sollten und wo ich stehen würde. Sie hatten aber die Zeit nicht abwarten können und waren zu früh losgegangen; denn kaum hatte ich meinen Stand erreicht, da lief mich auch schon der Keiler an. Im Schuß ging er kopfüber wie ein Hase, kam aber wieder auf die Läufe und war im dichten Unterholz verschwunden, ehe ich ihm eine zweite Kugel antragen konnte. Schon waren auch die vier Ukrainer da, schrien alle durcheinander und waren entsetzt, daß der Keiler nicht lag. Das trübe November-licht reichte gerade noch aus, um festzustellen, daß er einen üblen Schuß hatte. An Anschuß fand ich etwas Schweiß mit schleimigen Teil-chen der Drossel vermischt. Jetzt hieß es Ruhe bewahren und Zeit lassen.

Am nächsten Morgen traf ich mich mit den vier Männern und stellte sie an den Seiten der Dickung als Beobachter auf. Ich nahm meine sehr ruhige, vorzüglich auf Schweiß arbeitende rauhhaarige Teckelhündin „Nixe vom Oderstrand" an den Riemen und setzte sie auf den Anschuß. Hier zeigte sie mir außer den gestern schon festgestellten Schußzeichen auch noch genügend Schnitthaar und Wildpretstückchen. Sehr vorsichtig folgte sie zunächst der Fährte, wurde aber bald lebhafter, und schon nach etwa 150 m stand ich vor dem verendeten Keiler. Es war aber nicht der Kapitale, der es sein sollte. Der jetzt vor mir liegende war etwa fünfjäh-rig und wog aufgebrochen 120 kg. Mein Signal „Sau tot!" rief schnell die vier Ukrainer herbei. Das Geschoß 7×65 hatte ganze Arbeit geleistet, Drosselknopf und Schlund zerfetzt und als Ausschuß ein großes Loch in der Schwarte hinterlassen.

Hätte der Keiler nicht gleich in der ersten Dickung, in die er hinein war, gelegen, dann hätte natürlich eine größere Nachsuche mit mehr Schützen folgen müssen. Im vierten Jahr des großen Weltkrieges, als alle wehrfähigen Männer eingezogen waren, wäre es aber gar nicht leicht gewesen, genügend Schützen zusammenzubringen. Glücklicherweise blieb uns eine weitere Nachsuche erspart.

Nach diesem unerwarteten Erfolg wurde von dem stärksten der Kei-ler kein Zeichen, daß er noch bei uns im Forstamt war, mehr gefunden, aber alte Keiler wandern weit, und daher hoffte ich, doch noch ein Le-benszeichen von ihm zu erhalten.

Der harte Winter 1941/42 machte es notwendig, daß auch das Schwarzwild gefüttert werden mußte. Auf den Wechseln zu den Fütte-rungen wurden daher soviel wie möglich von den schwächsten Stücken – Frischlinge und Überläufer – erlegt. Starke, gesunde Sauen kamen jedoch für den Abschuß nicht in Frage. Obwohl ich überall, wo sich mir die Gelegenheit dazu bot, nach dem stärksten Keiler fragte, war er nir-gends aufgetaucht. Das gab zu denken Anlaß.

Nachdem der strenge Winter dem Frühling gewichen und der Schnee verschwunden war, meldete mir Förster Sander, daß der stärkste aller Keiler, den er je gesehen hätte, in seinem Revier Steineich-Ost verludert in einem Wassergraben liege. Sofort begab ich mich mit ihm dorthin. Welch trostloser Anblick! Da lag das Hauptschwein nun von Raubwild und Raubzeug angeschnitten. Einzelne Knochen waren verschleppt. An

dem Pansen, der teilweise frei lag, konnten wir an einer blutunterlaufe-
nen Stelle erkennen, daß der Keiler eine Kugel bekommen hatte. Das
mußte während der Rauschzeit geschehen sein, denn große, handdicke
Fladen Weißes lagen noch umher. Er war somit noch nicht stark abgekommen. Unser besonderes Interesse galt dem Panseninhalt, der hauptsächlich aus Kartoffeln bestand. Da im Forstamt nur Mais und Rüben
an Sauen verfüttert worden waren, mußte er das Geschoß entweder auf
den großen Schlägen der angrenzenden Staatsdomäne oder auf den
kleinen Bauernfeldern der Gemeinde Liebenhain erhalten haben.

Die Gewehre des Keilers hatten der Länge nach Weltklasse, ihr Umfang reichte hierfür aber nicht ganz aus. Die Abschlifflänge der Gewehre
betrug über 7 cm, demnach war der Basse mindestens 8 Jahre alt. So
lange hatte er sich allen Nachstellungen zu entziehen gewußt, und nun
mußte er so elendiglich enden!

5 Von starken Rehböcken

Wohl keine Wildart spielt in unserem Jägerleben eine so große Rolle wie das Rehwild. Die Jahresstrecke übersteigt die des Rotwildes in Deutschland um mehr als das Zwanzigfache. Das alljährlich anfallende Wildpretgewicht liegt bei den Rehen höher als bei jeder anderen Wildart.

Seine Eigenschaften, sich allen Gegebenheiten weitgehendst anzupassen, ganz gleich ob es sich um Wald oder Feld handelt – am besten im Gemenge mit beiden – und seine gute Fortpflanzungsfähigkeit tragen viel zu seinem zahlreichen Vorkommen bei.

Den Jäger interessieren in erster Linie die Gehörne, besonders die starken Gehörne, die nicht nur als Trophäen sehr beliebt sind, sondern auch den Gesundheitszustand des Rehwildes kennzeichnen, aber nur dann, wenn nachhaltig eine Verbesserung der Wildpret- und Gehörngewichte nachweisbar ist.

Wegen der Standortstreue des Rehwildes sollte es eigentlich keine Jäger geben, die bezüglich der qualitativen Verbesserung ihrer Bestände nicht genau Bescheid wüßten, daß diese am schnellsten über eine den Verhältnissen angepaßte Bestandsdichte, ein geordnetes Geschlechterverhältnis, einen geregelten Altersklassenaufbau sowie über gute Fütterung in Notzeiten zu erreichen sein müßte. Aber wegen des maritimen Klimas in Westdeutschland sind auch strenge Winter nicht hart genug, um alles kranke und schwache Rehwild auszumerzen!

Es gibt abgegrenzte Gebiete, in denen häufiger als anderswo kapitale Böcke wachsen. Auch dort lassen sie sich nicht nach Wunsch züchten, denn die sehr sensiblen Rehe reagieren auf Krankheiten – besonders auf Parasitenbefall – sehr auffallend. Bei den Böcken ist dafür das Gehörn der beste Gradmesser.

Die Form des Gehörns beruht auf erblicher Veranlagung. Die Farbe hängt von den Holzarten ab, an denen sie fegen.

Woher plötzlich kapitale Böcke kommen, und wohin bekannte häufig verschwinden, wird problematisch bleiben, trotz allen guten Jagdgesetzen, Erlassen und Richtlinien.

Wenn ich in diesem Kapitel von starken Rehböcken berichte, dann handelt es sich hauptsächlich um deren Bejagung.

Vielleicht lassen sich aber durch derartige Erlebnisse auch Hinweise ableiten, wie man zu kapitalen Böcken kommen kann.

In Westpreußen und Oberschlesien

Für einen jungen Jäger ist es sicher nicht von Vorteil, wenn der erste Bock, den er freibekommt, und den er auch verhältnismäßig leicht erlegt, zu den kapitalen gerechnet werden kann!

Wer hätte es auch ahnen können, daß in einem Gebiet, in dem sich im Sommer die Nadeln der anspruchslosen Kiefern vor Hunger und Durst krümmten, die sonst dunkelgrünen Wacholder sich bräunlich färbten und die Blüten des Heidekrautes so ausgedörrt waren, daß sie keinen Nektar absondern konnten und die fleißigen Bienen daher ihre Flüge einstellen mußten, so ein Bock vorkommt!

Wohl fühlen konnten sich in diesem hügeligen, sandigen Gelände wohl nur die Sandlaufkäfer, die Ameisenlöwen (Larven der Ameisenjungfer Myrmélon formicarius), die in dem sonnendurchglühten Sand ihre Fanggruben angelegt hatten, und die Mückenschwärme, die in diesem trockenen Sommer aus dem „Schmollen"-, besonders aber aus dem zur Verlandung neigenden „Rabensee" wolkengleich aufstiegen.

Hier hatte ich im Frühjahr bei den Aufforstungsarbeiten, an denen ich mich von früh bis abends als Forstlehrling praktisch beteiligte, einen meiner Ansicht nach sehr starken Bock gesehen, als er in dem flachen Wasser des „Rabensees" zwischen Bülten, Riedgräsern und allerlei Sumpfpflanzen stand und an den jungen, sich gerade aus dem Wasser schiebenden, süßen Trieben des Schilfrohrs äste.

Förster Mund, der die Kulturarbeiten beaufsichtigte, erzählte ich von dem starken Bock. Der erfahrene Waidmann war aber mißtrauisch und sagte: „Ich wüßte nicht, woher in diese gottverlassene Gegend ein starker Bock kommen sollte. In dem großen, armen Gebiet gibt es nur einige Rehe, und noch nie ist hier ein starker Bock zur Strecke gekommen. Meistens sind sie auch noch von Lungenwürmern befallen, denn die wenigen tiefer gelegenen graswüchsigen Stellen sind von diesen verseucht."

Mund hatte sich aber doch nach Arbeitsschluß einige Male am „Rabensee" angesetzt, hatte auch die Umgebung abgepürscht, aber nicht einmal einen geringen Bock gesehen. Es war daher verständlich, daß er meinen

Angaben nicht zu trauen schien. Danach war der Bock auch bei mir bald wieder in Vergessenheit geraten, besonders deshalb, weil in der Ober- försterei Rohrwiese bisher noch kein Forsteleve einen Bock hatte erlegen dürfen.

Im vergangenen Herbst hatte mich mein Lehrherr zu einer Treibjagd, die auf der Gemarkung der Gemeinde Mellentin stattfand, und die von dem Jagdverein Deutsch-Krone als Pächter veranstaltet wurde, mitge- nommen. Weibliches Rehwild war zum Abschuß freigegeben. In dem letzten Kessel, der teilweise mit Kiefernkusseln, Wacholder und Ginster bewachsen war, hatte ich mein erstes Reh, eine starke Ricke, die – wie nachher festgestellt wurde – in dem Jahr keine Kitze geführt hatte, zur Strecke gebracht.

Nach der Jagd wurde das richtige Verhalten des jungen Jägers beson- ders hervorgehoben, der nicht in den Kessel geschossen hatte, sondern erst in Anschlag gegangen war, nachdem die sehr flüchtige Ricke die Schützen- und Treiberlinie durchbrochen hatte und sie dann mit sauberem Blatt- schuß – ich meine, daß dies mehr Dusel als Können war – auf die Decke legte. Eigentlich hätte solches Verhalten als Selbstverständlichkeit gar nicht erwähnt zu werden brauchen. Zu jener Zeit kam es wohl öfter vor, daß Treiber oder Jäger ein paar Schrote abbekamen. Manchmal habe ich sogar noch gehört: „Wer nicht 3 mm vertragen kann, sollte erst gar nicht auf die Jagd gehen!"

Als mir eines Tages mein Lehrherr sagte, daß ich einen Bock schießen könne, war ich sichtlich überrascht, denn ich wußte nicht, womit ich soviel Auszeichnung verdient hatte. Allerdings sollte der Bock nicht in den Rotwildrevieren, sondern in einem Außenbezirk erlegt werden. Ohne lange zu überlegen, machte ich den Vorschlag, den Bock um den „Raben- see" herum schießen zu dürfen. Der Forstmeister lächelte, als er sagte: „Das wäre mir sehr recht, es muß aber ein Sechser sein!"

Noch am gleichen Tage ging ich an den „Rabensee", um mir einen ge- eigneten Stand zurechtzumachen. Aber wie hatte sich das Bild seit dem Frühjahr verändert! Während rundherum alles unter der großen Dürre litt, hatte sich in der weit ausgedehnten Uferzone ein Dschungel von mannshohen Sumpf- und Wasserpflanzen gebildet, die jeden Einblick in das Innere unmöglich machten. Da in der zweiten Julihälfte die Brunft des Rehwildes wohl schon eingesetzt hatte, hoffte ich, den Bock selbst aus dieser Wildnis herauslocken zu können.

Zwei Tage hatte ich schon zu jeder mir günstig erscheinenden Zeit angesessen und auch gepürscht, aber außer Mückenschwärmen, die mich arg peinigten, nichts erlebt. Am dritten Tag begann ich erstmals mit dem

Blatten. Hierzu hatte ich mir gut geeignete Buchenblätter im Park des Forstamtes ausgesucht und, um sie frisch zu halten, in eine flache Schachtel mit einem feuchten Lappen gelegt. Obwohl ich die Fieptöne so zart und sehnsüchtig wie möglich hervorbrachte, zeigte sich kein Stück Rehwild. Am vierten Tag entdeckte ich schon beim Anmarsch zwischen „Schmollen-" und „Rabensee", die nahe beieinander lagen, zwei Rehe, die auf einer sumpfigen, graswüchsigen Stelle standen. Es hatte in der Nacht stark getaut, und so konnte ich noch im Morgengrauen in dieser öden Landschaft ohne Knistern und Knacken des dürren Bodenbewuchses eine Kiefernkussel erreichen, hinter der ich Deckung fand und das Paar auf gute Schußentfernung vor mir hatte. Ohne Jagdglas erkannte ich sofort den starken Bock. Liegend freihändig trug ich ihm die Kugel an, die ihn in das nasse Gras warf. Sogleich stand ich bei dem verendeten Bock. Jedoch unterdrückte ein Schreck zunächst meine Freude. Ich sollte unbedingt einen Sechser schießen, dies war aber nur ein Gabler! Der Bock war alt und das Gehörn sehr stark. Das würde wohl auch die Zustimmung des Forstmeisters finden.

Als ich meinem Lehrherrn den gestreckten Bock zeigte, da sagte er: „Wie kommt dieser kapitale Bock in die hungrige Gegend, in der im Winter, wenn er das Gehörn schiebt, nicht einmal die Füchse satt werden! Der muß von weither zugewandert sein. Waidmannsheil! Es dürfte aber lange dauern, bis Sie wieder einen so starken Bock erlegen!"

Das nur 21 cm hohe Gehörn wog trocken, kurz gekappt, 350 g. Daß der Bock alt war, zeigte sein ganzer Habitus. Nach der Zahnabnutzung wurde das Alter damals noch nicht geschätzt.

Einige Tage nach der Erlegung des starken Bockes zog es mich wieder nach dem „Rabensee". Eine schmale Zunge des Sees, die in das Land ragte, war schon ganz mit Sumpf- und Wasserpflanzen verwachsen. Da raschelte es in dem Dschungel, und als ich einige Steine dorthin warf, flüchtete eine Ricke mit ihrem Kitz aus dieser Wildnis.

Jetzt wollte ich auch sehen, wo sie ihren Stand hatten. Ich entledigte mich der Kleidung und war bald in dem dichten Pflanzenwuchs des warmen, flachen Wassers verschwunden und strebte der Stelle zu, wo ich die Rehe zuerst gehört hatte. Durch verschiedene Seggearten und Kalmus watend, kam ich bald in dichte Schilfrohrgelege. Hier war auch der Einstand der Rehe. Eine etwa 10 qm große Fläche lag etwa 50 cm über dem Wasserspiegel. Hier war jeder Pflanzenbewuchs abgeäst. Der Bock hatte auch noch kurz vor seiner Erlegung einige der Sumpfkratzdisteln, die hier stark wucherten und bis zu 2 m hoch werden können, zerschlagen und zerfetzt.

Erst 1937, also 30 Jahre später, schoß ich an der damaligen Ostgrenze Polens einen viel stärkeren Bock, von dem ich noch berichten werde.

Daß das Rehwild dort, wo auch Rotwild vorkommt, schwächer ist als in reinen Rehwildrevieren, ist bekannt. Wenn auch die Rehwildfütterungen in den beliebtesten Einständen der Rehe zahlreich errichtet und wie Kälberställe des Rotwildes durch schmale Durchschlupfe geschützt sind, so wird das robuste Rotwild doch immer wieder alle Hindernisse überwinden und den Rehen das Futter nehmen. Es ist daher verwunderlich, daß ich inmitten des 11 000 ha großen Pleßer Rotwildgatters (6 bis 7 Stück auf 100 ha) einen starken Bock erlegen konnte, dessen Gehörn wohl nur 20 cm hoch war, aber bei guter Perlung, starken Rosen und langen Sprossen kurz gekappt und trocken 280 g wog. Für gute Rehwildreviere stellt dieses Gewicht nichts Besonderes dar. Für Rotwildreviere (soweit es sich nicht um Randreviere handelt, die den Rehen den Austritt auf Felder gestatten), ist dies aber ein sehr gutes Gewicht. An Wildpret (aufgebrochen mit Gehörn) war der Bock im Verhältnis zu gleichaltrigen etwa sechs- bis siebenjährigen Böcken als leicht zu bezeichnen, er brachte nur 16 kg auf die Waage. Merkwürdig war nur, wie der Bock zu dieser guten Trophäe gekommen war; denn keinem der Beamten war er bekannt.

Als ich im Jahre 1911 in Fürst Pleßische Dienste trat, wurde ich vorübergehend dem Revierförster Järisch, der das etwa 1200 ha große Revier Lendzin mit zwei Hegern (Forstwarten) bewirtschaftete und sich schon mit Pensionierungsabsichten beschäftigte, zugeteilt. Rotwild kam in dem Revier nicht vor, nur ein zahlenmäßig geringer Damwildbestand und Sauen als Wechselwild, aber genug Rehwild. Daß ich mich in dem trauten Forsthaus zunächst sehr für die Trophäen, die der alte Herr in mehr als 30 Dienstjahren hier erbeutet hatte, besonders interessierte, war bei meiner Jagdpassion wohl verständlich.

An der Trophäenwand hingen von Damhirschen nur zwei geringe Löffler, aber eine große Anzahl von Rehgehörnen, die größtenteils im letzten Viertel des vorigen Jahrhunderts erbeutet worden waren. Ich hatte vermutet, daß ich hier an der äußersten Südostecke des großen deutschen Reiches besonders starke Gehörne zu sehen bekommen würde, und war daher recht enttäuscht, daß dies nicht der Fall war. Nur viel zu hoch, direkt unter der Zimmerdecke, hing ein starkes Gehörn. Ich bat darum, es näher besichtigen zu dürfen, und als ich es in den Händen hatte, war ich erstaunt von der Wucht und der Masse dieser edlen Trophäe.

„Warum hängen Sie diese Kostbarkeit so hoch, es kann sich doch niemand ein richtiges Bild davon machen?" fragte ich Järisch.

„Sie haben den Nagel auf den Kopf getroffen", entgegnete er, „so soll es auch sein! Mein nächster Vorgesetzter, Forstmeister Sch. – vor zwei Jahren hat er die Stellung gewechselt – hat mir wegen dieses Bockes schon soviel Ärger gemacht, daß ich keine echte Waidmannsfreude mehr daran habe. Sch., der sehr jagdneidisch ist, hat mir jedesmal, wenn er ins Revier kam, scharfe Vorwürfe gemacht, daß ich diesen kapitalen Bock, dessen Gehörn kurz gekappt immer noch nur einige Gramm unter 500 g wiegt, unbedingt gekannt haben müsse, ihn aber nicht gemeldet habe. Das hatte ich auch gar nicht nötig; denn nur der Stückzahl nach war ich für den Abschuß verantwortlich. Um aber den unberechtigten Vorwürfen ein Ende zu machen, versicherte ich immer wieder, daß ich weder jetzt noch in den Vorjahren einen ähnlich starken Bock gesehen habe. Auch Heger Polko, der an dem Einstand des Bockes fast täglich vorbeikam, sagte in meinem Beisein dasselbe aus. Dies schien aber alles in taube Ohren zu fallen, denn das Verhältnis zwischen uns wurde nur noch gespannter. Mir war es selber unverständlich, woher auf einmal solch kapitaler Bock kam. Nach Südosten hatten die Rehe wohl Zutritt auf die Lendziner Felder, aber dort wuchs auch nicht viel mehr als Kartoffeln und Roggen, und bisher waren in meinem Revier, wie meine zahlreichen Gehörne es beweisen, auch nur mittelmäßige gewachsen!"

Einige Tage nach dem Gespräch mit Järisch sah ich mir den Ort der Erlegung des kapitalen Bockes, der auch sein Einstand gewesen war, an. Der Platz war gut gewählt! Ein seit vielen Jahren verfallener Steinbruch, in dem sich Weiden, Birken, Kiefern, Fichten, Ebereschen, Holunder, Weiß- und Schwarzdorn sowie verschiedene Kräuter und Gräser auf verhältnismäßig engem Raum, teils durch Anflug, teils durch Vogelsaat angesiedelt hatten, bot Windschutz, Sonne und Schatten je nach Bedarf. Eine uralte, morsche Eiche mag in Mastjahren auch noch ihren Segen gespendet haben. Daß hier ein gesunder, kräftiger Bock keinen „Nebenbuhler" geduldet hat, braucht wohl nicht bezweifelt zu werden. Das Rätsel, warum in den Jahren vor der Erlegung noch nie ein auffallend starker Bock gesehen wurde, blieb ungelöst.

In den Pleßer Niederforsten, die im Süden und Südosten von der Weichsel begrenzt wurden, lagen die großen Fasanerien. Selbst im Winter boten die fruchtbaren Felder – Raps, Luzerne, Wintersaaten – reichlich Äsung für alles Wild. In den großen Remisen bestand das Oberholz aus deckungbietenden Fichtenhorsten, einzelnen licht stehenden Eichen, Buchen, Ebereschen, Akazien und anderen Baumarten, die alle reichlich Samen abwarfen. Als Unterholz war an Straucharten wohl alles vertreten, was Deckung bot und Beeren trug. Dadurch brauchten nicht nur die zahlreichen Fasanen, Kaninchen und Hasen, sondern auch die vielen Rehe, die sich hier zusammenzogen, keine Not zu leiden. Daß außer der natürlichen Äsung in den Remisen noch gut gefüttert wurde, versteht sich in einem Jagdbetrieb, in dem im wildreichen Jahr 1911 rund 10 000 Fasanen zur Strecke kamen, wohl von selbst. Daß die Ricken hier starke Kitze setzen und die Böcke durch den Stoffwechselüberschuß starke, sogar hochkapitale Kronen aufsetzen konnten, wurde allgemein für selbstverständlich gehalten.

Es wurde hierdurch aber nicht geklärt, wie es möglich war, daß in den Pleßer Oberforsten, wo nur mäßig gefüttert wurde, Revierförster Järisch im Revier Lendzin einen Bock von 500 g Gehörngewicht erlegen konnte!

In den Rokitnosümpfen

Als ich Anfang Juni 1937 das Empfangszimmer der Forstdirektion Pleß betrat, unterhielten sich Forstmeister Dr. Dr. Kozdon und Forstverwalter Wild über eine Jagdreise nach Ostpolen.

„Da können Sie doch auch mitmachen!" sagte Dr. Kozdon zu mir, „Sie kennen diese Gebiete sicher noch nicht, und zu dritt würde so ein Jagdausflug sehr interessant sein!"

In kurzen Umrissen erfuhr ich bald, um was es ging: Dr. Kozdon war zu einem Forstkongreß in Budapest gewesen. Dort hatte er einen Kommilitonen der forstlichen Hochschule Wien getroffen, der jetzt große Gebiete in Polessien forstlich und jagdlich betreute. Dieser Studienfreund, Dipl.-Ing. Gründel, hatte ihn zur Entenjagd eingeladen. Er, Dr. Kozdon, könnte getrost noch einige Jagdfreunde mitbringen, denn die Enten würden dort kaum bejagt, und es gäbe so viel davon, daß sich beim Hochgehen bisweilen die Sonne verfinstere. Unter 500 Schuß je Jäger brauchten wir aber erst gar nicht anzurücken. Für Unterkunft und Verpflegung, die zwar sehr bescheiden, aber nahrhaft und billig wäre, würde er sorgen.

Sofort tauchte in mir die alte Sehnsucht auf, fremde Länder kennenzulernen, und wenn man dort unbeschwert jagen könnte, würde dadurch der Reiz gewiß noch wesentlich erhöht werden. Der Schwerpunkt lag aber darin, Urlaub zu bekommen, denn wir unterstanden einer polnischen Zwangsverwaltung, und da zwei Forstamtsleitern der Urlaub schon zugesagt war, dürfte es für mich als Wildmeister wohl schwierig werden, an der Jagdexpedition teilnehmen zu können. Ich hatte Glück!

Zwar wollte Forstdirektor Sachert zunächst auf meinen Wunsch nicht eingehen, weil er meinte, nicht drei leitende Beamte gleichzeitig beurlauben zu können. Als ich aber meinen Wunsch damit begründete, daß es für mich wohl die einzige Möglichkeit sein würde, die östlichen Gebiete Polens kennenzulernen, weil ich als Reichsdeutscher mit Ablauf des Jahres das jetzt polnische Oberschlesien verlassen müßte, hatte dies die erhoffte Wirkung. Ich bekam auch Urlaub, der am 19. 7. angetreten werden konnte und nach drei Wochen beendet sein sollte.

Besonders günstig fiel für mich ins Gewicht, daß der Forstdirektor, der schon 60 Lenze hinter sich hatte, als junger Forstmann die Rokitnosümpfe kennengelernt hatte. Als ich mich kurz vor unserer Reise von ihm verabschiedete, sagte er: „Bitte berichten Sie mir nach Ihrer Rückkehr, wie man heute das eingeschlagene Holz aus dem Sumpfgebiet herausbringt, ob der ‚Wegebau‘ heute noch so ist wie vor 50 Jahren."

Nachdem mir schon der Urlaub bewilligt worden war, ging es mir öfter durch den Kopf, ob es wohl richtig wäre, mich an solchen Massenstrecken zu beteiligen, denn Jagdgelegenheit hatte ich in Pleß doch gerade genug. Schließlich ist es aber doch etwas ganz anderes, ob man in gehegter und gepflegter Wildbahn waidwerkt, wo das Verhalten vor dem Schuß noch an mancherlei Bedingungen geknüpft ist, oder ob man in der von Abenteuern umwitterten Wildnis jagt, wo jede sich bietende, meist nie wiederkehrende Gelegenheit genützt werden muß. Hinzu kommt noch, daß es sich in unserem Falle um Flugwild, um Enten, handelte, die so massenhaft vorkommen sollten, daß sie unbedenklich in jeder Menge erlegt werden konnten. Und wer möchte da nicht seine Schießkünste unter Beweis stellen! Ich wollte aber nicht nur Beute machen, sondern auch das Land und die dort lebenden Wildnisbewohner, ihr Verhalten zu Fremden und der eigenen Umwelt gegenüber kennenlernen. Daß dies schwer sein würde, weil ich weder der polnischen noch der weißrussischen Sprache mächtig war, stand für mich fest. Auch Tiere und Pflanzen, die in dem riesigen Sumpfgebiet vorkamen, mußten regstes Interesse bei mir finden, denn hier gab es auch noch starkes Raubwild wie Luchs und Wolf.

Am 19. Juli 1937 traten wir zu dritt die Reise an. In Warschau kauften wir die nötigen Schrotpatronen, die mit dem nächsten Zug an den Bestimmungsort weitergehen sollten. Auch mit Mückenschleiern versorgten wir uns, konnten aber damals noch keine Paste, die uns gegen die lästigen Blutsauger geschützt hätte, auftreiben. Bald nach Mitternacht mußten wir in Richtung Baranowici abfahren, um in Iwacewicze den Zug, der uns an unser Ziel nach Telechany bringen sollte, zu erreichen.

Etwa 100 km östlich von Warschau machte mich Wild darauf aufmerksam, daß die Häuser, die vereinzelt im flachen Lande verstreut lagen, keine Schornsteine hatten. „Die brauchen auch keine Schornsteine", sagte er, „dadurch würde die ‚gute Stube' zu sehr auskühlen. Der Fußboden dieser Stube besteht aus gestampftem Lehm. In der Mitte ist die Feuerstätte; der Rauch findet seinen Weg ins Freie durch Ritzen oder kleine Klappen. Aus dem anliegenden offenen Stall kommt auch noch Wärme; und so lebt man hier sehr bescheiden und so, vermute ich, wird auch unsere Unterkunft sein. Im Kriege bin ich in dieser Gegend gewesen und kenne mich hier gut aus."

„Das wäre doch nicht schlimm", sagte ich, „jetzt ist es warm, wir haben gute Decken im Gepäck, und man kann auch im Freien übernachten." „Vorausgesetzt, daß Ihnen die Mücken das gestatten werden!" entgegnete Wild. Dr. Kozdon nickte zustimmend; er kannte die Rokitnosümpfe, von denen der kleine „Brockhaus" sagte, daß sie der wildeste Teil von Polessien sind zwischen den Flüssen Goryn und Ubort liegen, genau.

Von Warschau bis zu unserer Umsteigestation Iwacewicze war die Fahrt planmäßig verlaufen. Als ich aber dort unser Zügle sah, das uns zu unserem Ziel bringen sollte, war ich enttäuscht. Eine Schmalspurbahn mit einer sehr kleinen Lokomotive und sehr kleinen Wagen nahm uns auf. Das konnte eine gemütliche Fahrt werden, aber wir hatten ja Zeit! Der Tender der Lok hatte nicht Kohle, sondern Holz geladen, also noch Holzfeuerung.

Zunächst ging die Fahrt ziemlich flott vorwärts. Je mehr wir aber in dichte und mehr feuchte Waldgebiete kamen, in denen Kiefern, Birken und Erlen vorherrschten, um so langsamer kamen wir weiter. An einer Stelle mitten im Busch, an der Brennholz gestapelt worden war, wurde Halt gemacht und der Tender neu mit Brennstoff beschickt. Als die Arbeit längst beendet war und unser Zügle immer noch nicht weiterfuhr, ging Wild zu dem Zugführer und fragte ihn nach dem Grund des so langen Aufenthalts. Da erfuhr er, daß hier ein Vermessungsingenieur zusteigen wollte, auf den müßte man warten. Als dann nach etwa zwei Stunden der Pan Ingenieur kam, setzte sich die kleine Lok wieder langsam im Bewegung. Gegen 16 Uhr trafen wir in Telechany ein. Die kleine Lok hatte die etwa 120 km lange Strecke in neun Stunden zurückgelegt, nach Abzug der Wartezeit eine respektable Leistung!

Hier in Telechany, dem Ziel unserer Reise, teilte uns der Bahnhofsvorsteher mit, daß wir warten möchten, bis wir abgeholt würden. Der Kutscher unseres Gastgebers hätte lange auf uns gewartet, wäre dann abgerufen worden, würde aber bald wiederkommen.

Unser Zügle hielt sich nicht lange an der Endstation auf, sondern fuhr bald wieder ab, um die Verspätung aufzuholen. Kaum war es abgefahren, da kamen fünf Männer und vier Frauen. Als sie erfuhren, daß sie den Anschluß verpaßt hatten, setzten sie sich an der Bahnböschung ins Gras und machten es sich bequem. Wild ging zu ihnen und fragte nach dem Woher und Wohin. Als er wieder zu uns kam, sagte er: „Von den Leuten können wir noch viel lernen. Die sind schon sieben Stunden unterwegs, und da der Zug fort ist, werden sie auf den nächsten warten, der fährt aber erst morgen nachmittag um die gleiche Zeit. Sie werden heute hier im Freien übernachten, und wenn es in der Nacht auch kalt werden sollte, dann würde es morgen wieder schön sein. Das ist ihr Trost und ihre Hoffnung!"

„Ja", sagte ich, „solche Nerven müßten auch wir haben; uns war die zweistündige Wartezeit im Walde schon zuviel."

Hier brauchten wir aber nicht lange zu warten, denn bald kam der Kutscher und brachte uns in die Wohnung des Forst-Ingenieurs Gründel. Sie war für uns eine Überraschung, denn hier in der Weltabgeschiedenheit hatten wir ein so schönes, großes, nach schwedischem Muster erbautes Holzhaus nicht erwartet. Nach der Vorstellung, der herzlichen Begrüßung und der ausgezeichneten Bewirtung durch die Hausfrau kam aber bald eine bittere Enttäuschung. Unser Gastgeber teilte uns mit, daß infolge der großen Dürre der letzten Wochen die Enten sich auf Seen und Flüsse verzogen hätten. In seinem Dienstbezirk gäbe es zwar auch solche Seen, es wäre aber sehr schwer, bis auf Schußnähe an die Enten heranzukommen.

Uns war dies gar nicht verständlich, denn um diese Jahreszeit waren die Jungenten doch noch nicht flügge und die Erpel befanden sich in der Mauser; warum sollte es hier anders sein? Aber wir kannten die meist noch unberührten, riesigen, wilden Sumpfgebiete eben nicht.

Dankbar nahmen Wild und ich den Vorschlag an, auf Böcke und Schwarzwild zu jagen. Auf Anordnung des Besitzers Graf P. sollten für einen Bock einschließlich Wildpret 25 Zloty = 12,50 Mark bezahlt werden. Der Abschuß von Schwarzwild war frei von jeglicher Vergütung, und für die Erlegung von Wölfen dürften wir sogar noch gute Abschußprämien erwarten. Es war also gut, daß wir uns vor der Abreise zur Führung von Drillingen entschieden hatten. Die erforderliche Munition hatten wir bei uns.

Dr. Kozdon schien sich von dem Erfolg der Jagd auf die genannten Wildarten nicht viel zu versprechen. Er wollte noch einige Tage bei seinem Kollegen Gründel bleiben und dann nach Litauen fahren, um dort vor allem die Waldbestände, die die wertvollen Kiefern lieferten, näher kennenzulernen und sich auch über Jagdangelegenheiten zu orientieren. Wir baten ihn, die in Warschau gekauften Schrotpatronen in das Forstamt Pleß zu dirigieren, dort würde es Abnehmer genug geben.

Wild und ich sollten in einer Hegerei, die etwa 8 km entfernt lag, Quartier beziehen. Ob wir uns der beiden Heger, die in einem Doppelhaus wohnten, als Führer bedienen oder allein pürschen wollten, blieb uns überlassen. Um aber noch bei Tageslicht dahin zu kommen, fuhren wir sofort mit dem Kutscher unseres Gastgebers ab.

Die Fahrt, die bald über Sanddünen, bald über frische Waldböden, bald über Moore führte, ging trotz der flotten Pferde nur bedächtig vor sich. Zwar waren die nassen Stellen während des Krieges von der deutschen Wehrmacht mit Knüppeln befestigt worden, diese Knüppeldämme waren aber inzwischen zerfahren und hatten halsbrecherische Löcher. Kolkraben und Blauracken bekamen wir des öfteren zu Gesicht, aber auch sehr armselige Hütten, die, dem Umfallen nahe, durch Stangen gestützt wurden. Hier in dieser Einöde gab es für die sehr arme Bevölkerung kaum Verdienstmöglichkeiten. Mein Reisegefährte konnte sich wieder nicht der Äußerung enthalten, daß auch wir so untergebracht werden würden.

Wieder gab es eine wohltuende Überraschung, denn bald leuchtete aus dem Grün die Hegerei, ein neuer roter Ziegelbau, hervor. Die Heger hatten uns schon erwartet und waren sichtlich erfreut über den seltenen Besuch. Sie stellten sich als Iwan und Stanek vor. Iwan war Weißrusse, etwa 50 Jahre alt, mittelgroß, jagdlich sehr interessiert, und seinen Luchsaugen entging nichts. Stanek war Pole, etwa 25 Jahre alt, groß, blond und sehr ruhig. Er schien der Forstwirtschaft – obgleich sie dort noch in den Kinderschuhen steckte – mehr zugetan zu sein als der Jagd. Beide Heger waren nur mit Trommelrevolvern ausgerüstet.

Wild hatte infolge seiner Sprachkenntnisse die Sachlage schnell überschaut. Er schlug mir vor, mich Stanek anzuvertrauen, da ich doch einige Brocken Polnisch verstände und daher auch besser bei der Polenfamilie wohnen würde. Er wollte bei den Weißrussen wohnen und sich von Iwan in die jagdlichen Verhältnisse einweihen lassen. Mir war das recht, denn ich verstand weder die eine, noch die andere Sprache. Wir konnten auch sogleich feststellen, daß die uns zugewiesenen Stuben ordentlich und sauber waren. Statt mit Matratzen waren die Betten mit Fichtenreisig und Farnkraut gepolstert. Wild meinte „von wegen der Flöhe". Wir haben dann in unseren Decken während unseres Aufenthaltes sehr gut geschlafen.

Am nächsten Morgen machten wir zunächst – jeder mit seinem Heger – eine Orientierungspürsch. Die Hegerei lag auf einer Waldinsel von Kiefern und Birken. An das Gebäude schloß sich das Dienstland der beiden Heger an. In dem lichten Waldbestand gab es sehr große Heidelbeeren und Himbeeren in Hülle und Fülle; und da jeder Heger zwei Kühe, Schweine und Federvieh besaß, würde an einer gesunden Verpflegung nichts fehlen. Die Umgebung schien aus einer unübersehbaren Fläche von Riedgräsern zu bestehen, aus der bald kleinere, bald größere Inseln mit Buschwerk, Laub- und Nadelbäumen herausragten. Die so harmlos aussehenden Riedwiesen zeigten sich aber als recht trügerisch, denn bald saß ich mit meinen Lederstiefeln im Schlamm fest und konnte nur mit Hilfe des Hegers meine Fußbekleidung retten. Stanek zeigte mir eine Abtriebsfläche, auf der er vor einigen Wochen einen starken Bock gesehen hatte. Hier sollte ich mich am Nachmittag ansetzen. Er selbst könnte nicht mitkommen, da er mit seinem Pferd um Mehl fahren müßte.

Während der Morgenpürsch hatten wir kein Rehwild zu sehen bekommen. Nur das Schrecken eines starken Stückes gab Hoffnung und Zuversicht auf Erfolg. Kraniche hatten wir gehört und Kolkraben gesehen, und Enten waren sehr hoch über uns hinweggestrichen.

Iwan hatte seinen Gast sogar an einen starken Bock herangebracht, aber nur Haupt und Gehörn waren zu sehen. An einen sicheren Schuß war nicht zu denken gewesen. Unzählige Mücken hatten Herrn Wild wie auch mir arg zugesetzt.

Am Nachmittag saß ich gegen 16 Uhr an der von Stanek bezeichneten Stelle. Eine kaum erträgliche feuchte Hitze hatte wohl alles blutsaugende Geziefer mobil gemacht. Unter dem zu dichten Gewebe des Mückenschleiers war es nicht auszuhalten. Obwohl ich sonst gar nicht leicht ins Schwitzen komme, rann mir jetzt der Schweiß in die Augen und den Nacken herunter; also weg mit dem Schleier! Ein feines, zartes Summen setzte von überallher ein, und wo sich auch nur die geringste Blöße zeigte, saß das Geschmeiß gleich dutzendweise. Selbst ununterbrochenes Rauchen konnte keine Abhilfe schaffen. Kein Windhauch zerriß die drückende Schwüle und das schlimmste war, daß ich keine Handschuhe bei mir hatte. Ich hatte schon so viele von Mücken zerquetscht, daß meine Hände rot von Blut und schmierig von Mückenleichen waren. Nein, so konnte das nicht weitergehen!

In der Nähe entdeckte ich aufgestapeltes Brennholz. Also stieg ich auf eine Klafter, aber auch hier oben war es nicht viel besser, doch hatte ich einen besseren Überblick über den hohen Grasbewuchs. Als die Dämmerung schon einsetzte, sah ich über eine schmale Lücke in den Schmielen zwei Rehe verschwinden, die andauernd mit den Lauschern schlugen, vor den Plagegeistern also auch keine Ruhe hatten. Der kurze Augenblick, in dem ich die Rehe sah, hatte mir den Eindruck vermittelt, daß es eine Ricke mit einem sehr starken Kitz oder Schmalreh gewesen war. Fluchtartig verließ ich die Stätte der Qual!

Nachdem ich mich im Quartier mit dem braunen, aber kalten Brunnenwasser gewaschen hatte, bemerkte ich erst, daß Gesicht, Hals und Hände von den Mückenstichen angeschwollen waren. Wild hatte unter den Mücken genauso zu leiden gehabt wie ich: „Hatte man zehn zerdrückt, saßen gleich zwanzig wieder auf derselben Stelle!" Wir erwarteten, daß auf solche Schwüle ein Gewitter kommen würde, auch die Heger bestätigten es, und tatsächlich kam es in der Nacht zum ersten Regen.

Am nächsten Morgem, es war ein Freitag, atmeten wir erleichtert auf. Die Luft war frisch und rein und die Mückenplage erträglich. In Zukunft würden wir uns gegen diese besser zu schützen wissen.

Der starke Bock, den Wild bei der ersten Pürsch gesehen hatte, lief ihm direkt in die Büchse. Auf kurze Entfernung streckte er ihn mit gutsitzender Kugel im Feuer. Das starke, gut vereckte Gehörn schätzten wir auf wenigstens 300 g Gewicht. Am selben Abend schoß Wild auf weite Entfernung noch einen alten Gabler, einen typischen Abschußbock, wie wir solche auch daheim erlegten.

Mir gelang es erst am Samstag zum Schuß zu kommen. Unter der Führung von Stanek hatten wir an den Tagen vorher wohl einige Rehe, einmal auch einen Sechserbock mit sehr hohen, gut vereckten Stangen vor uns gehabt, aber ich mochte nicht schießen, denn der Bock war sehr jung und mindestens 200 m von uns entfernt. Stanek drängte immer wieder zum Schuß. Als ich versuchte, näher heranzukommen, sprang der Bock ab, sehr zum Kummer von Stanek, aber zu meiner Befriedigung.

Am Nachmittag entdeckte Stanek von einer sumpfigen Riedwiese aus gegen 16 Uhr einen Bock, der am Bestandesrand einer kleinen, etwa 0,5 ha großen Waldinsel an einem alten Erlenstubben saß und gemütlich wiederkäute. Nachdem ich ihn als alten starkstangigen Spießer angesprochen hatte, sagte Stanek sofort: „Strzelaj" = schießen! Daß er von unserer Art zu jagen keine Ahnung hatte und auch nicht haben konnte, war mir klar, denn daß hier kaum auf Rehwild gejagt wurde, hatte uns schon Gründel gesagt. Etwa 20 Gänge kamen wir, durch Weidenbüsche gedeckt, näher an den Bock heran. Weiter ging es nicht, denn hier mußte wohl eine Senke verlaufen, die nicht zu überqueren war. Gelbliche Teichrosen, Laichkräuter und Wasserhahnenfuß zeigten mir mit aller Deutlichkeit tieferes Wasser an. Hinter einem Erlenbusch fanden wir Deckung. Als ich den Bock wieder lange in das Jagdglas nahm, wurde Stanek unruhig. Ich versuchte, ihm durch Zeichen klarzumachen, daß ich doch nicht auf einen sitzenden Bock schießen könnte, aber dies verstand er nicht, und mein kleines deutsch-polnisches Wörterbuch konnte ich in solcher Situation nicht zu Hilfe nehmen, denn, wenn der Bock hoch wurde, mußte es knallen, sollte er nicht gleich wieder in der guten Deckung verschwunden sein.

Meinen Drilling, Kal. 16–7/57R, hatte ich auf 100 m eingeschossen und das Zielfernrohr dementsprechend eingestellt. Das H-Mantelgeschoß mit Bleispitze würde bei 3,1 g Pulverladung auf 200 m etwa 15 cm zu tief sitzen. Das wußte ich, denn als Wildmeister hatte ich zum Einschießen der verschiedensten Waffen der Jagdgäste Gelegenheit genug. Ich wußte auch aus Erfahrung, daß in der Regel die Entfernung zu sitzendem oder versteckt stehendem Wild zu weit geschätzt wird, also mußte es hier richtig sein, hochblatt anzufassen.

Stanek wurde noch auf eine harte Geduldsprobe gestellt. Endlich aber wurde der Bock hoch, dehnte und streckte sich, demnach mußte er lange hier gesessen haben. Als er breit stand, verschwand er bei gutem Kugelschlag im Ried. Angestrichen an meinen Zielstock, den ich schon des trügerischen Sumpfes wegen zum Vorfühlen immer bei mir haben mußte, war ich wie gewollt abgekommen. Jetzt mußte Stanek in Aktion treten, denn ich wußte nicht, wie wir über den breiten Graben zu dem Bock kommen sollten. Ich hatte mir die Stelle, an der der Bock zusammengebrochen war, an einer Zwillingsbirke gemerkt.

Gegen 300 m mochten wir uns schon an dem Graben entlanggetastet haben, bis wir vor zwei über dem Wasser liegenden glatten und glitschigen Stämmen standen, zu deren Überschreitung schon einige Geschicklichkeit gehörte. Stanek gab mir noch seinen langen Stab, und mit Stützen in jeder Hand und dem über den Rücken gehängten Drilling kam ich auch gut hinüber. Stanek trug die hier übliche, aus junger Weidenrinde geflochtene Fußbekleidung, die für solche Zwecke sicher besser geeignet war als meine langschäftigen Lederstiefel. Als wir an der Zwillingsbirke angelangt waren, gab ich ein Zeichen, daß hier der Bock liegen müsse. Stanek aber schüttelte den Kopf und ging weiter; nach etwa 50 Schritten stand tatsächlich noch eine ähnliche Birke, und hier lag auch der verendete Bock!

Nur zu deutlich erkannte ich die Überlegenheit des Naturmenschen; vielleicht mochte auch die Revierkenntnis hierbei eine Rolle spielen. An der ersten Zwillingsbirke hätte ich lange vergeblich nach dem Anschuß suchen können. Hier bekam ich erst den richtigen Begriff, was werden sollte, wenn der Bock nach dem Schuß noch 60 bis 80 m geflüchtet wäre. Strauchweiden, Schilfrohr, Faulbaumbüsche und Brombeerranken waren so miteinander verfilzt, daß ein Durchkommen sehr schwer war. Ein guter Totverbeller würde in dieser Wildnis durch nichts zu ersetzen sein.

Der Bock, ein hoher Spießer mit sehr starken Rosen und gut geperlten Stangen, war an Wildpret viel stärker als unsere alten oberschlesischen Böcke. Er war etwa sechsjährig, also konnte von einem Zurücksetzen wegen Überalterung noch nicht die Rede sein. Sehr sorgfältig brach ich ihn auf und fand bald die Ursache: Leberegel! Ich wollte die Leber gleich im Sumpf verschwinden lassen, aber der Heger wollte sie haben, und so kam sie mit dem Geräusch in die Hegerei. Inzwischen war die Dunkelheit hereingebrochen, und der Bock wurde in der luftigen, kühlen Scheune neben den beiden Böcken von Wild aufgehängt.

Am nächsten Tag, einem Sonntag, sollte nach Pleßer Brauch nicht gejagt werden. Wir wollten die Zeit mit Photographieren, Abschlagen und Abkochen der Gehörne sowie Verteilung des Wildprets ausnutzen.

Bis jetzt konnten wir mit unserer Reise nach Ostpolen sehr zufrieden sein, die Heger waren es auch. Hatten doch allein die Aufbrüche der drei Böcke eine gute Abwechslung in die fleischlose Zeit der Hegerfamilien gebracht! Am Vormittag war ich gerade dabei, von Wild und seinen beiden Böcken eine Aufnahme zu machen. Mit einer einfachen Plattenkamera, die auf einem Stativ befestigt war, ließen sich gute Zeitaufnahmen machen. Zur scharfen Einstellung hatte ich gerade ein schwarzes Tuch über den Kopf gezogen, als ich hinter mir die Worte hörte: „Scheene Bäcke!"

Sofort ließ ich das Tuch fallen und fragte ganz erstaunt: „Wo haben Sie eigentlich deutsch gelernt?"

„Warum sollte ich nicht kennen daitsch, bin ich doch gewesen acht Jahre in Berliner Holzkontor!"

Darauf belehrte mich Wild: „Sehen Sie das nicht, das ist doch ein Jude, die können hier alle deutsch."

„Freilich bin ich äh Jud, Eisenberg is mein Name."

„Sie kommen mir wie gerufen, Herr Eisenberg", sagte ich, „wenn mein Kollege Wild nicht da ist, kann ich mich mit niemand verständigen, da werden Sie mir doch sicher helfen?"

Er verneigte sich zustimmend und fragte dann sofort:

„Werden die Herren nicht verkaufen die Bäcke?"

„Das kommt darauf an, was Sie bezahlen werden!" sagte Wild.

„Es sein hier schlächte Zeiten, die Laite haben nich die Meglichkeit zu verdienen einige Zloty, und die Juden kennen sie nicht kaifen, weil sie sind nicht koscher. Ich werde machen hechsten Preis: 6 Zloty (= 3,– Mark)!" Und als er unsere Mienen sah, schaltete er sofort und sagte: „Nicht für alle, für einen!"

„Herr Eisenberg", sagte ich, „Sie sollen an uns nicht noch Geld verlieren. Wir haben hier bei unseren Leuten Verpflichtungen, wir werden nicht verkaufen."

„Auch gut", sagte er, „aber wenn Sie werden mich brauchen, stehe immer zu Gefallen."

„Waren Sie in Berlin, Herr Eisenberg?" fragte ich.

„War ich nicht in Berlin, aber war ich in Schneidemühl gefangen als Soldat. Eisenberg, sagte Pan Hauptmann, du kannst gehen in Stadt und kaufen, was brauchen Kameraden, aber immer pünktlich zurück! Und bin ich gegangen und habe gekaift, und alle waren zufrieden. Es war äh scheener Mann, äh feiner Mann, der Herr Hauptmann, und ich hatte auch mein Geld."

Bei Iwan bezog Eisenberg Quartier. Er hatte Arbeiter in dieser Gegend, die Eichen-Faßdauben für deutsche und englische Firmen anfertigten. Schon am nächsten Tage erzählte er mir, daß er beim Holzhandel schon sehr weit in der Welt herumgekommen sei, sogar bis an die Küsten des Eismeeres. Dort hatte ihm und den Arbeitern ein Bär eine Rinderkeule, den ganzen Fleischvorrat einer Woche, von der Hüttenwand geraubt. Ein beherzter Arbeiter war dem Bär dicht auf gefolgt und hatte ihm die Axt in den Rücken geschlagen. Der Bär hatte das Fleisch wohl fallen lassen, war aber mit der Axt geflüchtet. „Und wissen Sie, was is dort äh Mann ohne Axt? Ein toter Mann ist er!" Damit schloß er seine Erzählung.

Mich interessierten mehr das Leben und die Bräuche der Menschen in den Rokitnosümpfen. Auch hierüber wußte er gut Bescheid: Die Armut war groß, die Lebensmittel waren oft knapp und der Winter lang, schneereich und sehr kalt. Alle schwachen Kinder starben früh, und nur die härtesten, gesündesten blieben am Leben, genauso wie bei allem hier vorkommenden Wild. Als sein Blick dann auf meine Lederstiefel fiel, meinte Eisenberg:

„Zu was brauchen Sie hier solche buty (Stiefel)? Wasser und Schlamm kommt rein immer, und wie kommt 'raus? Sie müssen legen sich auf Rücken und halten Fußen hoch und dann looft alles in Hosen, wo nicht soll, und Sie verkühlen sich. Ich werden machen Ihnen ‚lapczy', wie tragen hier alle, und werden Sie sein sehr zufrieden." Meine Befürchtungen, daß ich mich mit dieser Art Fußbekleidung erkälten und krank werden würde, ließ er nicht gelten.

Lapczy werden aus junger Weidenrinde hergestellt. Sobald sich diese im Frühjahr vom Holz löst, werden daraus Bänder geschnitten und zu sandalenähnlicher Fußbekleidung geflochten. Über den Fußknöcheln wird dieses Geflecht mit gleichen Rindenbändern so fest gebunden, daß es nicht im Sumpf steckenbleiben kann.

Wie unangenehm es war, wenn man die Stiefel von oben voll bekam, hatte ich schon erfahren, daher ging ich auch auf den Vorschlag von Eisenberg ein. Nasse Füße hatte man mit dieser Art Fußbekleidung immer, aber daran sollte man sich bald gewöhnen und bei der Sommerwärme war dies auch gar nicht unangenehm. Leider konnte ich in diesem Rindengeflecht aber nicht laufen. Schon am ersten Tag waren die Füße trotz Einlegesohlen so wund, daß ich am Abend nicht mehr auftreten konnte. Die Langschäfter mußten also künftig wieder ihren Dienst tun.

Stanek hatte mir, ohne daß die anderen davon wußten, es wohl auch nicht wissen sollten, die Abwurfstange eines Bockes gezeigt, die mich in Erstaunen versetzte. Da ich mich aber trotz des Wörterbuches nicht soweit verständigen konnte, wann und wo der Abwurf gefunden wurde, mußte Wild einspringen: Es sollte sehr weit und schwierig sein, zum Fundort zu gelangen. Vier Stunden würden wir benötigen und, da ich einer überstandenen Thrombose und Lungenembolie wegen nicht gut zu Fuß war, würden wir dort einige Tage bleiben und auch im Freien übernachten müssen. Das schreckte mich aber nicht ab. Da Eisenberg noch Speck, Zigaretten und Wodka besorgen wollte, konnte der Abmarsch erst am übernächsten Tage erfolgen.

Während der dazwischen liegenden Zeit pürschten wir nicht viel umher. Am Nachmittag saß ich wieder an der Abtriebsfläche des ersten Jagdtages. Gegen Mücken, Blindfliegen und Rinderbremsen war ich jetzt besser geschützt. Über den Rockkragen hatte ich ein dünnes Tuch gebunden, das bis unter die Hutkrempe reichte, die Hände schützten Handschuhe, und die Rockärmel waren zugebunden. Die Zigarette durfte trotzdem nicht ausgehen. Alles Pürschen und Ansitzen blieb jedoch vergeblich, nicht ein Stück Rehwild bekam ich zu sehen. Um so mehr Erfolg erhoffte ich von unserem kommenden Vorhaben.

Wir hatten uns vorgenommen, früh am Morgen aufzubrechen, aber Eisenberg war noch nicht vom Einkauf zurück; er mochte einen weiten Weg zurückzulegen haben. Frau Stanek mußte auch noch Brot backen, Kornkaffee mahlen und Eier kochen. Aber was bedeutete hier schon ein verlorener Tag? Gar nichts! Trotz dieser kleinen Unzulänglichkeiten konnten wir gegen 14 Uhr aufbrechen.

Stanek trug den schweren Rucksack mit Lebensmitteln und einer Decke für mich zum Übernachten mit einer Leichtigkeit, um die ich ihn beneidete. Ich hatte mir den Drilling über den Rücken gehängt und den Sitzstock am Gürtel befestigt, so daß ich jede Hand für einen Fühl- und Stützstab frei hatte, die auch als Zielstöcke dienen konnten.

Der Weg war weit und schwierig. Lange Strecken balancierten wir über voreinander gelegte Stangen. An besonders unübersichtlichen Stellen lagen Birkenstangen; die helle Rinde zeigte deutlich den gefahrvollen Untergrund an. Dieser Pürschsteig war nicht etwa für uns angelegt worden, sondern er führte zu dem Kahlschlag, auf dem die Holzschläger die Abwurfstange gefunden hatten.

Die überall eng anliegende Kleidung verursachte natürlich starkes Transpirieren des ganzen Körpers und bei der herrschenden Wärme ein entsprechendes Durstgefühl. Stanek führte mich jedoch sicher zu einer Quelle, die mit Holz eingefaßt und einem Holzdeckel versehen war. Ein Trinkgefäß aus Birkenrinde war unter dem Deckel befestigt. Wo mochte hier im Sumpfgebiet solch klares Wasser herkommen? Jedenfalls war es eine köstliche Labe! Die Landschaft sah hier auch etwas anders aus. Auf Flächen von ein bis fünf Hektar war Heu geerntet und in großen Diemen, die auf Stelzen etwa 1 m über dem Sumpfboden standen, gestapelt worden.

Auf einer solchen übersichtlichen Sumpfwiese gab mir Stanek das Zeichen, mich auf meinen Jagdstock zu setzen und zu warten, bis er wiederkäme. Das war mir nach drei Stunden Marsch mit Tasten und Gleiten auf Stangen sehr recht, denn meine Beine waren steif und schwer geworden. Am Rande einer kleinen Buschinsel setzte ich mich so an, daß ich die große Wiese vor mir hatte. Hier konnte ich in Ruhe blatten, denn die Böcke mußten schon in der Brunft sein. Nach einem Buchenblatt brauchte ich hier nicht Umschau zu halten, denn östlich der Linie Königsberg–Warschau kommt die frostempfindliche Rotbuche nicht mehr vor und wird durch die frostharte Weißbuche ersetzt. So hatte ich es gelernt, und so war es auch. Die Blätter der Weißbuche eignen sich nicht zum Blatten, sie sind rauh und an den Rändern doppelt gesägt. Ich war aber überzeugt, daß ich andere geeignete Blätter finden würde, und ich brauchte mich auch nur von meinem Jagdstock zu erheben und umzudrehen, da hatte ich Faulbaumblätter (auch Pulverholz genannt) in Hülle und Fülle. Doch was leuchtete da so hell aus dem Strauchwerk hervor? Ein Bock hatte hier sein Revier abgegrenzt, geplätzt und Faulbaum und Erlen derart zerschlagen, daß die Rindenfetzen herunterhingen oder am Boden lagen. Das war ein erfreuliches Zeichen!

Wieder setzte ich mich auf die Stelle, an der ich Stanek erwarten sollte.

Zunächst mußte ich den Mücken ein Rauchopfer bringen, denn sie waren sehr aufdringlich. Der Rauch würde mir auch jeden Luftzug angeben, obgleich es meinem Empfinden nach windstill war. Nach etwa zehn Minuten gab ich die ersten Fieptöne von mir, weich und sehnsüchtig, aber doch voll und kräftig wie der Ruf der begehrenden Ricken. Gerade wollte ich das Blatt wieder an die Lippen führen, da zog aus den hohen Riedgräsern ein Bock auf die vor mir liegende mit wenigen Büschen bestockte Wiese direkt auf mich zu, verhoffte etwa 100 m vor mir und äugte nach allen Seiten. Längst hatte ich das Jagdglas vor den Augen und erfaßte schnell das gesamte Erscheinungsbild: sehr hohes, gut verecktes Gehörn, aber dünne Stangen, deutlich abgegrenzter Nasenfleck, langer Hals, schlanke kräftige Figur, Alter höchstens drei Jahre. Solchen Zukunftsbock wollte ich doch nicht schießen! Er hätte längst im Gras verendet sein können. Er zog schnell noch näher, schlug plötzlich um und sprang laut schreckend ab. Ich hatte ganz vergessen, daß ich mich in der Wildnis, in der Fremde befand, in die ich nie mehr zurückkehren würde, aber Erziehung, Erfahrung und Brauch waren mir so ans Herz gewachsen, daß ich gar nicht an Schießen auf einen Zukunftsbock gedacht hatte, und das war gut so.

Es dauerte lange, bis der Heger kam, und als ich ihm mein Erlebnis klarzumachen versuchte, hatte er dafür kein Verständnis. Das war vorauszusehen. Es dämmerte schon, als wir ans Ziel kamen, eine wüste Fläche, auf der noch die Wurzelteller vom Sturm geworfener starker Fichten gen Himmel ragten. Dazwischen wucherten Gräser und Sträucher, Weidenröschen, Fingerhut, Königskerzen u. a. Eine Gruppe starker Fichten war vom Sturm verschont geblieben. Zwischen zwei der stärksten Stämme hatten die Holzfäller ihr Lager gehabt. Mit viel Geschick – ohne einen Nagel zu verwenden – hatten sie mit Fichtenstangen und Fichtenreisig nach Norden eine dachähnliche Konstruktion errichtet und mit Weidenruten und anderen dünnen Reisern so verflochten, daß man von dieser Richtung her gegen jedes Unwetter geschützt war. Nach Süden war dieses – man konnte wohl sagen – halbe Spitzdach völlig offen. Etwa 2 m vor der offenen Südseite lag parallel hierzu eine halbvermoderte sehr starke Esche, die einem im Liegen jede Sicht nahm, aber doch, wie sich bald zeigen sollte, äußerst wichtig war.

Stanek hatte in der kurzen Zeit, in der er sich von mir getrennt hatte, ganze Arbeit geleistet. Die schräge Schutzwand war mit frischen Fichtenzweigen ausgebessert, das alte, faulende Lagerheu entfernt und durch frisches von den Heustadeln ersetzt worden. Dabei hatte er wohl den jetzigen Bewohnern ihre Schutzdecke entzogen, denn eine dicke Erdkröte und zwei Sumpfsalamander verschwanden bei meinem Erscheinen langsam und schwerfällig in dem Unkraut vor der Hütte, nicht gerade zu meiner Erbauung. Das gab mir zu denken, und mit Hilfe des Wörterbuches versuchte ich zu erforschen, ob es hier auch Giftschlangen, Ratten, Mäuse, Ameisen oder ähnliches Ungeziefer gäbe. Aber Stanek versicherte immer wieder: „Nic a nic" = nichts und gar nichts. Danach mußte dies hier der sicherste Platz im ganzen Sumpfgebiet sein. Vorläufig wurde ich die Sorge, wie ich mich in der Nacht vor den summenden Mückenschwärmen würde schützen können, nicht los, ahnte aber noch nicht, daß es hier auch noch andere Plagegeister gab.

Stanek hatte hinter dem morschen Eschenstamm ein Feuer angezündet. Steine, auf die er das Kochgeschirr mit dem klaren Quellwasser stellen konnte, waren aus der Herdstätte der Waldarbeiter noch vorhanden. Schnell war der Kaffee fertig, und ein Stück Brot mit Speck schmeckte besser als sonst ein Nachtmahl. Nach dem Essen traten wir noch Gras und Kräuter herunter, um darunter vielleicht befindliche Störenfriede zu vertreiben. Dann legte Stanek ein Schwelfeuer an. Der Rauch stieg hinter dem Eschenstamm hoch und zog direkt über unsere Schlafstätte und vertrieb alle fliegenden Blutsauger. „Unsere" Schlafstätte stimmt allerdings nicht, denn trotz mehrfacher Aufforderung war Stanek nicht dazu zu bewegen, zu mir in das frische Heu zu kommen. Aus seinen Ausführungen und Gebärden konnte ich schließen, daß es sich für ihn nicht schicke, mit dem Pan zusammen zu schlafen. Er schob sich hinter einer starken Fichte zwischen zwei großen Tagwurzeln wie ein Keiler ein und deckte sich mit seiner Leinenjacke so gut wie möglich zu.

Trotz großer Müdigkeit konnte ich nicht gleich einschlafen. Das Heu gab einen eigenartigen, mir unbekannten Geruch von sich und war hart und scharfkantig. Unser Vieh daheim würde so etwas nicht fressen. Im Kriege hatten wir es allerdings auch erlebt, daß die Pferde in der Not das Stroh alter, verrotteter Dächer gefressen hatten.

Ich glaubte nur etwas geschlafen zu haben, da merkte ich, daß Stanek dem Rauchfeuer neue Nahrung gab. Sogleich verschwand er, um Kaffeewasser zu holen. Mit meinem Schlaf war es aber auch vorbei. Am ganzen Körper fühlte ich ein Jucken und Brennen, das nicht auszuhalten war. Das mußte wohl vom frischen Heu kommen. Als es hell wurde, hatte Stanek den Kaffee fertig. Ich kroch von meinem Lager, setzte mich auf den Eschenstamm und zog mein Hemd aus. Was war denn das? Holzböcke über Holzböcke (Zecken), größere und kleinere, hatten sich an den verschiedensten Körperteilen festgesogen. Ich rief Stanek herbei, der sah sich die Bescherung an und sagte: „Nie szjodzi" = das schadet nichts.

Vom Frühlingstaumel erfaßt: der kleine Hahn im Flattersprung, der Urhahn weltentrückt während der Bodenbalz.

Dann nahm er etwas Salz in die Hand, befeuchtete es mit ein wenig Wasser, tauchte einen Finger in die Sole, betupfte damit die Holzböcke und rieb dann einen nach dem andern, immer in einer Richtung kreisend, aus der Haut heraus. Danach nahm er noch etwas von dem starken Schnaps, den wir bisher noch nicht angerührt hatten, und rieb mich damit ein. Frisch und munter tranken wir unseren Kaffee, der das Aussehen von Moorwasser hatte. Brot und zwei Eier für jeden würden für eine lange Orientierungspürsch ausreichen.

Wenn im Vorjahr in diesem Windwurfgelände noch ein leidlicher Überblick möglich gewesen war, dann war jetzt alles mit Gräsern, Stauden und Sträuchern derart verwachsen, daß Pürschen zu keinem Erfolg führen konnte, denn nur auf kurze Entfernung wäre ein Reh momentweise zu sehen gewesen. Stanek führte mich auch bald in anderes Gelände. Unter vereinzelt stehenden Erlen, Birken und Kiefern war die Sicht durch Bodenbewuchs zwar auch begrenzt, aber es gab doch verschiedentlich Stellen, die Einblick gestatteten. Hier setzte ich mich auf meinen Jagdstock und begann in gewohnter Weise zu blatten, zuerst wenige Töne, zart und leise, dann nach langer Pause lauter, und zuletzt ging ich gar zu dem von mir wenig geschätzten Angstgeschrei über. Nichts! Stanek, der hinter mir saß, mochte an meine Zauberkünste nicht glauben, er machte mir durch Reden und Zeichen verständlich, daß er mir die Rehe zudrücken würde. An den Erfolg solchen Unternehmens konnte wiederum ich nicht glauben, aber zu verderben war hier nichts. Stanek mochte kaum zehn Minuten fort sein, da hörte ich ihn rufen, verstand aber nichts. Sogleich schreckte mit tiefer Stimme ein Reh, dessen Laute sich in anderer Richtung verloren. Ob es sich um Bock oder Ricke handelte, hätte wohl niemand entscheiden können. Stanek kam und sagte nur: „Sarna" = Ricke

Wieder wechselten wir unseren Standort und pürschten in die Gegend vereinzelt gemähter Wiesen. Kaum hatten wir die Deckung verlassen, da sprangen zwei Rehe auf etwa 300 m ab; ich hatte nicht einmal das Jagdglas an die Augen bekommen. Stanek sagte: „Sarna i Rogacz" = Ricke und Bock. Und noch einmal bekamen wir die Umrisse flüchtender Rehe zu sehen, wieder auf große Entfernung. Alles Blatten blieb erfolglos.

Zum Mittagessen genehmigten wir uns einen Schnaps, der paßte zu Brot und Speck besser als zu hart gekochten Eiern. Unter einer dichtbelaubten Weißbuche schliefen wir ruhig und ungestört, bis wir uns gegen 16 Uhr wieder auf den Weg zum Ansitzen machten. Auf der Windwurffläche erkletterte ich das hochstehende Wurzelwerk eines Windwurftellers und richtete mich hier so gut wie möglich zum Ansitz ein. Stanek saß etwas unter mir. Drei Meter über dem Boden hatte ich doch mehr Einblick in diese Wildnis. Hier war die kapitale Stange eines Bockes gefunden worden, und hier erhoffte ich auch ungewöhnliches Waidmannsheil. Nach geduldigem Warten und vorsichtigem Blatten hielt ich so lange aus, bis ich meine Glieder kaum noch bewegen konnte. Dann baumten wir ab und suchten uns möglichst weit entfernt einen anderen geeigneten Platz zum Blatten. Nichts! Kein Fiepen der getriebenen Ricke und auch kein Keuchen des treibenden Bockes!

Als die Abenddämmerung einsetzte, traten wir den Heimweg an. Ganz unerwartet setzte jetzt ein lebhafter Schnepfenstrich ein. Ich nahm die Schrotpatronen mit dem groben Hagel aus den Läufen meines Drillings und ersetzte sie durch 3-mm-Entenschrote. Es bedurfte keiner besonderen Schießfertigkeit, um die laut streichenden und langsam wie Eulen ankommenden, anscheinend jungen Schnepfen zu erlegen. Drei Stück holte ich kurz hintereinander herunter, und Stanek brachte sie alle aus dem dichten Gestrüpp. Sie würden morgen ein delikates Mittagessen geben und unsere Speckration verlängern helfen.

Das blutsaugende Geschmeiß wurde gegen Abend besonders lästig. Als wir nach dem Abendessen noch auf dem Eschenstamm saßen, blitzte es in weiter Ferne.

In den wenigen Tagen hatte ich in fremdsprachiger Umgebung mehr polnische Sprachbrocken gelernt als in den 26 Jahren in Oberschlesien. Mit Worten, Zeichen und Gebärden entspann sich nun folgender Dialog:

„Es blitzt, es wird ein Gewitter geben."

Stanek sagte: „Tak" = Ja.

„Es wird auch Regen fallen."

„Tak".

„Ein Gewittersturm kann die paar hohen Fichten, die uns Schutz bieten, auch noch werfen!"

Stanek nickte zustimmend und sagte: „Tak".

Das waren ja schöne Aussichten! Aber umquartieren konnten wir uns nicht mehr, und sehr schlimm brauchte es auch nicht zu kommen, denn „Wetterleuchten tut es öfter, selten schlägt der Blitz nur ein". Die etwa 8ojährigen Fichten zeigten auch keinen Blitzeinschlag.

Stanek hatte mein Angebot, zu mir ins Heu zu kommen, wieder abgelehnt, und da wir beide keine ängstlichen Naturen waren, konnten wir in Ruhe abwarten, was da kommen würde. Ich hatte mich noch mit Schnaps eingerieben, um die lästigen Holzböcke zu vergrämen; für die Vertreibung fliegender Blutsauger sorgte das wohl vorbereitete und gut genährte, schwelende Rauchfeuer.

Von Müdigkeit übermannt, schliefen wir bald ein. Ich vernahm aber noch das ferne Grollen des Donners und bemerkte auch, daß es regnete. Erst ein alles erschütternder Donnerschlag ließ mich hellwach werden. Ein orkanartiger Sturm brauste und zischte durch die Baumkronen, und mit Schrecken bemerkte ich, daß sich der Waldboden mitsamt der Schutzhütte sehr stark hob und senkte. Schnell sprang ich ins Freie, denn schon im nächsten Augenblick konnten die flach wurzelnden, hohen, starken Fichten ein Opfer des Sturmes werden und ihre mächtigen Wurzelteller gen Himmel strecken. Stanek war auch aus seinem Lager zwischen den Fichtenwurzeln hoch geworden, und wir fanden Schutz in einem jungen Fichtenanflughorst. Als aber dann ein sehr starker Regen einsetzte und unsere Fichten immer noch standen, suchten wir doch Schutz unter unserem Dach. Zwar hob und senkte sich der Boden in weitem Umkreis nach wie vor, aber Stanek sagte wieder: „Nie szkodzi!" = das schadet nichts.

Als sich das Unwetter ausgetobt hatte, nahm Stanek das Kochgeschirr, um Wasser für den Kaffee zu holen. Ich war wieder eingeschlafen und erwachte erst, als er einen Arm voll Holz neben das jetzt erloschene Feuer warf. Sofort schreckte rauh und hart vor uns ein Reh. Stanek war schnell bei mir und sagte: „Rogacz!" = Rehbock. In Eile ergriff ich Drilling und Jagdglas und versuchte, den Schrecklauten näher zu kommen, die sich jedoch in dem schwer überwindlichen Windwurfschlag weiter entfernten und bald ganz aufhörten. Stanek war mir auf den Fersen geblieben und, da ich jetzt unschlüssig stehenblieb, führte er mich zu einer Stelle, die mehr Übersicht bot. Den Waldarbeitern war hier beim Abkochen des Essens das Feuer „fortgelaufen" und hatte alles gefressen, was leicht brennbar war. Weidenröschen hatten sich sofort nach dem Brand angesiedelt. Als wir uns auf einen kleinen Erdhügel stellten, hatten wir leidliche Einsicht in den jetzt von der aufgehenden Sonne beleuchteten purpurroten Blütenflor.

Vergebens blickte ich mich nach glattrandigen, zum Blatten geeigneten Blättern um, aber mit denen des Weidenröschens mußte es auch gehen. Sollte es ein Bock ohne Anhang gewesen sein, der geschreckt hatte, dann müßte es mir doch gelingen, ihn in Sichtweite zu bringen! Zart und leise begann ich mit dem Fiepen, wurde nach einer Weile lauter und aufdringlicher, und als sich nach einer halben Stunde immer noch nichts gezeigt hatte, tat ich das, was mit dem Lockton der Rehe in der Brunftzeit eigentlich nichts zu tun hat: Ich ging zum Angstgeschrei über.

Da stieß mich Stanek an und deutete mit dem Kopf nach halbrechts. Dort bewegten sich die Weidenröschen, und schon stand mit den Pranten der Vorderläufe auf einem alten vermoderten Stamm ein – Luchs! Stanek flüsterte mir ins Ohr: „Strzelaj, strzelaj!" = schießen, schießen! Ich aber hob vorsichtig das Jagdglas und betrachtete das herrliche Raubtier, das sich mir groß und in nie geahnter Schönheit vorstellte. Der Luchs äugte uns auf etwa 40 m an und schien gar keine Furcht vor Menschen zu haben, glitt aber dann doch von dem Stamm, verschwand in den Weidenröschen, tauchte noch einmal auf und schnürte über eine kleine Blöße, wo ich ihn auch von der Breitseite in seinem grauroten, mit dunklen Flecken gezierten Sommerbalg und seiner kurzen Rute bewundern konnte. Jetzt erst bemerkte ich, daß ich sehr erregt war und meine Hände zitterten (Stanek hatte dies als Angst vor dem Raubtier gedeutet, wie ich später erfuhr!). Überglücklich über solchen Anblick, der wohl nur wenigen Jägern vergönnt sein dürfte, begab ich mich mit Stanek zu unserem Lager zurück. Mir war gar nicht der Gedanke gekommen, auf dieses prächtige, katzenartige Raubtier zu schießen. Stanek dagegen war sehr verstimmt und schien die Lust verloren zu haben, mit solchem Jäger noch weiter zu jagen.

Nach dem Frühstück trockneten wir unsere Sachen vom nächtlichen Regen und der nassen Frühpürsch am Feuer. Dann machten wir uns an das Rupfen der Schnepfen. Stanek wollte sie im Kochgeschirr kochen. Ich bestand aber darauf, daß sie über der Glut auf Holzspieße gesteckt gegrillt wurden. Nachdem sie leicht gesalzen und mit Speckstücken versehen worden waren, glückte uns dies auch sehr gut; es wurden köstliche Leckerbissen.

Mit einer Schnepfe wollte ich mich begnügen und Stanek zwei zukommen lassen, der lehnte dies aber ab, und so wurde die dritte redlich geteilt. Während der Tage, an denen wir in einsamster Wildnis zusammen hausten, hatte ich den Eindruck gewonnen, daß der Heger ein grundanständiger Mann war, der mich mütterlich betreute.

Am Nachmittag machten wir einen weiten Ausflug bis zum Oginski-Kanal. Wieder sprangen gegen Abend auf etwa 300 m zwei Rehe ab, ohne daß wir feststellen konnten, ob ein Bock dabei gewesen war. Auf den sandigen Stellen am Kanal waren Wolfsspuren keine Seltenheit. Sollten etwa die Wölfe der Anlaß zum Abspringen der Rehe auf so große Entfernungen sein, indem sie vor jedem großen Lebewesen sofort flüchteten? Menschen kamen in diese entlegene Gegend doch kaum, denn zur Sommerzeit wagte sich außer den Forstleuten kein Jäger in diese von Mücken verseuchte Landschaft. Wenn im Winter gelegentlich der Jagden auf Sauen oder Wölfe auch mal ein Reh zur Strecke kam, dann konnte dies keinen Einfluß auf die große Ängstlichkeit der Rehe haben!

Der vierte Jagdtag in unserem Lagerleben war angebrochen, und wir mußten feststellen, daß unsere Rechnung bezüglich der mitgenommenen Lebensmittel nicht aufgegangen war. Wir hatten damit gerechnet, bald einen Bock zu erlegen. Dann hätten wir uns die besten Stücke nach Belieben zubereiten und den Rest den Arbeitern, die hier in der Gegend für den Händler Eisenberg Holz für Faßdauben aufarbeiten sollten, geben können. So aber war Schmalhans Küchenmeister geworden, und Stanek machte sich auf, um wenigstens etwas Brot und Kaffee zu besorgen. Ich sollte auf alle Fälle etwas schießen. Aber als Stanek am Nachmittag zurückkam, saß ich mit leeren Händen da. Eines kapitalen Bockes wegen waren wir doch hergekommen, und ich hatte alles versucht, ihn wenigstens zu Gesicht zu bekommen. Vergebens! Stanek brachte nur ein Stück dunkles Brot und etwas Schüttboden-Kaffee mit. Vielleicht würde uns die Abendpürsch doch noch Erfolg bringen. Als dies aber nicht der Fall war, beschlossen wir, am nächsten Morgen zur Hegerei zurückzupürschen und den ganzen Tag hierfür auszunutzen.

Stanek sagte, er kenne einen Bock „bardzo wielki i tłusty" = sehr groß und fett. Er hätte aber nur kleine „Hörner". Daraufhin wollte ich ihm verständlich machen, daß es mir nicht um „groß und fett" ginge, meinetwegen könnte der Bock so groß wie ein Hase sein, die Hauptsache wäre, er hätte große „Hörner". Darauf lächelte er nur geringschätzig und gab mir zu verstehen, daß dies nicht möglich sei.

Als nochmals ein Reh, anscheinend ein starker Bock, sehr weit von uns absprang, kam ich zu dem Entschluß, das Fernrohr auf dem Drilling auf 150 m Fleckschuß umzustellen; denn mit dem Entfernungschätzen in solchem Gelände und dem Höher- oder Tieferhalten bei eiligen Schüssen klappt es nicht immer so, wie man es möchte. Ich hatte mit der Umstellung Glück, denn schon der erste Schuß auf eine starke Kiefer saß auf abgeschrittene 150 m nur drei Finger breit rechts neben dem Ziel, einer angesteckten Postkarte.

Stanek brachte mich am Nachmittag tatsächlich noch an den „großen, fetten" Bock, aber das war nur ein ungewöhnlich starker Jährling mit lauscherhohen Spießen und dem bunten Kindergesicht. Als ich den Schuß auf ihn ablehnte, meinte Stanek: „Gut, dann kann ihn der Herr Forstmeister schießen, solcher Bock schmeckt doch am besten!"

Hungrig und durstig kamen wir am Abend in der Hegerei an. Als erster begrüßte mich Kollege Wild, deutete auf meinen Hut und fragte: „Wo ist der Bruch, wo ist der Bock?" Kurz erzählte ich ihm, daß ich trotz aller Mühen auf einen Bock nicht zu Schuß gekommen sei.

Wild hatte während unserer Abwesenheit noch einen starken Sechserbock geschossen, dessen Gehörn gegen 300 g wiegen mochte. Auch ich konnte gleich, nachdem Eisenberg uns verlassen hatte, einen alten Gabler in der Nähe des Osinski-Kanals strecken, dessen Lungenränder auf Lungenwurmbefall hinwiesen. Gegen Abend entdeckte Stanek zwei Wölfe, die über eine Sandbank jenseits des Kanals schnürten. Sofort forderte er mich wieder zum Schuß auf, aber die Entfernung betrug über 300 m. Daher betrachtete ich die Wölfe mit dem Jagdglas und sah, daß sie schnell im Röhricht verschwanden. Sofort suchten wir Deckung möglichst nahe am Kanal, und schon schickte ich das Angstgeschrei eines Rehes in die Abendstille. Viel schneller als erwartet hörten wir das Herannahen der flüchtigen Wölfe. Leider kamen sie aber nicht am Kanal, sondern im angrenzenden Gestrüpp von Weiden, Schilf und Rohr, so daß sie nur für Augenblick schemenhaft sichtbar wurden. Ein Kugelschuß war nicht anzubringen, und für einen Schrotschuß waren sie zu weit. Stanek war wieder sehr enttäuscht, daß ich nicht geschossen hatte; ich aber war zufrieden, meinem Grundsatz treu geblieben zu sein, keine Kugel ins Ungewisse zu schicken. Nach meinen bisherigen Erlebnissen wollte es mir auch nicht einleuchten, daß vom starken Raubwild eine so große Gefahr für einen Rehwildbestand ausgehen kann, wie vielfach behauptet wird; denn hier, wo noch Wolf und Luchs jagten, gab es Rehe genug.

Am nächsten Samstag führte mich Stanek wieder in einen anderen Revierteil. Auch hier gab es gemähte Riedgrasflächen. Das Heu, das in großen Diemen auf Stangenrosten etwa einen Meter über dem jetzt nur mäßig nassen Grund gestapelt war, konnte erst im Winter bei starkem Frost abgefahren werden. Eine kleine, etwa 0,25 ha große, mit Büschen und schwachen Laubbäumen bestockte Insel bot mir ein sehr erfreuliches Bild. Hier mußten sich zwei starke Böcke ins Gehege gekommen sein, denn einer hätte, nur um sein Revier zu begrenzen, nicht soviel zu plätzen und zu schlagen brauchen, wie es hier geschehen war. Von Holunder, Faulbaum, Weiden, Pappeln und Erlen leuchteten uns frische, helle Schlagstellen entgegen. Rindenfetzen hingen noch am Strauch oder lagen am Boden verstreut umher. Sogar Sumpfweiderich und Königskerze waren nicht verschont geblieben. Besonders günstig erschien mir diese Insel, weil sie trocken und verhältnismäßig übersichtlich war. Es gab Stellen, auf denen man auf 50 m leidliches Schußfeld hatte. Was tun? Wenn man das nicht gleich weiß, setzt man sich am besten an eine geeignet erscheinende Stelle und wartet der Dinge, die eigentlich kommen mußten.

Ich saß auf meinem Jagdstock und Stanek hinter mir am Boden. Es war kurz vor 16 Uhr. Eine Stunde mochten wir schon gesessen haben. Bei dem windstillen Wetter setzten uns die Mücken wieder arg zu. Plötzlich blockte, etwa 80 m vor uns, auf einer Heudieme, ein riesiger Adler auf, viel größer und plumper als die Stein- oder Goldadler, die ich auf dem Balkan genügend kennengelernt hatte. Der weiße Stoß und die unten unbefiederten Ständer (letztere sind allen auf dem Wasser jagenden Adlern eigen) ließen keinen Zweifel aufkommen, daß wir hier einen See-adler vor uns hatten. Stanek zischte hinter mir wieder: „Strzelaj, strze-laj!" = schießen, schießen! Aber unseren größten Adler zu töten und ihn dann hier verludern zu lassen, lehnte ich so energisch ab, daß der Adler uns bemerkte und abstrich. Stanek war über mein Verhalten entrüstet.

Still, nur rauchend und die Mücken abwehrend, saßen wir noch etwa eine halbe Stunde, dann setzte ich Stanek an der übersichtlichen Sumpf-wiese an und begab mich auf unsern bisherigen Stand, um zu blatten. Kaum hatte ich das Faulbaumblatt zum zweiten Male abgesetzt, da er-schien Stanek schnell und fast geräuschlos und deutete mit angewinkeltem Unterarm und drei erhobenen Fingern Stangenlänge und Endenzahl eines riesigen Rehbockgehörns an. Sehr schnell und so geräuschlos wie möglich pürschte ich auf die Wiese, aber diese war leer, und dumpf und grob schreckte, nur wenige Male, der Bock.

Mir schien jetzt jedes Blatten nicht nur erfolglos, sondern auch nach-teilig. So saßen wir dann noch eine halbe Stunde, jeder auf seinem Stand, und da sich bis dahin nichts ereignet hatte, ging ich zu Stanek und besah mir das Gelände von seiner Sicht aus. Die etwa 3 m hohe Heudieme, auf der der Seeadler aufgeblockt war, hatte es mir angetan. Hier mußte ich morgen vor Tau und Tag sitzen. Dann hatte ich die freie Wiese zur Lin-ken und anschließend den wilden Sumpf zur Rechten. Aber wie sollte ich auf die Dieme kommen? Stanek wußte sofort Rat. Er holte aus dem Be-stand eine lange starke Stange und lehnte sie an den Heuhaufen. Mit seiner Hilfe würde ich mich morgen früh an der Stange hochhanteln.

Die Nacht war für uns kurz; denn der Morgen dämmerte hier im Osten sehr früh. Schon um zwei Uhr saß ich auf meinem Hochsitz auf dem Heuhaufen und richtete mich auf einen langen Ansitz ein. Hierzu war es nötig, mich so weit in das Heu zu buddeln, daß ich nicht in voller Größe da oben zu sehen war. Eine starke Stange, die aus der Mitte der Dieme herausragte, gab mir sogar noch die Möglichkeit, bei weiten Schüs-sen anstreichen zu können. Stanek schickte ich etwa 400 m weiter. Dort war auch eine freie Fläche, die er beobachten sollte.

Zunächst wartete ich gutes Büchsenlicht ab und verhielt mich noch eine halbe Stunde ruhig. Unnatürliches Morgenlicht deutete kommenden Re-gen an. Da hörte ich hinter mir einen Bock ins Gestrüpp schlagen. War es der Starke von gestern abend, dann war er also nicht vergrämt; schade nur, daß ich heute nicht dort saß! Zu blatten getraute ich mich nicht, denn wenn der Bock gleich springen würde, hätte ich mich nicht so schnell nach rückwärts drehen können, weil meine Beine im Heu wie in einem Fußsack stecken. Als ich den Bock nochmals schlagen hörte, wagte ich eine Vierteldrehung, aber das sehr trockene, scharfkantige Riedgras raschelte so laut, daß mir angst und bange wurde. Meine Uhr zeigte schon den Beginn der fünften Stunde an, als ich die ersten zaghaften Töne der brunftigen Ricke auf dem Faulbaumblatt hören ließ. Nichts regte sich. Nach längerer Pause wollte ich gerade wieder blatten, da bewegten sich die etwa zwei Meter hohen Stengel einer Sumpfdistelstaude, nur etwa 60 m von mir entfernt. Fest richtete ich meinen Blick auf diese Stelle, fester faßte ich den Drilling, fest stand aber auch, daß ich aus einer völlig verdrehten Körperhaltung würde schießen müssen, wenn sich der Bock hier zeigen sollte. Da bewegten sich etwa zehn Meter weiter Weidenzweige und die Schußrichtung wurde schon etwas günstiger. Wenn der Bock diese Richtung beibehalten und über die lichteren Stellen ziehen würde, mußte ich ihn sehen. Da war er auch schon! Er verhoffte zwischen dicht stehenden Weidenbüschen, aber nur Haupt und Krone ragten aus dem Unterwuchs hervor. Mir verschlug es fast den Atem, denn zwischen den Lauschern war alles voll, und hell leuchteten die weißen Enden in der Morgensonne. Wieder war der Bock im Gestrüpp untergetaucht, doch etwas weiter leuchtete es gelbrot zwischen den Weiden auf. Noch einige Meter, dann mußte ich ihn auf einer schmalen Schluppe fassen können, und gleich darauf war auch die Kugel aus dem Lauf.

Wie nach einer übergroßen körperlichen Anstrengung sank ich ins Heu, aber mit einer unumstößlichen Gewißheit glaubte ich daran: Der Bock ist dein! Nach dem Schuß war er nach rechts abgesprungen, aber ich wußte, daß ich, obgleich ich freihändig und schnell hatte schießen müssen, gut abgekommen war.

Schneller als gedacht, war der Heger da. Mit Zeichen und viel Worten gab er mir zu verstehen, daß der Bock links von mir über die freie, gemähte Sumpfwiese geflüchtet sei. Das war nicht möglich. Vielleicht hatte der Bock eine Ricke bei sich gehabt, die ich nicht sehen konnte, denn das Benehmen des Bockes war nicht so, als ob er auf das Blatten zugestanden wäre. Ich blieb daher ruhig auf der Dieme und dirigierte Stanek an den Anschuß. Dort bannte ich ihn mit dem Zuruf: „Stoj!“ Bald stand ich neben ihm und fand auch sogleich hellroten, blasigen Lungenschweiß. Etwa 20 m konnten wir mit Mühe der Schweißfährte in diesem Dschungel folgen, dann war es aus. Beim letzten Schweiß knickte ich einige hochstehende Weidenäste und riß auch die Rinde ab, so daß das Holz weiß leuchtete und die Stelle deutlich sichtbar war.

Noch einmal ging es zum Anschuß zurück, aber trotz sorgfältiger Suche kamen wir keinen Schritt weiter als vorher. Die verschiedensten Strauchweidenarten waren ineinander verfilzt, dazwischen standen hohe Riedgräser, und Schilfrohr und lange Brombeerranken machten es fast unmöglich, in diese Wildnis einzudringen. Trotzdem arbeiteten wir uns Schritt für Schritt weiter, immer nach rechts haltend, weil ich annahm, daß der Bock dahin geflüchtet war, woher er gekommen war. Wir fanden nichts. Zu allem Überfluß überraschte uns ein Regenschauer. Unter einer alten verkrüppelten Stieleiche suchten wir Schutz. Als wir uns aber bis dahin vorgearbeitet hatten, waren wir bis auf die Haut durchnäßt. Ein Hund mußte her! Aber der Heger gab mir immer wieder zu verstehen, daß es keinen geeigneten in dieser Gegend gebe.

Grübelnd saß ich da. Der Bock mußte in der Nähe des Anschusses längst verendet sein, denn das 7-mm-Teilmantel-Rundkopfgeschoß machte ganze Arbeit. Mit diesem Schuß konnte der todwunde Bock nicht versucht haben, seinen alten Einstand zu erreichen; das macht in der Regel nur angebleites Wild, das noch lange auf den Läufen ist. Ich hatte von links geschossen, und da verendetes Wild meist auf der Einschußseite liegt, mußten wir vom letzten Schweiß an doch wohl in der anderen Richtung suchen.

Nachdem der Regenguß vorüber war, begaben wir uns wieder zum Anschuß. Aber, o weh, es war kein Schweiß mehr zu finden! Der Regen hatte den auf den Blättern noch nicht angetrockneten Schweiß abgewaschen. Trotzdem suchten wir von der letzten Schweißmarkierung jetzt nach links weiter, und bald fand auch Stanek auf einem großen Blatt der Pestwurz ein winziges Stückchen Lunge. Jetzt konnte eigentlich nichts mehr schiefgehen, und kaum zehn Meter weiter entdeckte ich die Schale eines Rehlaufes, die aus dichtem Gestrüpp herausragte. Ohne lange zu überlegen, griff ich zu und zog den schweren kapitalen Bock heraus, der alle meine Erwartungen und Hoffnungen weit übertraf. Mit sehr dicken, starken Rosen, sehr starken, gut geperlten, dunkelbraunen langen Stangen mit sehr langen Enden und weißen blitzenden Spitzen mußte das Gehörn als hochkapital bezeichnet werden. Das Gehörn wog noch nach Jahren 560 g!

Als wir in der Hegerei ankamen, erregte der kapitale Bock allgemeines Aufsehen. Die beiden Heger behaupteten, daß sie noch nie ein derart starkes Gehörn gesehen hätten, und auch Kollege Wild sagte: „Das gibt's nur einmal, das kommt nie wieder!"

Daß dieser Bock den Verhältnissen entsprechend, wenn auch nur mit Wodka, gefeiert werden mußte, stand fest.

Den Bockabschuß betrachtete ich hier als erledigt, denn nach solchem Erfolg konnte die Freude nur getrübt werden. Jetzt wollte ich mich den Sauen widmen.

Es waren große Schäden in kleinen Haferäckern armer Bauern gemeldet worden. Forstdiplom-Ingenieur Gründel hatte uns ersucht, nach Möglichkeit Abhilfe zu schaffen. Daß es hier auch kapitale Keiler gab, hatte Heger Iwan bestätigt. Im letzten Winter hatte – seiner Erzählung nach – so ein „Ungeheuer" auf einer mit Büschen und Schilf verwachsenen Insel gesteckt. Nur vier Personen waren zur Stelle, als Schützen der Graf und sein Sohn, als Führer der zuständige Förster und als Treiber Heger Iwan. Vor dem Treiben hatte der Heger den Grafen gefragt, ob er oder sein Sohn den Keiler zu schießen gedenke. Der Graf hatte zugunsten seines Sohnes verzichtet und war daher auf den Rückwechsel gestellt worden, während der Sohn einen etwa zwei Kilometer entfernten Fernwechsel besetzen sollte. Dahin hatte ihn der Förster geführt und war auch bei ihm geblieben. Nach etwa zwei Stunden war der erlösende Schuß gefallen und der Keiler zur Strecke gekommen. Er hatte 18 russische Pud (ein Pud = 16,38 kg), also annähernd 6 Zentner, auf die Waage gebracht!

Wild hatte schon mehrmals an einer bestimmten Stelle vergeblich auf Schwarzwild angesessen. Es zog ihn aber immer wieder dorthin, weil er unter anderen auch eine ganz klobige Fährte festgestellt hatte. Heute gegen Abend wollten wir uns getrennt ansetzen. Es gab dort einige kleine Haferfelder, die nicht weit voneinander entfernt lagen.

Wir brachen schon um 17 Uhr auf, denn zweieinhalb Wegstunden standen uns bevor, und ich wollte noch bei Tageslicht das Gelände kennenlernen. Das war auch nötig, denn der Hafer war hier wie auf breiten Spargelbeeten angebaut. Das entsprach einerseits dem nassen Boden, andererseits wurde der Ernteertrag durch Zusammenpflügen der oberen besseren Bodenschichten erhöht. Es schien mir nicht möglich, hier eine auch nur einigermaßen sichere Kugel anzubringen, denn auf der Mitte der Beete stand der Hafer etwa einen Meter hoch – so groß war selbst der stärkste Keiler nicht – während in und dicht neben den Furchen kaum etwas wuchs. Wild hatte meine enttäuschte Miene richtig gedeutet. Er zeigte auf eine am Rande stehende Birke und sagte: „Von da oben sieht es etwas anders aus." Er brachte mich an den Baum, auf dem er schon gesessen hatte, und zeigte mir auch die Trittsiegel eines urigen Keilers, die mich genauso begeisterten wie die starke Abwurfstange, die mir Stanek vorgelegt hatte.

In der Birke entdeckte ich dann auch in etwa sechs Meter Höhe einige in die Äste gelegte Stangen, die als Hochsitz dienten. Um da hinaufzukommen, mußte man schon ein Kletterkünstler sein. Beiderseits waren in den Stamm in weiten Abständen hölzerne Kletterstützen getrieben. Um 20 Uhr saß ich oben. Obgleich mir mein Rucksack als Sitzkissen diente, würde stundenlanges Sitzen zu einer großen Qual werden. Da ich aber, wie viele Jäger, etwas abergläubisch bin, glaubte ich an die Duplizität der Fälle. Danach mußte heute nach dem kapitalen Bock auch noch ein kapitaler Keiler fallen, und so wollte ich jede Qual auf mich nehmen.

Das Wetter war günstig. Zwar huschten ab und zu noch einige Regenwolken vorüber, aber wir standen kurz vor Vollmond. Dieser würde genügend Licht und der helle Hafer einen guten Untergrund geben.

Gegen 22 Uhr hörte ich, daß im Hafer Leben war, aber es war eine Bache mit Frischlingen. Deutlich hörte ich das Zanken und Quietschen der Frischlinge. Wahrscheinlich waren sie einer fetten Schnecke wegen aneinandergeraten. Zu solch unruhiger Gesellschaft würde kein alter, kapitaler Keiler treten! Eine halbe Stunde waren die Sauen schon im Hafer, ohne daß ich trotz aller Mühe auch nur eine Borste zu sehen bekommen hatte.

Jetzt ein heftiges Blasen der Bache! Darauf Totenstille, und dann ging die ganze Rotte flüchtig ab! Was war los? Sollte ein Bauer gekommen sein, um seinen Hafer zu schützen? Noch sorgfältiger stellte ich mein Nacht-Dialyt ein und suchte den Hafer und auch die Umgebung gründlich ab. An dem mir gegenüberliegenden Rande sah ich eine Bewegung. Da war ja der Keiler! Soeben schob er sich in ein Haferbeet und verschwand dann unsichtbar in einer dunklen Furche. Nur sehr kurz und schemenhaft hatte ich die Umrisse des Keilers sehen können; eine beachtliche Länge hatte er! Über die Höhe konnte ich mir des Hafers wegen kein Urteil erlauben. Noch einmal zog er über ein Haferbeet, aber auch da waren nur Kamm und Rücken kurz sichtbar gewesen. Längere Zeit verhoffte er in einer Furche, die direkt auf meinen Hochsitz führte. Deutlich nahm ich wahr, wie er das fliegende Ungeziefer abwehrte. Jetzt zog der Keiler in der dunklen Furche näher. Da er den Kopf tief hielt, hob sich nur die Rückenlinie aus dem Haferschatten ab, und der mückenabwehrende Pürzel flog rechts und links über den hellen Hafer.

Ein Schreck durchzuckte mich, denn der Keiler war schon beängstigend nahe gekommen. In der abenteuerträchtigen Fremde soll man jede sich bietende, meist nie wiederkehrende Gelegenheit nutzen, und es war jetzt die höchste Zeit! Rasch nahm ich den Drilling zur Hand, aber der Keiler war schon so nahe, daß ich durch das Zielfernrohr nicht mehr Vorderteil und Hinterteil unterscheiden konnte. Schnell nahm ich den Kopf tiefer und erfaßte unter dem Fernrohr hindurch das Ziel. Dies war aber schon fast senkrecht unter mir, und als die Kugel aus dem Lauf war, brach der Keiler zusammen. Er wurde aber sofort wieder hoch, und etwa 40 m hinter mir hörte ich ihn wieder im trockenen Gestrüpp zusammenbrechen. Tief atmend lehnte ich mich an die Birke und war fest überzeugt, daß Glück und Unglück sich meist paarweise einstellen.

Da rief Wild von seinem Hochsitz: „Liegt er?"

„Ja", rief ich zurück, „er ist aber noch nicht verendet. Ich höre ein eigenartiges Klappern mit dem Gebräch, mehr ein Knirschen mit den Zähnen. So etwas habe ich noch nicht gehört!"

„Bleiben Sie ruhig noch oben", rief Wild, „ich komme sofort!"

Wild kam mit seinem Stabscheinwerfer. Ich dirigierte ihn dorthin, wo ich den Keiler zuletzt gehört hatte. Jetzt hörte er ihn auch. Der Scheinwerfer blitzte auf, und sehr vorsichtig pürschte mein Kollege sich vor. Lange kam kein Wort. Dann sagte Wild:

„Kommen Sie herunter, Sie werden sich freuen!"

Den Rucksack warf ich hinab und war viel schneller vom Hochsitz, als wie ich heraufgekommen war. Sofort lud ich den Drilling wieder, und bald stand ich neben Wild. In dem grellen Scheinwerferlicht konnte ich in dem Astwerk, in dem der Keiler lag, zunächst nichts erkennen.

„Sehen Sie ihn nicht?" fragte Wild, „ich leuchte jetzt mal nur auf den Kopf."

„Was ist denn das?" fragte ich, „der hat ja riesige Lichter, und das Gebräch ist breit wie ein Maul: der sieht ja aus wie der Leibhaftige selber!"

„So ist es", sagte Wild, „Hörner und einen Schwanz hat er auch, nur statt des Pferdefußes hat er Rinderfüße!"

Hastig nahm ich selbst den Scheinwerfer, das mußte ich mir näher ansehen. Aber da wurde „er" hoch, brach jedoch nach einigen Fluchten verendend zusammen. Jetzt lag „er" frei da, und ich hätte in die Erde versinken mögen! Bei allen Gelegenheiten hatte ich auf das richtige Ansprechen des Wildes, auf richtige Handhabung der Waffe, auf gerechtes Verhalten vor und nach dem Schuß hingewiesen und bei den Prüfungen zur Erlangung des ersten Jahresjagdscheines hohe Anforderungen an die Prüflinge, besonders in diesen Disziplinen gestellt!

Vor uns lag ein ein- bis zweijähriger Bulle, grau wie manche alten, blanken Sommerkeiler, und mehr als 18 Pud wog er sicher auch nicht. Wild, dem ich den Hergang kurz erzählt hatte, meinte, das hätte in diesem Falle jedem passieren können, denn wie konnte in diese menschenleere Gegend ein Rind kommen? Heger Iwan war auch bald zur Stelle.

Wir suchten uns zunächst ein Plätzchen, wo wir uns hinsetzen und alles Weitere besprechen konnten. Iwan war der Ansicht, daß der Abschuß notwendig gewesen sei. Der Meinung waren wir aber nicht. Iwan wollte sofort Stanek mit dem Pferd holen, um den Bullen in die Hegerei zu schaffen. So glatt ging das aber nicht, denn in der Ferne hörten wir menschliche Rufe, die wir nicht gleich deuten konnten. Wild sagte nach einer Weile: „Die Leute rufen nach dem Bullen! Ich verstehe immer buchaj, buchaj!" Die Stimmen kamen näher. Iwan winkte uns, ihm zu folgen.

An verwaschenen Wagenspuren, die zu dem Haferstück führten, blieben wir gedeckt hinter Kiefernkusseln stehen. Zwei Männer kamen, sich laut unterhaltend, näher. Als Iwan sie anrief, gingen sie in die Knie und bekreuzigten sich. Dann ging ein aufgeregtes Palaver los, das sich tatsächlich um den entlaufenen Bullen drehte. Wild kürzte es ab, indem er in der Sprache der beiden Männer sagte:

„Ihr braucht den Bullen nicht mehr zu suchen; dieser Herr (er deutete auf mich) hat ihn im Hafer totgeschossen. Er wird ihn Euch bezahlen!"

Zunächst, wie es mir schien, sahen sich die Männer an, dann ging es um den Preis. 300 Zloty wurden gefordert. Iwan sagte, daß 200 noch zuviel seien, aber ich ging auf den Preis ein, denn ich wollte nicht, daß deutsche Jäger diese armen Leute schädigten.

In meinem Brustbeutel hatte ich nur 160 Zloty, Wild brachte aus seinen Taschen noch 40 Zloty zusammen. Als ich den Männern das Geld überreichte, beleuchtete der Mond diese eigenartige Szene so hell und klar, daß sie das Geld genau nachzählen konnten. Dann umarmten sie mich und traten sehr zufrieden schleunigst den Heimweg an.

Iwan trabte auch bald heimwärts, denn er meinte, wenn er und Stanek nicht schnellstens den Bullen holen würden, würden es die Männer, die ihn so gut bezahlt bekommen hätten, vor ihnen getan haben.

Wir hatten unser Quartier noch nicht erreicht, da begegneten uns die beiden Heger mit dem Gespann. Wir versicherten ihnen, daß ihnen der Bulle ganz zur Verfügung stehe. Nur dafür sollten sie sorgen, daß von dem guten Fleisch nichts verderbe. Darüber brauchten wir uns keine Sorgen zu machen, war die Antwort. Die Heger machten sich gleich daran, das Fleisch des kleinen Bullen, der den Hörnern nach schon zweijährig war, für die eigenen Haushalte einzusalzen oder in Streifen geschnitten zu trocken und dadurch haltbar zu machen, während wir bis zum Mittag schliefen.

Am Abend fand die Doppelfeier (Bock und Bulle) statt. Hierzu waren der Forstamtsleiter und der zuständige Förster eingeladen. Ersterer sagte ab, da er dienstlich verhindert war. Der Förster, der gute Verbindungen hatte, sollte für den nötigen Wodka und die Rauchwaren sorgen. Dies klappte dann auch. Fleisch war im Überfluß, Kartoffeln genügend und Brot nur wenig vorhanden. Frau Stanek, die Köchin gewesen war, hatte vorzügliche Brühkartoffeln gekocht. Wir hatten es nicht für möglich gehalten, wieviel Fleisch hierzu verzehrt werden konnte. Am Lagerfeuer ging es mit Gesang und Tanz hoch her. Geehrt wurde ich von den Einheimischen besonders dafür, daß ich den Bullen, der anderer Leute Äcker vernichtete, totgeschossen habe. Der Förster wollte es nicht verstehen, daß ich für ihn noch soviel Geld bezahlt habe, und nahm nun den Heger an, daß er dies zugelassen habe.

Von dem starken Bock wurde nur erwähnt, daß man ein so kapitales Gehörn hier noch nicht gesehen habe. Trophäen galten hier nichts und wurden nur für praktische Sachen verarbeitet. Der Schnaps, der wohl nur aus Kartoffelspiritus hergestellt war, schmeckte nicht gut, hatte aber große Wirkung. Mit dem Verglimmen des Feuers waren auch die Lebensgeister der harten Männer erloschen, und wer die Schlafstätte nicht mehr erreichen konnte, schlummerte im Freien.

Am nächsten Tage liefen die kleineren Kinder der Heger, die nicht mitgefeiert hatten, mit großen Fleischbrocken umher. Sie trugen nur Hemdchen und hatten so viel vom Fleisch gefuttert, daß die kleinen Bäuche weit hervorstanden. Eine natürliche Entleerung mußte stattfinden. Die kleine Marika hatte sich dazu auf den Hof gesetzt. Da kam auch schon die „Gesundheitspolizei", eine Zuchtsau mit fünf Ferkeln, friedlich grunzend daher. Als sie Wittrung bekam, zog sie direkt auf das kleine Mädchen zu, warf es mit ihrem langen Rüssel zur Seite, so daß die Kleine schreiend davonlief, und lockte ihre Ferkel, die sofort sauberen Tisch, vielmehr sauberen Hof machten.

„Sehen Sie", sagte Wild, „so einfach und sauber geht es hier in den wilden Rokitnosümpfen zu!" Wir hatten im Schatten gesessen und alles mit angesehen.

Wild wollte mich überreden noch zu bleiben. Aber mein Glaube an einen guten Ausgang der Duplizität der Fälle war doch arg erschüttert. Einen Bock wollte ich hier keinenfalls mehr schießen, und selbst kapitale Sauen waren in den Haferbeeten kaum zu sehen und nur durch großen Zufall zu erlegen. Nach herzlicher Verabschiedung von den Hegerfamilien, die alles nur Mögliche für uns getan, aber selber auch noch nie so gut gelebt hatten, versprach ich, im nächsten Jahr wiederzukommen, wenn ich zur Balz einen Auerhahn freibekommen würde.

Stanek brachte mich mit seinem Einspänner nach Telechany. Hier wurde ich von Gründel und seiner Frau herzlich begrüßt und bestens verpflegt. Das kapitale Gehörn versetzte auch den Forstamtsleiter in Erstaunen. Noch nie hatte er ein derart starkes Gehörn hier zu sehen bekommen. Solch einem Bock würde er, wie er sagte, auch gerne viel Zeit und Mühe opfern. Über die Erlegung meines „Lebenskeilers" wußte Gründel auch schon Bescheid. Auch er war der Meinung, daß mit 100 Zloty der kleine Bulle schon überbezahlt worden wäre. Mir war es aber lieber so, wie ich es gemacht hatte.

Für die nächstjährige Balz bekam ich nicht nur einen Auerhahn, sondern auch einen Birk- und Haselhahn frei. Unter Schmunzeln erzählte mir Gründel, wie Stanek und auch Iwan über mich, den deutschen Wildmeister, geurteilt hätten:

„Schießen kann er unglaublich gut, aber vor den großen Räubern Wolf und Luchs und selbst vor Adlern hat er Angst. Da hat er nicht geschossen. Das Unglaubliche aber ist, daß er einen Hasen mit Hörnern schießen wollte!"

Gründel fügte hinzu: „Unsere Leute sehen einerseits in allen größeren Tieren Konkurrenten, die ihnen die oft kümmerliche Nahrung noch schmälern und daher weg müssen. Andererseits ist ihre Lust am Schießen so groß, daß wir uns veranlaßt sahen, die Heger nur mit Revolvern auszurüsten. Sie schießen ohnehin auf alles, was da kreucht und fleucht."

Vielleicht waren es also nicht nur die Wölfe, die die Rehe meist auf sehr große Entfernung abspringen ließen. – –

Obwohl es sicher noch viel zu erzählen gegeben hätte, wollte ich zunächst die auch mich sehr interessierende Frage klären, wie in heutiger Zeit starkes Stamm-Nutzholz, wovon ich allerdings nur wenig zu sehen bekommen hatte, aus diesem Sumpfgebiet heraus und an die Orte des Verbrauchs gebracht werden könne. Wie schon erwähnt, hatte ich vor unserer Abreise Forstdirektor Sachert in Pleß, der als junger Forstmann in diesem Gebiet tätig gewesen war, versprochen, ihm hierüber Bericht zu erstatten. Gründel beantwortete meine Frage folgendermaßen:

„Seit Jahrhunderten hat sich an der Art des Wegebaues hier noch nichts geändert und wird sich auch der zu hohen Kosten wegen nichts ändern. Wie Sie gesehen haben, hat die deutsche Wehrmacht während des Krieges auch in meinem Dienstbereich versucht, Verkehrsverbindungen zu schaffen. Mit Holz und Reisig wurden sumpfige Stellen notdürftig befestigt. Die Knüppeldämme sind aber schon längst in Grund und Boden gefahren worden. Die manchmal wie Dolche aus dem Moor hervorragenden geborstenen Knüppel schaden jetzt mehr als sie nützen. Daher fahre ich auch nur selten in meine Reviere, sondern ich reite, aber auch das ist nicht ganz ungefährlich.

Wenn wir nun auf einer der vielen Inseln wertvolles Holz haben, dann können wir dies selbst in harten Wintern nicht einfach mit Pferden abfahren. Jeder, der unsere Sümpfe kennt, weiß, daß sie wegen der Sumpfmoose, der Sumpfgräser und Kriechweiden und überhaupt wegen der ganzen Sumpfflora nicht so fest zufrieren – bei Schnee schon gar nicht –, daß das Holz abgefahren werden kann. In welchem Revier Holz vor Eintritt des Winters geschlagen wird, wird rechtzeitig in der Umgebung bekanntgemacht. Die kleinen Bauern, die hier keine anderen Verdienstmöglichkeiten haben, warten mit Sehnsucht auf die Holzabfuhr. Seit langer Zeit hat sich hier die einfachste und billigste Wegebaumethode der Welt entwickelt. Bei Kälte von 8 bis 12 Grad setzen sich die Fuhrleute mit dem Forstamt in Verbindung. An einem bestimmten Tag werden die holzabfuhrwilligen Bauern an eine Stelle möglichst nahe beim Holzschlag bestellt. Hier steht ein Förster mit einem Fäßchen Schnaps. Zur Begrüßung erhält jeder ein Gläschen. Jenseits des Sumpfes, direkt am Holzeinschlag, steht ein zweiter Förster, auch mit einem Fäßchen Schnaps. Nun treten die acht bis zehn Männer nebeneinander an und gehen hinüber zur nächsten Schnapsquelle. Hierbei treten sie möglichst viel von der Sumpfdecke herunter. Gurgelnd steigt das braune Moorwasser mit Sumpfgasblasen hinter ihnen auf. Im Holzschlag erhalten sie wieder einen Schnaps. Und nun gehen sie von einem Förster zum anderen, immer schön in Reih und Glied auf derselben Bahn hin und her, darauf bedacht, alles in den Grund zu trampeln, soweit das möglich ist. Immer erhalten sie hier ihren Schnaps und dort ihren Schnaps. Bis über die Oberschenkel geht das gut. Steigt aber das Wasser noch höher, etwa gar bis zum Nabel, dann verlangen sie für jede Tour zwei Schnäpse. Schließlich hinterlassen sie eine klare Wasserstraße, die in der nächsten Nacht zufriert und in einigen Tagen die Holzabfuhr ermöglicht."

So habe ich es auch Sachert berichtet. Er lächelte und bestätigte, daß dies um die Jahrhundertwende auch schon so gewesen sei, sich also noch nichts geändert habe und sich wohl auch nichts ändern werde.

Bald kam auch bei Gründel für mich die Abschiedsstunde. Er machte mir den Vorschlag, es doch noch auf den kapitalen Keiler, der die ungewöhnlich starke Fährte zeigte, weiter zu versuchen, da ich doch noch Zeit dafür hätte. Ich lehnte aber dankend ab, da um diese Jahreszeit wegen der hohen Haferbeete und den dazwischenliegenden Furchen an einen sicheren Schuß nicht zu denken war.

Mit vielen guten Wünschen und „Auf Wiedersehen im nächsten Frühjahr" verließ ich das gastliche Haus. Über Iwacewici und Baranowici fuhr ich gen Süden, um mir Lemberg, die große östliche Stadt in Polen,

Haselhahn in luftiger Warte über seinem Domizil, der dichten Unterholzregion.

in der man mit der deutschen Sprache sehr gut zurechtkommen sollte, anzusehen.

Als am frühen Morgen der Zug auf einer Station hielt, erwachte ich aus tiefem Schlaf und war sehr erstaunt, deutsche Worte zu hören. Ein Blick durchs Fenster überraschte mich ebenso: Rote Ziegeldächer auf massiven, guten Gebäuden und Zäune um die Grundstücke! Ich glaubte, falsch gefahren zu sein. Bald erfuhr ich aber von Mitreisenden, daß dies deutsche Siedlungen in den fruchtbaren Schwarzerdegebieten seien. Auf genossenschaftlicher Grundlage gebe es hier Ziegeleien, Molkereien, Mehlmühlen, Brauereien, Brennereien und alles, was zur besten Verwertung der Bodenerzeugnisse beitrage. Auf gutes Zuchtvieh werde besonders Wert gelegt. Ein gewisser Wohlstand machte sich auch in der Kleidung der deutschen Reisenden bemerkbar. Nach kurzer Bahnfahrt zeigten sich aber wieder alte, mit Stroh und Schilf gedeckte, oft gestützte Häuser. Die Gehöfte waren nicht mehr umzäunt, und alles machte wieder einen ärmlichen Eindruck.

In Lemberg, der ehemaligen Hauptstadt des österreichischen Kronlandes Galizien, wurde viel mehr deutsch gesprochen, als ich erwartet hatte. Es gab viel Sehenswertes an schönen Bauwerken. Ein buntes, trachtenreiches Völkergemisch gab dem Ganzen ein eigenartiges Gepräge. Mich beunruhigte die große Stadt, daher fuhr ich schon nach zwei Tagen in die Westkarpaten, die Beskiden, um bei einem Jagdfreund am rauschenden Forellenbach die großen jagdlichen Erlebnisse und die tiefen Eindrücke, die ich in den Rokitnosümpfen von Land und Leuten in mich aufgenommen hatte, noch einmal an mir vorüberziehen zu lassen.

Zu Hause wurde dann das kapitale Gehörn bestaunt und bewundert. Ich verschwieg auch nicht den Abschuß meines „Lebenskeilers", der sich aber bald als Jungstier entpuppt hatte. Doch alle Jäger hatten Verständnis für den fatalen Abschuß. Das hatte ich nicht erwartet.

Wild hatte sich nach meiner Abreise noch viel Mühe mit den Sauen gemacht, war aber nicht zu Schuß gekommen. Auch einem Bock, der viel geplätzt und die Borke starker Kiefern ungewöhnlich hoch bearbeitet hatte, hatte er viel Zeit gewidmet. Er hatte ihn für kapital gehalten, einen Hochsitz errichtet und ihn auch am letzten Tag bei seiner Arbeit beobachtet. Die Enttäuschung war groß, denn es war nur ein Spießer, der sich sogar auf die Hinterläufe stellte und mit seinen lauscherhohen Spießen in die Borke alter Kiefern schlug. Normal war das nicht, und daher schoß Wild ihn auch im Feuer zusammen. Dem Gebiß nach war er etwa zehn Jahre alt; auch die sehr kurzen Rosenstöcke, die großen Rosen und die kurzen, starken Spieße ließen das hohe Alter erkennen. Weder äußere

Anzeichen noch die innere Untersuchung gaben Aufschluß über das sonderbare Benehmen dieses Bockes. Wild meinte, er könne es sich nur so denken, daß dieser Bock von einem jungen, stärkeren abgeschlagen wurde und nun auf diese sonderbare Weise seinen Zorn zum Ausdruck gebracht habe.

Die sieben Böcke, die wir erlegt hatten, waren 25 bis 28 kg schwer, aufgebrochen mit Gehörn etwa 8 kg schwerer als starke schlesische Böcke. Auffallend war, daß wir keinen Bock mit einer schönen, dunkelroten Sommerdecke gesehen hatten. Alle hatten die gelbliche, etwas ins bräunliche übergehende Farbe von trockenen Riedgräsern.

Noch oft haben wir uns in Jägerkreisen über die Jagd in den Rokitnosümpfen unterhalten. Es ist nicht jedermanns Sache, in dem feuchtwarmen Sommerklima bei Tag und Nacht keine Ruhe vor dem blutsaugenden Geziefer zu finden und oft weite Strecken über glitschige Stangen zu balancieren, um am Ende doch noch mit Stiefeln voll Schlamm ohne Erfolg heimwärts zu pilgern. Daher kam es auch wohl, daß die Jagd auf Böcke in der blanken Sommerdecke dort kaum ausgeübt wurde. Für uns, für Wild und mich, die wir sehr passioniert und Strapazen gewöhnt waren, ist die vielseitige Jagd in dem wilden, fast menschenleeren Sumpfgebiet in schönster Erinnerung geblieben, obgleich ich durch die Erlegung der kapitalen Bockes und des „groben Keilers" von den höchsten Höhen in die tiefsten Tiefen meines Jägerlebens gestürzt wurde!

6 Von rauhfüßigen Waldhühnern

Frühling in den Rokitnosümpfen

Mitte April hatte ich von Diplom-Ingenieur Gründel ein Telegramm erhalten: „Hähne balzen!" Am nächsten Tag machte ich mich auf den Weg und traf in den späten Abendstunden in Warschau ein. Vom Vorjahr wußte ich, daß mein Reiseziel Telechany nur mit einem Zug, der nach Mitternacht von Warschau abging, noch am gleichen Tage zu erreichen war. Auf dem Wilnaer Bahnhof hatte ich mein Abendessen eingenommen. Da kam ein Mann an meinen Tisch, klopfte mir vertrauensvoll so derb auf die Schulter, daß mein Arm hinabsank, setzte sich, trank mein Bier aus und gab sich alle Mühe, sich mit mir in seiner polnischen Sprache zu unterhalten. Leider verstand ich kein Wort. Ich nahm sein Benehmen nicht tragisch, denn der Mann war betrunken, sonst aber wohl harmlos. Da kamen von einem Nebentisch zwei Herren, wiesen den Betrunkenen in seine Schranken und baten mich, an ihren Tisch zu kommen, denn sie wollten nicht, daß ein Deutscher – daß ich ein solcher war, hatten sie an der Unterhaltung festgestellt – von einem ihrer Landsleute belästigt würde. Gern folgte ich der Einladung. Nachdem wir uns bekannt gemacht hatten – es waren polnische Ingenieure – verlief die Wartezeit wie im Fluge.

Nach ein Uhr brachten sie mich sogar noch an den Zug, sprachen mit dem Zugführer und sagten mir, daß ich ruhig bis zur Umsteigestation schlafen könne, ich würde rechtzeitig geweckt werden. Ich bekam dann auch ein Abteil für mich, machte es mir auf der Bank bequem und blieb ungestört bis Iwacewicze.

Während der Fahrt in der stillen Nacht dachte ich darüber nach, wie verschieden doch die Menschen an den Grenzen und im Innern des Landes waren. Hier Ruhe, Frieden, Freundschaft, dort Verleumdung, Haß und Vertreibung! Das hatten wir während und nach den Aufständen in Oberschlesien im Übermaß erlebt. Aber fort mit solchen Gedanken; ich fuhr doch aus dem Menschengetümmel in die Einsamkeit der Natur, die mich wieder in ihren Bann geschlagen und mir neue Geheimnisse offenbart hatte.

In Iwacewicze wurde ich rechtzeitig geweckt. Da stand auch schon die Schmalspurbahn, die mich an das Ziel meiner Reise bringen würde, und ich konnte denselben Zug- und Lokführer als alten Bekannten des Vorjahres begrüßen. Wieder wurde im Walde an derselben Stelle Halt gemacht und die Minilok mit Brennholz versorgt, damit sie ihre schwere Aufgabe bewältigen konnte. Pünktlich traf ich in Telechany ein. Hier holte mich Förster Franek ab.

Gerade zu Ostern saß ich mit Diplom-Ingenieur Gründel wieder in seinem schönen, geräumigen Blockhaus in den wilden Rokitnosümpfen. Seine Gastfreundschaft war wieder so herzlich, wie man sie eigentlich nur in abgelegenen Gegenden findet. Die Üppigkeit des Mahles übertraf alles, was ich in dieser Einsamkeit erwartet hatte. Das kalte Büfett bestand nicht nur aus Kalbs-, Rinds- und Schweinebraten, sondern auch aus Kapaunen und Poularden, geräucherten und gelierten Fischen sowie manche seltenen Delikatessen waren reichlich aufgetischt. Mochte auch vieles in der eigenen Wirtschaft erzeugt worden sein, so überraschten mich doch die verschiedenen guten Schnäpse und sogar Wein, der damals in dieser Gegend, wo sich die Wölfe gute Nacht sagen, Seltenheitswert hatte. Durch brennende Kerzen wurde die Feierlichkeit des Mahles noch besonders hervorgehoben.

Der Große — der Auerhahn

Franek hatte die Aufgabe erhalten, mich auf den *Großen, den Urhahn* in seinem Revier zu führen. Im schön gelegenen Schrotholzhaus fand ich auch Unterkunft und Verpflegung und, da es um diese Jahreszeit noch keine Mücken gab, auch die nötige, wenn auch sehr kurze Nachtruhe.

Um einen alten bekannten Balzplatz von neuem zu bestätigen, machten wir uns gleich gegen Abend nach meiner Ankunft auf den Weg.

Franek führte mich an ein etwa 3 ha großes, sehr licht stehendes Kiefernaltholz, das mit einigen Fichten, Birken und Erlen durchstellt war. Im Sommer lag diese kleine Waldinsel trocken, jetzt wurde sie von einem Wasserband, das bald schmäler, bald breiter war, eingefaßt. Auf einer schmalen Bodenrippe sollte die Insel fast trockenen Fußes zu erreichen sein. Sehr gerne hätte ich mich bei dem jetzt guten Licht davon überzeugt, aber Franek wiegte bedenklich den Kopf, und ich glaubte ihn so zu verstehen, daß wir uns bei Dunkelheit nicht ohne zu stören von dem Balzplatz würden lösen können. Das sah ich auch ein, und wir warteten gut gedeckt der Dinge, die da kommen sollten.

Kaum verblaßten die Konturen der Baumkronen in der Abenddämmerung, da rauschte es von rückwärts über uns hinweg, und ein Hahn schwang sich prasselnd auf einer alten Kiefer ein. Nicht lange danach prasselte und klatschte es bald hier bald da im Gezweig. Da sich die Hähne auch überstellten, wurde mir nicht klar, ob hier drei oder fünf Hähne ihren Balzplatz hatten. Franek lächelte zufrieden, deutete mit der Hand nach halbrechts und sagte: „Stary gluszec!" = alter Auerhahn.

Sehr befriedigt und glücklich traten wir den Heimweg an. Eines aber bedrückte mich. Sieben Monate hatte ich mich bemüht, mit Hilfe von Lehrbüchern der polnischen Sprache näher zu kommen, um dadurch grobe Mißverständnisse, wie sie sich im Vorjahr hier abgespielt hatten, auszuschalten. Weil ich glaubte, dies auch erreicht zu haben, war ich sehr enttäuscht, als ich feststellte, daß ich Franek nicht verstand. Vielleicht sprach er polnischen Dialekt oder meine Aussprache war ihm unverständlich. Wir wußten uns aber zu helfen. Ich schrieb ihm die Hauptworte, auf die es besonders ankam, in polnischer Sprache auf einen Zettel, und er tat das gleiche. So kamen wir gut zurecht.

Der Morgen dämmert so weit im Osten schon sehr früh. Um drei Uhr waren wir an dem Wasserband, das uns von der Waldinsel trennte. Franek führte mich mit Geschick hinüber. Hier blieben wir sitzen, er auf der Tagwurzel einer Erle, ich auf meinem Jagdstock. In der Nacht hatte es geregnet, und unwillkürlich kam mir das schöne Gedicht von Hulverscheid „Hahnenbalz" in den Sinn: „– – – und leise tickt im Nachtwindhauch, im Tropfenfall von Baum und Strauch, die Uhr der Ewigkeit." So war es auch hier und noch ganz in Gedanken versunken, tippte mich Franek an und flüsterte mir zu: „Gluszec spiewa!" = der Auerhahn singt, balzt.

Wir hatten vereinbart, daß Franek mir nur andeuten möge, welchen Hahn er für den stärksten, den ältesten hielt. Einen Großen Hahn hatte ich bisher noch nicht geschossen, die Balzarien und das Anspringen aber schon viele Jahre vorher bei meinem Freund Thiele in den Beskiden kennengelernt. Die weltfremden Laute des balzenden Hahnes, das Angehen und langes Beobachten desselben hatten mich so in ihren Bann geschlagen, daß ich nicht mehr davon loskommen konnte. Jetzt sollte die große Stunde der Erfüllung kommen. Hätte hier nur ein Hahn gebalzt, dann wäre es nicht schwer gewesen ihn auszumachen, so aber begann ein derartiges Worgen, Überstellen und Schwingenschlagen, daß ich wegen der mir ungewohnten Geräusche Franek fragend ansah. Dieser zeigte aber, wie gestern abend nach halbrechts, und ich löste mich von meinem Sitzstock. Mein Drilling war mit $3^{1}/_{2}$ mm-Schrotpatronen und der Kugellauf mit 7 mm Mantelgeschoß geladen. Der Waldboden war mit dichtem Gestrüpp bewachsen, und ich war froh, wenn ich beim Schleifen des Hahnes zwei große Schritte machen konnte. Dem Vernehmen nach mußte er auf jener krausen Kiefer balzen. Gut gedeckt hob ich beim nächsten Schleifen mein Jagdglas, denn mit bloßen Augen konnte ich ihn nicht entdecken. Da ging er unerwartet zu Boden, darauf erfolgte kurzes, heftiges Schwingenschlagen, und schon ritt ein Hahn – sicher ein junger – ab, verfolgt von dem alten Platzhahn. Zwei andere Hähne hörte ich noch balzen, aber da ich es doch auf den Platzhahn abgesehen hatte, setzte ich mich möglichst geräuschlos ab und versuchte Franek klar zu machen, wie mein Anspringen geendet hatte. Er hatte mich auch wohl verstanden, denn ich konnte seinen Worten und Zeichen entnehmen, daß der Hahn morgen wieder da sein würde.

Ein herrlicher Morgen war angebrochen. Ich machte Franek verständlich, daß er nach Hause gehen möchte, ich aber wollte noch im Revier bleiben und die Schönheiten des Frühlings genießen. Er zeigte mir auch einen Pfad, der gut begehbar wäre, und dann hatte ich ein zweites, unvergeßliches Erlebnis. Mein Spaziergang führte meistens über höher gelegene trockene Partien. Die dicken Birkenknospen zeigten schon einen grünen Hauch, und ein Teppich himmelblauer Leberblümchen und goldgelber Schlüsselblümchen verkündigte die Auferstehung der Natur nach einem harten Winter. Als dann Kraniche von nah und fern die aufgehende Sonne mit ihren weittönenden Fanfaren begrüßten und ich sogar noch den Hochzeitstanz eines Paares auf kurze Entfernung beobachten konnte, da war mein Glück, weltabgeschieden die Natur zu genießen, vollkommen. Während die Sonne wärmend höher stieg, überkam mich eine, im sonstigen Betriebsleben nicht gekannte Müdigkeit. Ich setzte mich an den Stamm einer alten, borkigen Kiefer, und da weder Menschenlaute noch Motorenlärm den Frieden störten, fühlte ich mich derart losgelöst von Raum und Zeit, daß ich bald fest einschlief. Erst gegen Mittag traf ich wieder im Forsthaus ein.

Zum Abendverhör führte mich Franek in einen anderen Revierteil. Wieder hörten wir das Einschwingen einiger Hähne. Mir war jetzt klar, daß ich mich mit dem Schuß nicht zu übereilen brauchte. Für den nächsten Morgen wurde die Frühpürsch auf den Alten von der kleinen Waldinsel beschlossen.

Wir waren schon etwas früher auf demselben Platz wie am Vortage. Wieder begann die Balz sehr geräuschvoll mit Schütteln des Gefieders, Worgen, Überstellen und Hin- und Herstreichen. Der Alte balzte wieder in derselben Richtung, wie es sich anhörte sogar auf demselben Baum. Ich zögerte daher auch nicht lange und ging den Hahn an. Heute klappte es schon besser als gestern, und es dauerte auch gar nicht lange, da konnte ich die krause, zopflose Kiefer gegen die Morgendämmerung mit dem Jagdglas als Silhouette ausmachen. Mehr als zwei rasche Schritte während des Schleifens konnte ich ohnehin nicht machen. Bald war ich auch auf gute Schußentfernung an dem Balzbaum, aber trotz sorgfältiger Beobachtung konnte ich den Hahn nicht entdecken.

Plötzlich bewegte sich jenseits der abgeflachten Kiefernkrone ein Zweig. Dies war das Zeichen, daß ich um den Baum herumgehen mußte, um den Hahn sehen zu können. Alles ging auch glatt vonstatten, und dann sah ich ihn, wie er auf einem starken, trockenen Ast hin und her trippelte und eine Strophe nach der anderen in den Morgenhimmel schickte. Plötzlich brach er ab, und ich fürchtete, daß er wieder zu Boden gehen würde. Er beruhigte sich aber wieder, und als der Knall des Schusses den Morgenfrieden zerriß, kam er wie ein Stein herunter. Nach einigem Dehnen und Strecken war der große, stolze Vogel verendet. Nur kurz konnte ich meinen Gedanken nachhängen, da war Franek auch schon zur Stelle. Er hob den Hahn auf, zählte die Stoßfedern, deutete auf die vielen weißen Flecken des gefächerten Stoßes, besah die Schnabelrinnen und sagte: „Stary gluszec!"

Natürlich wollte ich meinen ersten Hahn präparieren lassen. Die Adresse eines guten Präparators in Warschau hatte ich, aber es fehlte an jeglichem Verpackungsmaterial. Ich bangte um meinen Hahn, aber auch diese Sorge wurde mir von den Naturmenschen abgenommen. Mit großer Sorgfalt und viel Mühe wurde der starke Hahn in ganzer Länge in Fichtenreisig gewickelt, das mit Weidenruten derart verflochten wurde, daß ihm keine Feder gekrümmt werden konnte. Damit war wieder ein großer Erfolg in meinem, an Erlebnissen reichen Jägerleben in Erfüllung gegangen!

Der Mittlere — der Birkhahn

Die schönen Stunden in diesem herrlichen Revier hatten mit der Erlegung und dem Versand des Großen Hahnes ihren Abschluß gefunden. Den Kleinen Hahn sollte ich in dem Revier, das mich vom Vorjahr her mit schönen Erinnerungen an die Erlegung starker Böcke verband, erlegen. Am Nachmittag holte mich Heger Stanek mit seinem Gespann ab, denn Franek hatte ihn durch einen Boten benachrichtigt. Die Freude des Wiedersehens war groß und auch die Voraussetzung, einen alten Birkhahn in einer anderen Umwelt als in der Heimat bejagen zu dürfen, besonders reizvoll.

In der Hegerei, in der Stanek und Iwan mit ihren Familien wohnten, war die Begrüßung von allen Mitgliedern sehr herzlich. Als besondere Ehrung hatte mir die Frau Stanek sogar noch einige luftgetrocknete Streifen von dem „Bullen-Keiler" aufgehoben und mir zum Abendessen zubereitet. Mir wäre es lieber gewesen, nicht mehr daran erinnert zu werden, aber die Leute meinten es gut und wollten sich dankbar erweisen, denn sicher war der junge Stier, der ihnen so unerwartet in ihrer Einöde ins Haus kam, als erinnerungswertes Ereignis unvergeßlich geblieben.

Am nächsten Morgen setzten Stanek und ich uns in guter Deckung an einer grünen Roggensaat an, die zu seinem Dienstland gehörte. Es herrschte noch lange kein Büchsenlicht, als wir das Einfallen eines Birkhahns vor uns hörten. Zunächst erfolgte das übliche lange Sichern, dann ein leises „Tschuhii", das sich bald wiederholte und nach nochmaligem Sichern in das mir bekannte Rodeln oder Kullern überging. Von hier aus war der Hahn zu weit, und deshalb nutzte ich die Dunkelheit aus, um näher an ihn heranzukommen. Gute Deckung fand ich aber nur liegend unter den weitausladenden Zweigen einer Kusselkiefer.

Der Hahn balzte flott weiter. Als aber noch ein zweiter in seiner Nähe einfiel, forderte er diesen mit langgezogenen Kampfrufen: „Tschu-u-u-u-hi, Tschu-u-u-u-hi", wobei er meterhohe Sprünge ausführte. Als der Gegner sich nicht stellte, trieb er ihn weiter von mir fort. Jetzt war es hell genug. Deutlich sah ich die roten Rosen leuchten und erkannte an dem langen Spiel mit den gut gekrümmten Sicheln, daß ich einen alten, starken Hahn vor mir hatte, dessen Erlegen einige Mühe wert war. Für einen sicheren Schrotschuß schien er mir zu weit zu sein, und die Kugel konnte durch Halme abgelenkt werden. Ich wollte noch einige Meter vorkriechen, da machte er plötzlich einen langen Hals und ritt auch sofort

ab, um sich auf einer freistehenden Erle einzuschwingen. Hinter Kiefernkusseln, die vereinzelt auf dieser kleinen Sanddüne stockten, kam ich
schnell auf etwa 100 Schritt an den frei auf einem Ast stehenden Hahn
heran. Als guter Kugelschütze glaubte ich, ihn gar nicht fehlen zu können.
Da ich nirgends anstreichen konnte, schoß ich kniend. Im Feuer kippte
der Hahn ab, fing sich im Fallen aber wieder und strich mit herunter-
hängenden Ständern ab. Noch ehe ich mein Jagdglas an die Augen bekommen konnte, war er meinen Blicken entschwunden. Das hatte ich
nicht erwartet!

Sogleich stand Stanek neben mir. Er machte mir Vorwürfe, daß ich
nicht mit Schrot geschossen hätte, der Hahn wäre doch ganz nahe gewesen. Ich wußte, daß man die Entfernungen im Liegen weiter schätzt, als
sie sind; ich wollte aber keinen unsicheren Schrotschuß abgeben.

Obwohl der Hahn weich durchschossen und sicher schon verendet war,
machte mir Stanek keine Hoffnung, daß wie ihn finden würden. Er hatte
ihn noch weit über Sumpf und Ried streichen sehen. Einen brauchbaren
Hund sollte es in der ganzen Gegend nicht geben.

Wir suchten noch lange nach dem tödlich getroffenen Hahn, aber alles
blieb vergebliche Liebesmüh. Längst hatte ich meine Stiefel voll Wasser;
denn jetzt sah das Sumpfgebiet anders aus wie in dem vorigen, sehr
trockenen Sommer. Wo die Enten damals wegen zu niedrigem Wasserstand abgewandert waren, war dieser jetzt zwischen den hohen Bülten
beinhoch. Stanek tröstete mich und sagte, daß es hier noch mehr starke
Birkhähne gäbe und ich diesem einen nicht nachzutrauern brauche. Für
mich war dies aber nur ein schwacher Trost, denn in der Heimat wäre
der Hahn mit meinen guten Hunden sicher zur Strecke gekommen.

Gegen Abend zogen wir wieder aus, um Birkhähne zu verhören.
Stanek führte mich an einen Balzplatz, der mir nicht recht zusagte. Aus
dem Sumpf erhob sich eine wiesenähnliche, trockene Stelle, auf der einzelne Weidenbüsche kaum Deckung boten. Frische Balzlosung war vorhanden, von Hähnen hörten und sahen wir aber nichts.

Am nächsten Morgen setzten wir uns hinter einen Weidenbusch, der
zwischen Sumpf und Wiese stand. Die Morgendämmerung deutete sich
schon am Horizont an. Längst hätten wir das Einfallen der Hähne hören
müssen, doch es erfolgte nichts! Nach einiger Zeit vernahmen wir aber
doch einen Hahn und gleich darauf einen zweiten im Sumpf blasen und
kullern. Es klang bald näher, bald weiter. Da sprang ein Hahn plötzlich
fauchend und schwingenschlagend in die Höhe, um seinem Gegner den
Kampf anzusagen, falls er sich ihm nähern würde. Stanek sagte sofort:
„Strzelaj"! = schießen. Daran war natürlich nicht zu denken, denn er

hatte das kurze Wort nicht so schnell aussprechen können, wie der Hahn wieder verschwunden war. So ging das nicht. Zwar hatte ich schon manches kranke Stück Wild mit schnellem Schnappschuß erlöst, aber hier konnte mit einem hingeworfenen Schrotschuß das noch einmal passieren, was ich mir gestern mit dem Kugelschuß geleistet hatte, und davor bewahrten mich meine Erfahrungen.

Anscheinend balzten die Hähne auf den trockenen Seggebülten, zu sehen waren sie nicht. Auch als die Zeit der Sonnenbalz gekommen war, ließ sich kein Hahn blicken. Es war anzunehmen, daß das Birkwild sogar im Sumpf auf den trockenen Kaupen übernachtete. Daher mochten auch das Einfallen am Morgen und der Umflug zur Sonnenbalz unterblieben sein. Vor Raubwild war es dort sicher. Dadurch konnte die Balz hier ganz anders wie in der Heimat verlaufen.

Am Nachmittag waren wir wieder auf der Suche nach einem Balzplatz. Ein trockener, mit Preiselbeeren bestandener Sandstreifen trennte den jetzt unzugänglichen Sumpf von einer Moorpartie mit Heidel- und Rauschbeersträuchern, die mit lichtstehenden Birken und Kiefern überstellt war. Das sah hier sehr verlockend aus, zumal auch einige Kiefernkusseln auf dem Sandstreifen die nötige Deckung boten. Als Stanek bestätigte, hier schon Balzhähne gehört zu haben, steckten wir neben einer Kiefernkussel noch einige Zweige in den Boden, um von allen Seiten gedeckt zu sein.

Stanek hatte am nächsten Morgen eine dringliche Aufgabe zu erledigen. Da ich den Fußpfad bei Dunkelheit, selbst bei dem mir eigenen guten Orientierungsvermögen verfehlen konnte, war ich froh, als ich den provisorischen Schirm mit Hilfe einer Taschenlampe erreicht hatte. Ich saß noch nicht lange auf meinem Jagdstock, da glaubte ich das Einfallen eines Hahnes vernommen zu haben. Ich hatte mich nicht getäuscht, denn bald leitete ein Hahn mit Zischen, Sichern und dem dann folgenden Rodeln oder Kullern die Balz ein, um den Hennen seine Anwesenheit kund zu tun und sich mit Tänzen und Sprüngen in voller Kraft und Schönheit zu präsentieren. Noch reichte das Licht zum Ansprechen nicht, er war auch noch zu weit für einen Schrotschuß entfernt. Er mußte auch Hennen um sich haben, denn als ich nur kurz das Zischen eines Nebenbuhlers nachahmte, geriet er in Ekstase und führte unter wildem Fauchen meterhohe Sprünge aus, um nachdrücklich anzuzeigen, daß es kein anderer wagen möge, in seinen Harem einzudringen. Dieses wilde Aufbegehren konnte ihm zum Verhängnis werden, denn ich hatte schon manchen Birkhahn durch langjährige Übung derart gereizt, daß er in Schrotschußnähe des Schützen kam.

Die Morgendämmerung war jetzt so weit gewichen, daß ich den Hahn ansprechen konnte. Es lohnte sich wirklich, ihn als bleibende Erinnerung für das Jagdzimmer zu erbeuten. Er war aber noch etwa 120 m von mir entfernt. Schnell überzeugte ich mich, daß ich den Drilling auch richtig geladen hatte, und entsicherte. Mit scharfen, langgezogenen aber doch zerhackten Kampfrufen, reizte ich den Hahn so, daß er mit schwingenschlagenden Sprüngen näher kam. Den Drilling hatte ich schon angeschlagen, und als ich dem Hahn noch einmal den Kampf ansagte, strich er so nahe an meinen Schirm heran, daß ich den Finger vom Abzug nahm, um das Gefieder des stolzen Hahnes zu schonen. Als sich hier sein Gegner, der ihn so gereizt hatte, nicht zum Kampf stellte, sicherte er lange und „marschierte" dann wieder zu seinen Hennen zurück.

Etwa 30 m mochte er sich von mir entfernt haben, da ließ ich wieder ein leises „Tschuhi" hören. Sofort reagierte er mit Fauchen und Zischen, sprang hoch und drehte sich auf der Stelle. Der weiße Unterstoß bot mir ab und zu ein sehr gutes Abkommen, aber ich wollte das Spiel nicht beschädigen. Erst als sich der Hahn breitstellte, warf ihn die Schrotgarbe in das niedrige Gestrüpp. Nur ein kurzes Schwingenschlagen, dann lag er verendet auf dem Rücken. Bald stand ich vor der prächtigen Beute.

Ich befestigte eine Schlinge um einen seiner rauhen Ständer und hängte den Hahn an einen Ast. Zufrieden mit dem erfolgreichen Abschuß betrachtete ich den starken Hahn. Leuchtendrot glühten die Rosen, Stahlblau strahlten Hals und Brust, schneeweiß glänzte die Unterseite des Stoßes, und dem Ganzen gaben die langen, sichelförmig gekrümmten Stoßfedern einen würdigen Abschluß. Glücklich stand ich in der menschenleeren Einsamkeit, und als einige rote Tropfen aus dem Schnabel des Hahnes auf die dunkelgrünen Blätter der Preiselbeeren fielen, wurde ich davon so ergriffen, daß ich mich abwandte, um die Gegend genauer zu besichtigen. Dabei trat ich zwei Hennen aus der Deckung. Für sie würde sich wohl bald ein anderer Ritter einfinden.

Am Nachmittag zeigte mir Stanek seine forstlichen Errungenschaften. Mit sichtlicher Freude blickte er auf seine Zöglinge: Zweijährige verschulte und einjährige Saatkiefern, die alle schön in Reih und Glied standen. Für unsere Begriffe war dies ein sehr winziger Kamp, aber unter Berücksichtigung von Boden und Klima bedeutete er doch einen in die Zukunft weisenden, beachtlichen Erfolg. Zwölf kräftige Mädchen waren dabei, die zweijährigen Kiefern auszuheben und einzuschlagen, um sie nach den Osterfeiertagen an geeigneten Stellen in den Mutterboden zu setzen.

Nach einem freundlichen Abschied von den Hegerfamilien Stanek und

Iwan brachte mich Stanek mit seinem Einspänner in das Forstamt. Nicht im entferntesten wäre mir in den Sinn gekommen, daß ich diese bescheidenen, naturverbundenen Menschen nie mehr wiedersehen sollte, denn wir hatten verabredet, daß ich im Winter 1939 zur Jagd auf Schwarzwild, Wölfe und Füchse wiederkommen wollte. Ein schrecklicher Krieg hat aber alle Hoffnungen zerstört.

Der Kleinste — der Haselhahn

Mit Gründel fuhr ich in ein entlegenes Revier seines riesigen Forstamtes, um auch noch einen von den kleinsten Hähnen der edlen Rauhfußhühner zu erlegen. Die Fahrt konnte trotz seiner flotten Pferde nur langsam vor sich gehen, denn die Wege ließen sich für schnelles Fahren in desem Gebiet nicht herrichten, dafür reichten die Einnahmen nicht aus. An einer Stelle machte mich Gründel auf einen altbekannten Wolfs- und Fuchspaß aufmerksam. Er lag aber nicht an einem mit Ried und Rohr bewachsenen Bachlauf, wie dies bei Fuchspässen in der Heimat häufig der Fall war, sondern auf einem schmalen Rücken, der sich weit in die Reviere zog und auch bei hohem Wasserstand der Sümpfe trocken blieb. An der Stelle, an der wir jetzt hielten, hatte ein Heger im letzten Winter einen kapitalen Wolfsrüden erlegt.

Bald kamen wir an einen großen See. Gründel erzählte mir, daß er hier bei starker Eisdecke im Februar vorigen Jahres beinahe ertrunken wäre. Er war mit dem schönen Rappen, der jetzt als Handpferd in dem Gespann ging, in das jenseits des Sees gelegene kleine Dorf, das nur aus wenigen Häusern bestand, geritten, um dienstlich notwendige Sachen zu erledigen. Den Heimweg hatte er abkürzen wollen und wäre, wie schon öfter, über den See geritten. Plötzlich wäre das Roß in dem Eis eingebrochen und mit dem Reiter in dem kalten Wasser verschwunden. Er hätte sich noch aus den Steigbügeln lösen und auf die Eisdecke kriechen können. Auch das Pferd hätte mit aller Kraft auf das Eis zu kommen versucht, aber dies wäre trotz seiner Hilfe durch Ziehen am Zügel nicht möglich gewesen. Er hätte aus dem Dorf Hilfe holen wollen, aber da kamen schon fünf Männer und einige Knaben in schnellem Lauf herangeeilt. Kurzentschlossen wäre dem schon stark abgekämpften Pferd eine Strickschlinge wie ein Lasso um den Hals geworfen und festgezogen worden. Das Pferd hätte unter hörbaren Anstrengungen noch Luft ein – aber wohl nicht mehr ausatmen können, denn bald wäre es wie aufgepumpt auf dem Wasser geschwommen und hätte von den Männern ohne große Mühe auf das Eis gezogen werden können. Jetzt hätte sich einer der Männer – es war der Bürgermeister – auf die Rippen des Pferdes gekniet und leicht durch Heben und Drücken mit den Knien die künstliche Atmung eingeleitet. Zwei Jungen wären schon ins Dorf geschickt worden, um alte Lumpen zu holen. Hiermit wäre das Pferd scharf abgerieben worden, und es hätte gar nicht lange gedauert, da hätte es wieder auf den Beinen gestanden.

„Und was wurde mit Ihnen gemacht?" fragte ich.

„Natürlich gar nichts, denn wer hier bestehen will, muß schon mal so ein Eisbad vertragen. Mein treues Reitpferd hatte ich zuerst langsam am Zügel geführt, dann waren wir gelaufen, und als uns warm geworden war, war ich aufgesessen und beschleunigt nach Hause geritten. Das Pferd hatte ein warme Decke bekommen und ich ein heißes Bad genommen. Beide haben wir das ohne Schaden überstanden. Es war aber gut, daß das Thermometer an diesem Tage nur wenige Grade unter Null anzeigte!"

Die Ursache des Unfalls war folgende: Die Fischer hatten, wie alljährlich, die Eisfischerei mit einem großen Zugnetz durchgeführt. Sie hatten aber nicht das große Auszugloch, aus dem das Netz mit den gefangenen Fischen auf das Eis gezogen wird, und das je nach der Länge der Flügel und der Größe des Fangsackes etwa 2 m breit und 4 m lang sein kann, durch Zeichen, wie das vorgeschrieben ist, abgesichert. Gründel war wieder einmal über das Eis des Sees geritten, und da es in der Nacht vorher geschneit hatte, plötzlich von der Bildfläche verschwunden. Ich kenne die Eisfischerei schon von Jugend an. Immer wurden um die Einlaß- und Auszuglöcher der Netze etwa meterlange Stäbe, die oben mit einem Strohwisch versehen waren, als Warnsignale im Eis befestigt. Natürlich können auch Sicherungen verschiedenster Art vorgenommen werden, aber nichts dergleichen war in diesem Falle geschehen. –

Heute bot sich uns ein viel erfreulicheres Bild. Noch umrahmte den See ein breiter Gürtel von abgestorbenem gelblich und bräunlich gefärbtem Rohr und Schilf, aber schon zeigte sich neues Leben in den jungen, grünen Trieben, die mit ihren Spitzen die Wasseroberfläche erreichten. Von Wassergeflügel war noch nicht viel zu sehen. Die März- oder Stockenten saßen wohl schon auf den Eiern, und da die Erpel sich weder um das Brüten noch um die Jungen kümmerten, trieben sie sich vereinzelt auf dem Wasser herum. Von den Bläßhühnern, die immer sehr beweglich und auch zänkisch sind, konnte man die scharfen Rufe aus dem Schilf hören. Auch die Haubentaucher waren schon wieder da, weithin vernahm man ihre krächzenden Stimmen, und hoch in den Lüften trieben Schwarze Milane ihr Hochzeitsspiel.

Der Sumpfwald hatte hier ein anderes Aussehen, wie ich ihn bisher kannte. Er war trockener und der Boden nicht so mit Gras und Kraut bewachsen. Hohe dichtstehende Haselnuß- und Faulbaumsträucher sowie die vereinzelt darüberstehenden Birken, Erlen und kurzschäftigen, sperrigen und astigen Stieleichen ließen nicht das für den starken Bodenbewuchs nötige Licht durchdringen. Den schönen blauen Leberblümchen, den weißen Windröschen, der goldgelben Feigwurz, dem purpurnen Lärchensporn und den unscheinbaren braun-grünen Blüten der Haselwurz genügte aber das fehlende Laubdach des beginnenden Frühlings zur vollen Entfaltung ihrer Pracht. Das konnte ein guter Biotop für Haselhühner sein.

Wir, Forstmeister Gründel und ich, saßen Rücken an Rücken unter einer alten Krüppeleiche, während ein Heger, ein Meister im Anlocken der Haselhähne, hinter uns stand und auf seinem selbstgefertigten Pfeifchen aus einem Hühnerbeinknochen das zischende, pfeifende Spissen der Hähne nachahmte. Nach zwanzig Minuten vergeblichen Bemühens wechselten wir unseren Stand, um uns nach etwa 500 m erneut unter einer alten Eiche anzusetzen und das Locken fortzusetzen.

Kaum waren die ersten sehr hellen Töne verklungen, da stieß mich Gründel an und deutete nach halbrechts. Auch ich hatte leises Schwingenschlagen gehört, hatte aber in den besonders dichtstehenden Haselsträuchern nichts erkennen können. Sofort drehte ich mich auf meinem Jagdstock in die gezeigte Richtung und nahm den schußfertigen Drilling in die Hände. Da lief auch ein Tier durch das Buschwerk. Wenn es der Haselhahn war, dann konnte ich ihn, falls er die Richtung beibehalten würde, auf einer lichteren Stelle fassen. Es war der Hahn, deutlich erkannte ich ihn am schwarzen Kehlfleck, aber er verschwand hinter einem Windwurf und kam nicht mehr hervor. Wieder lockte der Heger, da strich der Hahn nahe an uns vorbei, fiel aber sogleich auf gute Schußentfernung vor mir ein. Noch während er sicherte, warf ihn die Schrotgarbe in das lichte Gestrüpp.

Als ich ihn vorsichtig an einem Ständer aufhob und ihn mir genau betrachtete, stellte ich mit Befriedigung fest, daß auch von dem kleinsten Vertreter unserer Rauhfußhühner ein kaum zu überbietender Reiz ausging. Nicht nur die anregende Lockjagd, die die eifersüchtigen, kampflustigen Hähne zum Zustreichen veranlaßt, bewirkte das, sondern auch das Frühlingserwachen weitab vom geschäftigen Treiben der Menschen und der schöne Vogel selbst. Rot leuchteten die Rosen unter der sonst gesträubten, jetzt herabhängenden Holle, tiefschwarz glänzte der weiß eingefaßte Kehlfleck, und das ganze Gefieder, das sich durch viel Braun mit Schwarz und Weiß auszeichnete, gab dem ganzen ein vornehmes Aussehen. Ohne viel Worte drückte ich meinen Führern dankbar die Hände, denn viel unaussprechlich Schönes hatte ich in dieser Balzperiode in mich aufgenommen!

Anschließend an die Hahnenbalz in den Rokitnosümpfen wollte ich eine Einladung zur Besichtigung des Wisentgeheges in Bialowieza Folge leisten. Da ich noch zwei Tage vor mir hatte, bot mir Gründel an, noch einige Schnepfen zu erlegen. Auf der Heimfahrt von der Haselhahnbalz zeigte er mir eine Stelle, an der die Schnepfen besonders gut ziehen sollten. Den Platz konnte ich auch ohne Führung nicht verfehlen, obgleich ich einen weiten Anmarschweg hatte.

Es war gut, daß ich schon längere Zeit vor Beginn des Striches zur Stelle war, denn selbst bei gutem Licht war es mir nicht möglich, den bezeichneten guten Stand, der an einer alten, morschen Erle sein sollte, trotz meiner hohen Stiefel trockenen Fußes zu erreichen. In einem weniger nassen Frühjahr mochte das wohl gut möglich sein, aber jetzt konnte ich eine etwa 40 m breite Wasserrinne, die sich weit durch den Bruchwald zog, nicht überschreiten. Ich setzte mich daher hinter den Stockausschlag einer Eiche, der mir mit seinem trockenen Herbstlaub gute Deckung bot. Nicht lange, da hörte ich wider Erwarten menschliche Stimmen. Mit dem Jagdglas erkannte ich Waldarbeiterinnen, die ich kürzlich bei Kamparbeiten gesehen hatte und die geradewegs auf das Wasser zuschritten. Wollten die etwa durch das eiskalte Wasser? Tatsächlich! Sie nahmen die langen Röcke samt den langen Hemden bis unter die Arme hoch, und da sie auch nicht durch Höschen behindert waren, schritten sie munter durch das nasse Element. Durch das Näherkommen wurde das Gesichtsfeld meines Jagdglases natürlich kleiner, ich hatte daran aber nicht gedacht, sondern glaubte, daß die Blätter der Eiche mir einen Teil der Sicht nähmen. Als ich mich daher mehr nach dem Wasser hin drehte und aus der Deckung geriet, da war es geschehen: Ein vielstimmiger Aufschrei drang durch den Wald, die Röcke klatschten ins Wasser und so, als wenn Wölfe ein Rudel Rotwild angriffen, sprengte die ganze Gesellschaft auseinander, seitlich, vor- und rückwärts. Nur eine – es mochte die Vorarbeiterin sein – schritt gravitätisch weiter und ließ erst die Röcke fallen, als sie trockenen Boden unter den Füßen hatte. Dann drohte sie mir mit erhobener Faust. Gleichzeitig winkte ich ihr aber so freundlich wie möglich zu. Da entkrampfte sich auch ihre Faust, ihre Finger wurden locker, und sie winkte zurück. Da standen jetzt auch die anderen – etwa ein Dutzend gesunder, kräftiger Mädchen – lachten aus vollem Hals, schlugen sich auf die Schultern und wrangen sich gegenseitig die Röcke aus. Nach der Art höflicher Polen wollte ich mich entschuldigen, aber ich fand in ihrer Sprache nicht die richtigen Worte und rief ihnen die Begrüßung polnischer Forstleute und Jäger „Darz bór!" unter freundlichem Winken mit meinem Jagdhut zu. Unter Lachen und Kichern drohten mir noch einige, aber dann winkten alle freundlich zurück, und gemeinsam machten sie sich auf den Heimweg. Bald hörte ich ein wohlklingendes, etwas melancholisches Lied, das seinen Ursprung wohl dem einsamen und schweren Leben in Wald und Wasser, Eis und Schnee verdanken mochte.

Da zog eine Schnepfe laut quorrend und puitzend an mir vorüber. Richtig, deswegen saß ich ja hier! Schnell lud ich den Drilling, und da der Abend warm und windstill war, begann ein Schnepfenstrich, wie ich ihn weder vor- noch nachher erlebt habe. Drei Schnepfen erlegte ich ohne Fehlschuß, hätte ich aber an der alten Erle gesessen, die mir als guter Stand empfohlen worden war, dann hätten es mehr als ein Dutzend sein können. Denn sie zogen an diesem warmen, trüben und windstillen Abend puitzend und quorrend, schaukelnd und sich stechend, langsam dahin.

Es war schon dunkel, aber ich saß immer noch auf meinem Jagdstock und dachte darüber nach, was der Gruß „darz bór" zu bedeuten hätte. Mit „Waidmannsheil" oder „Hals- und Beinbruch" war er wohl nicht zu vergleichen? Nach meinem Wörterbuch wurde bei „darz" auf Schenken oder Geben hingewiesen, „bór" heißt Wald, genauer gesagt, Nadelwald. Also machte ich mir selber meinen Reim, daß Wald und Jagd den sich so Begrüßenden die Geheimnisse, die im Schoße der Natur verborgen sind, offenbaren mögen. Ob dies den polnischen Vorstellungen entspricht, weiß ich nicht. Mir sind die Geheimnisse der Natur jedenfalls im vollsten Umfang in den wilden Rokitnosümpfen erschlossen worden!

Sechs Jahre lang hatte ich mich an den in den Rokitnosümpfen erlegten Hähnen gefreut. Sie hatten – naturgerecht präpariert – in meinem großen, an Trophäen reichen Jagdzimmer einen Ehrenplatz erhalten. In Balzstellung standen sie auf Ästen der Holzarten, auf denen oder unter denen sie gebalzt hatten und die mich an die Umwelt erinnerten, in der sie gelebt hatten. Unten an der Wand, etwa in Augenhöhe, stand der kleinste, der Haselhahn, darüber der Mittlere, der Birkhahn, und über den beiden der Große, der Urhahn, der doch auch in der Natur meistens aus den Baumkronen seinen weltentrückten, leisen Liebessang hören läßt. Daneben hing an einem Ständer eine Waldschnepfe, die doch auch aus dem Lebensraum dieser rauhfüßigen Waldhähne stammte. Sie bildeten gewissermaßen den Abschluß einer an Ereignissen reichen unübertrefflichen Frühlingszeit für mich als Jäger!

Im Januar 1944 kam meine Frau aufgeregt zu mir und sagte: „Der große Hahn beginnt sich zu mausern!" „Um diese Jahreszeit etwas ungewöhnlich", sagte ich und bestieg einen Hocker, um mir den Vorgang näher anzusehen. Da hatten wir die Bescherung! Die Mottenlarven hatten schon ganze Arbeit gemacht; es blieb nichts anderes übrig, als den stolzen Hahn „einzuäschern". Ganz unglücklich über den Verlust untersuchte ich auch den Birk- und Haselhahn sowie die Schnepfe auf Motten, aber kein Stäubchen war zu sehen und kein Federchen löste sich. Diese Vögel blieben auch weiterhin von den Zerstörern verschont! Wie war so etwas möglich? Wahrscheinlich waren dem Warschauer Präparator die Gifte zum Haltbarmachen des großen Vogelbalges ausgegangen, eine andere Erklärung fand ich nicht.

Auerhahnbalz im Gebirge

Von dem Verlust des Auerhahns hatte ich bald darauf Forstmeister Schauderna – mit ihm und seiner Familie verbindet uns bis heute treue Freundschaft – erzählt. Damals leitete er das Forstamt Weichsel, das in den Westkarpaten, den Beskiden, lag, und das bis zur Besetzung durch deutsche Truppen im September 1939 zu Polen und vorher bis 1920 zu Österreich-Schlesien gehört hatte. (Damals Forsten des Erzherzogs Friedrich von Habsburg). Kurz unterhalb des Zusammenflusses der Schwarzen und der Weißen Weichsel war das traute Forsthaus in den Schutz prächtiger alter Tannen, Fichten und Buchen gebettet. Mein Freund machte mir daraufhin die erfreuliche Mitteilung, daß es durchaus möglich sei, bei ihm noch in diesem Jahr einen Auerhahn zu erlegen. Er hätte vor zwei Jahren schon einen Hahn geschossen, und da ihm in diesem Jahr wieder einer zustände, würde er mir diesen sehr gerne überlassen. Zunächst müßten aber die Gäste, die ihm von der Regierung zugeteilt wären, ihre Hähne erlegt haben. Auf alle Fälle möchte ich mich Ende April bis Anfang Mai bereit halten.

Zu dieser Zeit leitete ich das Forstamt Steineich in Deutsch-Oberschlesien. Unerwartet bekam ich Mitte April den Auftrag, umgehend Fichtenwerthölzer für die Heeresverwaltung zu liefern. Mit Revierförster Sander begab ich mich ins Revier Hartlingen, um aus einem Kahlschlag geeignete Hölzer herauszusuchen. Während ich auf einem starken Stamm entlangging, rutschten mir plötzlich die Beine weg, und ich landete im Reitsitz auf der starken Fichte. Der Schmerz war so stark, daß es mir schwarz vor den Augen wurde und ich mich zunächst neben die Fichte legte. Sander, der den Vorfall beobachtet hatte, führte mich zum Auto und gab mir den guten Rat, gleich nach Tost zum Arzt zu fahren.

Mein Hausarzt und Freund Dr. P., der auch ein guter Jäger war und selber eine Jagd gepachtet hatte, machte ein ernstes Gesicht, als er sagte: „Sie haben sich eine schwere Quetschung zugezogen, die Sache ist nicht leicht zu nehmen! Ich gebe Ihnen zunächst eine Spritze, damit die großen Schmerzen nachlassen. Dann ist Bettruhe mit der nötigen Behandlung notwenig. Wenn alles gut geht und kein Fieber hinzukommt, könnten Sie in zwei Wochen wohl wieder auf den Läufen sein!"

Nach drei Tagen stellte sich aber Fieber ein, und ich kam nach Gleiwitz in ein Militärlazarett. Durch Spritzen und Umschläge war das Fieber in fünf Tagen behoben, und ich wurde wieder unserem Hausarzt zur weiteren Behandlung überwiesen. Schon nach einer Woche weiterer Bettruhe durfte ich aufstehen, aber das Laufen fiel mir sehr schwer, es stellten sich auch wieder Schmerzen ein.

Mitten in diese Periode von Schmerzen und Besserung kam ein Telegramm von meinem Freund Schauderna: „Hähne balzen, wenn möglich sofort kommen!" Was nun? Vier Tage wartete ich noch und machte fleißig Gehübungen, dann rief ich Dr. P. an und teilte ihm mit, was ich vorhatte. Nach gründlicher Untersuchung sagte er:

„Sie können noch nicht fahren. Sie gehen ja noch mit 20 cm Schrank, mit mehr als ein alter Feisthirsch. Da oben in den Beskiden liegt noch Schnee, wie wollen Sie da hinauf kommen? Als Arzt kann ich Ihnen dazu die Erlaubnis nicht geben!"

Ich witterte Morgenluft! „Wenn Sie mir die Erlaubnis als Arzt nicht geben können, dann sagen Sie mir bitte als Jäger, was Sie in meinem Fall tun würden? Der Krieg sieht immer unheilvoller aus, wer weiß, ob ich im nächsten Jahr noch Ersatz für meinen vermotteten Hahn bekommen kann?"

„Als Jäger würde ich versuchen einen Auerhahn zu erlegen. Ich empfehle Ihnen aber, Ihre Frau mitzunehmen. Die hat, falls mit Ihnen die Jagdpassion durchgeht, das nötige Verständnis, um Sie von zu großen Anstrengungen abzuhalten!"

Mit Schauderna setzte ich mich sofort in Verbindung und teilte ihm meine Behinderung, aber auch mein Kommen mit. Mit seinen berggewöhnten Huzulenpferden holte er uns vom Bahnhof Weichsel ab. Im gemütlichen Forsthaus besprachen wir alles für die Hahnenbalz Nötige und trafen die erforderlichen Vorbereitungen. Die Lage sah für mich nicht gerade rosig aus, weil wegen neuer Schneeverwehungen weder mit dem Wagen noch mit dem Schlitten ein Fortkommen garantiert werden konnte. Normalerweise war der in Aussicht genommene Balzplatz in zwei Stunden zu erreichen, jetzt wurden vier eingeplant. Und da ich nach dem Aufstieg noch etwa eine Stunde oben in der Schutzhütte ruhen sollte, mußte schon vor Mitternacht aufgebrochen werden.

Zunächst trabten die Pferdchen munter voran, bald saßen wir aber in einer Schneewehe fest, und es hieß: „Alle aussteigen und schieben!" Ich durfte allein sitzen bleiben, um meine Kräfte zu schonen. Danach rollten wieder die Räder, und wir trafen rechtzeitig am Sammelplatz ein. Dort erwarteten uns Heger Gren und ein Feldwebel der österreichischen Luftwaffe, der schwer bewaffnet war. Jetzt erst erfuhr ich, daß die Balzplätze des Auerwildes in einem von Partisanen stark beunruhigten Gebiet lägen und daß dort ohne Militärschutz nicht gejagt werden dürfe.

Der Aufstieg wurde für mich sehr schwer, denn durch die Skistöcke wurde der Kräfteverbrauch stark auf meine Arme verlagert, doch langsam erreichten wir über Wurzelstöcke und Steingeröll eine geschlossene Schneedecke. Nach kurzem Aufenthalt ging es weiter, voran der Heger, danach der Feldwebel, der Forstmeister, ich und meine Frau, die mich beobachtete und, wenn nötig kurze Pausen einlegen ließ. Wie eine Rotte Schwarzwild, die bei hoher Schneelage hintereinander ziehend einen festgetretenen Wechsel bildet, strebten wir bergan. Ganz unerwartet begann jedoch in den Baumkronen ein Sausen und Brausen. Sturm machte sich auf, und Regen prasselte auf uns nieder; dadurch wurde der Marsch etwas zügiger. Bald kam aber der Befehl: Halt! Mein Freund Schauderna sagte uns, daß Gren, dem der Ruf vorausging, daß er die Augen eines Luchses und das Wahrnehmen eines alten erfahrenen Keilers besitze, erst einmal prüfen sollte, ob die Schutzhütte nicht schon von Partisanen besetzt wäre. Nach 20 Minuten war er wieder zurück und berichtete, daß alles in Ordnung sei. Der Grashalm, den er vor einer Woche in das Schlüsselloch gesteckt hätte, wäre unberührt, also wäre auch niemand da gewesen.

Bald hatten wir die „Koliba", die sechseckige Blockholzhütte, erreicht, und ich war froh, daß ich mich auf eine zwei Meter lange, aus Fichtenstangen hergestellte und mit Tannenreisig gepolsterte Bank legen konnte. Sechs solcher Bänke dienten als Sitz- oder Lagerstätten. In der Mitte der Hütte war die Feuerstelle zum Erwärmen und Kochen. Heger Gren hatte aus trockenen Holzvorräten bald ein Feuer entfacht, das den ganzen Raum gut durchwärmte, und wohlig streckten sich nun alle auf den

Bänken aus. Der Rauch fand unter dem Schindeldach den Weg ins Freie, ohne uns zu stören.

Nach einstündiger Ruhepause trat der Heger vor die Hütte und sagte dann: „Der Regen hat nachgelassen, wir könnten versuchen, ob der Hüttenhahn balzt, und wenn es Ihnen, Herr Forstmeister recht ist, könnte Ihr Gast vielleicht heute schon den Hahn erlegen. Alt genug ist er, und wer weiß, was morgen für Wetter ist!" Dem Forstmeister war es sehr recht, und daher machten wir uns auf den Weg.

Trotz des Regens war der Schnee hier oben noch verharscht, und wir kamen gut vorwärts. In den Kronen der alten Fichten und Tannen war aber ein Brausen, Knarren, Ächzen und Stöhnen, daß es selbst den geübten Ohren des Hegers nicht möglich war, Balzlaute wahrzunehmen. Wir standen unter einer starken Tanne, als Gren sagte: „Hier herum ist der Balzplatz!" Da prasselte es auch schon in der Baumkrone, und ein starker Hahn ritt ab. Heute war kein Balzwetter, deshalb begaben wir uns wieder in den Schutz der Hütte, um gemeinsam ein bescheidenes Frühstück einzunehmen, das hier oben sehr gut mundete. Der Regen hatte wieder eingesetzt, daher wurde die Koliba abgeschlossen, von innen gut verriegelt, und das Getöse in den Baumkronen vernahmen wir nur noch als ein sanftes Schlaflied.

Um zehn Uhr begannen wir den Abstieg. Der Regen hatte nachgelassen, der Wind sich ausgetobt, und ab und zu kam schon die Sonne durch. Plötzlich stand vor uns aus dem dichten Heidelbeergesträpp ein starker Hahn auf und stellte sich etwa 150 m vor uns auf den Ast einer starken Buche. Mein Freund deutete mit dem Schießfinger an, ob ich ihn krümmen wollte? Er mochte an die morgigen Strapazen denken, die ich wieder vor mir hatte. Ich lehnte aber kopfschüttelnd ab, denn der weich durchschossene Birkhahn aus den Rokitnosümpfen kam mir in den Sinn. Auch wollte ich noch einmal eine echte, rechte Balz erleben und dafür auch gerne große Anstrengungen in Kauf nehmen.

Der Abstieg ging schneller und besser, als ich befürchtet hatte. Der Schnee war unten auch fast verschwunden, und lustig trabten die Pferdchen der Futterkrippe entgegen, die auch uns gegen 13 Uhr sehr reichlich geboten wurde.

Am nächsten Morgen brachen wir erst nach Mitternacht auf. Ich fühlte mich frischer und wohler als tags zuvor. Der Auf- und Abstieg zum und vom Balzplatz schien eine nützliche Massage für meine Gehbehinderung gewesen zu sein. Froh und heiter wie das Erwachen war auch der Aufstieg zur Koliba. Zwar mußten die Skistöcke wieder in Aktion treten und meine Arme einen großen Teil der Last beim Steigen tragen, aber in drei

Stunden hatten wir unser Ziel erreicht, und alle waren froh, sich auf dem Tannenreisig in der Koliba ausstrecken zu können.

Als erste traten Gren und ich aus der Hütte. Ein leises Säuseln ging durch die Baumkronen. Die einzelnen Sterne verblaßten, langsam wich die Nacht dem dämmernden Morgen, und schon zeichneten sich die Konturen der breitkronigen Tannen und der spitzaufstrebenden Fichten gegen den Morgenhimmel ab. Wir mochten etwa die Tanne, aus der gestern der Hahn abgeritten war, erreicht haben, da meldete sich, noch verschlafen und zaghaft, die erste Drossel. Gleich danach stieß mich Gren an, zeigte nach Westen und sagte: „Er balzt schon!"

Hatte uns der Schnee gestern hier noch getragen, so brachen wir heute ab und zu knietief ein, für mich eine Tortur sondergleichen, weil sich dadurch sehr schmerzhafte Zerrungen in der Leistengegend einstellten. Ohne Skistöcke, deren großflächige Teller ein Durchbrechen der Schneedecke verhindern halfen, konnte ich nicht an den Hahn kommen. Nachdem ich meinen Drilling mit $3^1/2$ mm Schrotpatronen und den Kugellauf mit einem 7 mm H-Mantelgeschoß geladen hatte, hängte ich ihn mir um den Hals, denn die Hände brauchte ich für die Skistöcke. Da merkte ich, daß das Jagdglas klapperte; ich übergab es Gren und setzte stattdessen das Zielfernrohr, das für Kugel und Schrot gut eingestellt war, auf die Waffe und bat den Heger, hier zurück zu bleiben. Es ging auch alles gut; langsam, immer nur zwei Schritte während des Schleifens machend, kam ich näher an den Hahn heran. Schon konnte ich die ganze Balzarie – für die Orchesterbegleitung sorgten die Drosseln – in allen Einzelheiten unterscheiden. Etwa 20 m vor mir stand eine mächtige Tanne, deren Krone storchennestartig gewölbt war, wie das bei alten Tannen die Regel ist. Auf ihr mußte der Hahn balzen.

Doch je näher ich kam, desto weiter entfernten sich die Balzlaute. Ich hatte die Tanne schon im Rücken, da hörte ich hinter mir Schwingenschlagen. Während ich zurückblickte, bemerkte ich, daß im dichten Genadel der Tanne sich Zweigspitzen bewegten; der Hahn hatte sich überstellt. Beim Zurückdrehen brach ich mit beiden Füßen durch die Schneedecke und sofort verstummte jeder Balzlaut. Regungslos verharrte ich in dieser Stellung, denn in jedem Augenblick mußte ich befürchten, daß der Hahn abreiten würde. Jedoch nach langer, langer Pause spielte er sich wieder ein, zuerst zaghaft, dann aber folgten auf das Klöppeln schnell Triller, Hauptschlag und Schleifen. Schon hatte ich, das jeweilige Schleifen nutzend, den Drilling schußfertig in den Händen, konnte aber trotz eifrigsten Spähens von dem Sänger nichts entdecken. Da, wieder eine Bewegung im dunklen Tannengezweig! Das Zielfernrohr vermittelte mir bald einen besseren Einblick. Auf einem starken Seitenast bewegte sich der Hahn hin und her, nur durch Tannennadeln und einige schwache Zweigspitzen verdeckt. Alles andere verlangte nun nur noch eine Geduldsprobe und das richtige Ausnutzen des Schleifens.

Auf den Schuß kippte der Hahn ab. Darauf prasselte heftiges Schwingenschlagen, aber herunter kam er nicht! Sofort riß ich das Zielfernrohr von dem Drilling und warf es in den Schnee. Entkommen, wie damals der Birkhahn, sollte er mir nicht mehr; mit dem zweiten Schrotschuß würde ich ihn sicher zur Strecke bringen! Aus der Tanne kam aber kein Leben mehr!

Da stand auch schon Gren neben mir. Vergeblich suchte er mit seinen Luchsaugen in der dichten Tanne nach dem Hahn, der im Geäst hängen geblieben sein mußte. Was nun? „Der Herr Forstmeister wird die alte, überständige Tanne fällen lassen; denn heraufklettern kann wohl kaum jemand!" sagte Gren. Dies schien auch mir die beste Lösung zu sein, denn die alte Tanne hatte sich stark verjüngt, und es war viel mehr Nachwuchs als nötig vorhanden. Nun kam auch die uns schützende Militärmacht in Gestalt des großen, schlanken Luftwaffen-Feldwebels. Nachdem wir ihn kurz unterrichtet hatten, wollte er versuchen, auf die Tanne zu klettern. Er stammte aus Kärnten, und nach seinen Äußerungen hatte er mit einer solch' riesigen Tanne, die etwa 1 m Brusthöhendurchmesser hatte, schon öfter Bekanntschaft gemacht. Er zog die schweren, benagelten Bergschuhe und die Strümpfe aus, und mit Hilfe des langen, starken Hegers konnte er einige eingewachsene, trockene Aststummel zu fassen bekommen. Er krallte sich mit Zehen und Fingern in die weißliche, rauhe Rinde, erreichte einen lebenden Ast und verschwand in dem dichten Geäst. In etwa 20 m Höhe hing der Hahn in einer Astgabel. Vorsichtig löste der Feldwebel ihn und warf ihn so geschickt in den Schnee, daß kein Federchen verlorenging.

Vor der Schutzhütte trafen wir meine Frau und Schauderna. Er hatte sie so gut an einen Hahn herangebracht, daß sie Strophe auf Strophe hatte verstehen lernen, Stellungen und Bewegungen sehen und so die ganze Balz des Urhahnes hatte erleben können.

Jetzt hatte ich wieder Ersatz für meinen durch Motten vernichteten Auerhahn. Durch einen Präparator des zoologischen Museums Beuthen wurde er musterhaft hergerichtet. Aus ganz verschiedenen Biotopen stammend, hingen die rauhfüßigen Waldhähne wieder in meinem Jagdzimmer. Und wenn auch der Lebensraum aus natürlicher Sicht gesehen kaum miteinander vergleichbar war, so hatte er doch manches gemeinsam: Eine von Menschen fast unberührte Natur, viel Beeren und Kerfe bis in den

Spätherbst – hier mehr an den Südlagen, dort oft in dem wenige Meter über den Sümpfen liegenden Buschwerk – und im Winter genügend Knospen, Triebe und Nadeln. Hier wie dort fand vor allem aber ein im Verhältnis zum Bestand sehr geringer Abschuß der balzenden Urhähne statt.

Birkwild in Oberschlesien

Birkwild hatte ich schon Jahrzehnte vor meinem Waidwerken in den Rokitnosümpfen in Oberschlesien in derart großen Vorkommen kennengelernt, wie es heute kaum noch einem Jäger vergönnt sein dürfte.

Als ich 1911 nach Pleß kam, war ich sehr erstaunt, als mir Hegemeister Järisch, dem ich zur Unterstützung zugeteilt war, sagte, daß wir mit seinem Drahthaarrüden auf Birkhähne jagen wollten. Für die Schloßküche würden vier bis fünf junge Hähne gebraucht. Jetzt im Herbst wäre dafür die beste Zeit, weil junge Hähne von den alten noch gut zu unterscheiden wären. Birkwild gäbe es mehr als genug.

An eine große Wiese stieß eine etwa kniehohe, sehr große Kiefern-Fichtenkultur, die mit etwa schulterhohem Birkenanflug überstellt war. Hier schoß ich aus einem aufstehenden Gesperre zwei junge Hähne sauber heraus. Das gefiel dem alten Herrn, und daher durfte ich auch noch die anderen drei Hähne schießen. Anerkennend klopfte er mir auf die Schulter und sagte: „Das haben Sie fein gemacht, jetzt brauche ich nicht einmal meine Flinte zu reinigen!"

Bei den Herbstjagden wurde in den Revieren, in denen es viel Birkwild gab, solches auch zum Abschuß freigegeben, Hähne und auch Hennen. Viel Abbruch wurde dem Birkwild dadurch nicht getan, denn es verstand es meisterhaft, den Schützen auszuweichen.

Als ich zum ersten Male die Balz im Revier Lendzin, in dem ich auch meine ersten jungen Hähne geschossen hatte, erlebte, glaubte ich meinen Augen und Ohren nicht trauen zu dürfen. Auf der großen Lendziner Wiese balzten 30 bis 40 Birkhähne. Im Jahre 1911 hatte ein bevorzugter Gast des Fürsten an einem Balzmorgen 21 Hähne geschossen; allerdings war er von einem Balzplatz zum anderen gefahren! Sonst wurden den Jagdgästen nur je ein Hahn, höchstens zwei Hähne freigegeben. Die Forstbeamten erlegten ihren Hahn für den alljährlich gelieferten neuen Plesser Jagdhut; das Birkhahnspiel gehörte zum Dienstanzug.

Birkwild hatte es in Oberschlesien wohl schon immer gegeben. Aber erst, als durch den großen Schneebruch von 1903 etwa 6000 ha der Pleßer

Forsten vernichtet wurden und dadurch riesige verwilderte Flächen entstanden, die trotz größter Mühen in einem Jahrzehnt nicht aufgeforstet
werden konnten, als ganze Jagen zu versumpfen begannen, sich zahlreiche Gräser, Kräuter und Sträucher einfanden, Birken, Weiden, Aspen
und Pappeln anflogen, auf den trockenen Stellen die Preiselbeeren, auf
den moorigen die Heidel- und Rauschbeeren, und auf den nassen die
Moosbeeren Fuß faßten, da war die große Zeit des Birkwildes gekommen.
Es fand gute, ungestörte Brutplätze sowie sonnige Huderplätze und für
die Aufzucht der Jungen nicht nur genügend Pflanzennahrung, sondern
auch solche aus der Kleinst-Tierwelt in Hülle und Fülle. Je nach der
Bodenart, dem Trocken- oder Feuchtigkeitsgrad hatten Insekten, Würmer,
Weich- und Kriechtiere, Lurche und Spinnen gleichfalls gute Lebensbedingungen gefunden. All' dies war dem Birkwild zugute gekommen
und hatte die ungewöhnlich starke Vermehrung zur Folge gehabt.

Das bestätigt auch Erich Reisch in „Wild und Hund" Nr. 5 vom
28. 5. 72 Seite 113: „Das meiste Birkwild kam vor, wenn nach Wald-
bränden riesige Kahlflächen entstanden. Dann gab es davon soviel, daß
ich Zahlen gar nicht nennen will, es würde heute einem doch niemand
mehr glauben!"

Als die großen Kulturflächen entwässert und wieder aufgeforstet
worden waren, die Forstpflanzen – meist Kiefern und Fichten – so groß
geworden waren, daß sie sich „die Hände reichten", als sie zu geschlosse-
nen Dickungen herangewachsen waren, dadurch Gräser und Kräuter
unterdrückten und auch den Lebewesen aus dem Tierreich ihr Fortkommen aus Mangel an Licht und Luft nicht mehr ermöglichten, da ging auch
das Birkwild sehr stark zurück. Manche Jäger meinten, es wäre wegen
Veränderung der Umwelt abgewandert, es konnte aber nirgends eine
Zunahme der alten Bestände festgestellt werden. Unsere Hühnervögel
werden in der Natur auch gar nicht so alt, wie vielfach angenommen
wird. An Abwandern habe ich nie geglaubt. Es fehlten jetzt einfach die
guten Lebensbedingungen, die für starke Vermehrung notwendig sind.

Schon in den letzten Jahren des vorigen Jahrhunderts war in den
Pleßer Forsten ein Aufblühen des Birkwildbesatzes zu verzeichnen gewesen. Im Jahre 1888 hatte eine Windhose eine kilometerbreite Gasse
durch die Bestände der Reviere Studzinitz, Promnitz und Cielmitz ge-
rissen, die nicht schnell genug aufgeforstet werden konnte und daher
verwilderte. Die Folge davon war ebenfalls eine starke Vermehrung des
Birkwildes, das aber mit dem Zusammenschluß der Kulturen zu Dik-
kungen zum größten Teil bald wieder verschwand. Mir vorliegende
Schußlisten aus dem Pleßer Archiv lassen dies deutlich erkennen.

Ausblick

Es mag anmaßend erscheinen, wenn ich mir zugetraut habe, in diesen Jagderinnerungen über ein so weit gespanntes Thema zu berichten. Alle die behandelten Wildarten habe ich aber nicht nur bejagen dürfen, sondern ich habe sie auch persönlich gründlich kennengelernt. Daher war ich auch nicht auf die Berichte anderer angewiesen. Was sich vor meiner eigentlichen Laufbahn als Forstmann und Jäger abgespielt hat – 1905 bekam ich den ersten Jahresjagdschein –, habe ich gut geführten Jagdakten entnehmen können.

Beim Schreiben meiner Jagderinnerungen sind mir ab und zu Zweifel aufgetreten, ob solche Bücher in der Zeit der beispiellosen Entwicklung der Technik, die das Leben der Völker untereinander wie auch das Leben des einzelnen in gleicher Weise beeinflußt, überhaupt noch gelesen werden! Ermutigt wurde ich aber immer wieder durch zahlreiche Jäger und Jagdfreunde, die der Ansicht sind, daß gute Bücher auch heute noch ihre Leser finden, besonders wenn sie mit vielen interessanten Begebenheiten gewürzt sind. Solche Dokumente würden nicht nur bei den Jägern, sondern auch bei vielen Naturfreunden großen Anklang finden.

Durch den unglückseligen Krieg und seine Folgeerscheinungen veranlaßt, bin ich mit vielen Leidensgenossen zwangsläufig aus der großräumigen ostdeutschen Heimat in die dichtbesiedelte Bundesrepublik gekommen. Wegen vorgeschrittenen Alters konnte ich nicht mehr in meinem Beruf untergebracht werden, denn die wenigen freien Stellen mußten jüngeren Kräften vorbehalten bleiben. Ich nahm daher eine Stellung im Holzhandel an, durch die ich große Gebiete in der Bundesrepublik kennenlernte. Bei meiner Veranlagung befriedigte mich diese Tätigkeit allein jedoch nicht. So fand ich bei jagdlichen Organisationen und deren Arbeitsgebieten bald reiche Betätigung. Jäger und Jagdfreunde boten mir weitgehendst Jagdgelegenheit, und dies nicht nur in dem mir vor Augen liegenden südlichen Taunusgebiet, sondern auch in verschiedenen Bundesländern.

Bei meinen weiten Reisen als Holzkäufer lernte ich erstmals kennen, wie weit sich das Wild an das moderne Leben der Menschen und seine technischen Begleiterscheinungen gewöhnt hat. So stand beispielsweise in der Nähe großer Truppenübungsplätze in der Lüneburger Heide das Rotwild rudelweise und ließ sich durch Motorenlärm und Detonationen nicht stören. Dies besagt aber nicht, daß es unempfindlich gegen Störungen durch Menschen war, wenn diese in ihre Einstände vordrangen. Beim Niederwild beobachtete ich, daß es sich in der Nähe menschlicher Siedlungen, sogar in Hausgärten, vermehrt, z. B. die Fasanen.

So wie sich die Natur den veränderten Lebensbedingungen angepaßt hat, so müssen sich nun auch die Jäger entsprechend umstellen.

Trophäenschauen habe ich in mehreren Bundesländern besucht. Überall war es das gleiche Bild: Hingen einige bessere Trophäen zwischen den vielen geringen, dann wurden hauptsächlich die ersteren betrachtet. Oft habe ich dann gehört, daß das Sinnen und Trachten der Jäger danach stand, doch wenigstens einmal eine starke Trophäe erbeuten zu können. Dies ist durchaus verständlich! Aber dort, wo etwa acht Jäger auf ein Revier kommen, wie das heute vielfach üblich ist, ist ein solcher Wunsch ein schwer zu lösendes Problem.

Man kann immer wieder hören, daß es beim Rotwild keine Probleme mehr gäbe. Das trifft aber nur für die Jäger zu. Wenn auf 100 ha nur 1,5 bis 2 Stück Rotwild gehalten werden sollen, wie dies beispielsweise im Taunus, der von vielen Jägern bejagt wird, gebietsweise angeordnet worden ist – mögen die Gründe hierfür sein, wie sie wollen – dann kann es kaum starke, reife Hirsche geben, weil die am besten veranlagten schon mit sieben bis neun Jahren der Kugel zum Opfer fallen, obwohl gerade diese mindestens noch drei bis fünf Jahre hätten älter werden müssen. Der verfrühte Abschuß beruht oft darauf, daß es sehr schwer ist, das Wild in diesem Alter richtig anzusprechen; aber auch der Jagdneid ist öfter mit im Spiele. Nicht selten kommen auch alte Hirsche zur Strecke, deren Geweihe wohl Krönchen tragen, die aber nicht das vorgeschriebene Mindestgewicht haben und daher in die Klasse IIb fallen.

Bei einem Geschlechterverhältnis von 1,5:1, das – wie ich den Jagdzeitungen entnehmen konnte – vereinzelt schon durchgeführt sein soll, können starke Hirsche nur Zufallserscheinungen sein, weil mit der Drosselung des Kahlwildes auch der Hirschzuwachs gedrosselt wird und in den vielen kleinen Revieren kaum noch einer der geringsten Hirsche freigegeben werden kann. Unter solchen Umständen ist es verständlich, daß manche Jäger dorthin fahren, wo sie, wenn auch für sehr viel Geld, kapitale Trophäen heimbringen können.

Es kann wohl nicht daran gezweifelt werden, daß sich in der Bundesrepublik gerade dort das großräumig lebende Rotwild am besten ent-

wickelt hat, wo große Rotwildringe gebildet wurden, in denen der Staatswald die größten Flächen einnimmt und das Ganze von Betreuern des
Staatswaldes einheitlich geleitet wird. Das trifft auch für große Privatwälder sowie auf die als musterhaft bekannten, aus verschiedenem Waldbesitz bestehenden aber einheitlich geleiteten Rotwildringe zu.

Der weitaus größte Teil unserer Schalenwildgebiete besteht aber aus
Privatjagden und gemeinschaftlichen Jagdbezirken. Nach dem DJV-
Handbuch 1973 gliedern sich die Jagdflächen 1970 in:

Staatsreviere des Bundes	0,5 v. H. =	0,13 Millionen ha
Staatsreviere der Länder	9,0 v. H. =	2,24 Millionen ha
Privatreviere	17,0 v. H. =	4,01 Millionen ha
Gemeinschaftliche Jagdreviere	73,5 v. H. =	17,55 Millionen ha
		23,93 Millionen ha

Das Bestreben der Jagdbesitzer müßte dahin gehen, bessere Trophäen
durch Verbesserung der Umweltbedingungen zu erreichen. Solche wären:
Verbesserung der Äsung, Fütterung in Notzeiten bis in den Juni hinein
und Altwerdenlassen der Zukunftshirsche. Voraussetzung dafür ist neben
einem angemessenen Geschlechterverhältnis eine den Gegebenheiten angepaßte Bestandsdichte.

Die letzten Jahre haben uns die Hoffnung gegeben, daß es möglich ist,
kapitales Schalenwild heranzuhegen. Dennoch werden kapitale Trophäen
in der Bundesrepublik Seltenheitswert behalten. Mit den weiträumigen,
von der Natur besonders begünstigten Jagdgebieten im Osten (Ungarn,
Jugoslawien, Rumänien u. a.) werden wir nie konkurrieren können.

Daß Wald, Wild und Waidwerk trotz veränderter Lebensbedingungen ihren Wert behalten mögen, ist der herzliche Wunsch eines alten
Jägers für die fernere Zukunft!

Von WILLI BENZEL erschien ferner:

Im Paradies der Hirsche

Rotwilderfahrungen und Jagderinnerungen des letzten Wildmeisters beim Fürsten Pleß. 2. Auflage. 1970. 228 Seiten mit 40 Abbildungen im Text und auf 10 Bildtafeln. Leinen 24,80 DM. 1968 Literaturpreis des DJV

Das magische Gespann

Nachsuchen mit Wachtelhunden und Skizzen zur Jagd unserer Tage. Von PAUL-JOACHIM HOPP. 1973. Ca. 200 Seiten und 8 Bildtafeln mit ca. 15 Abbildungen. Leinen ca. 28,— DM

Das große Revier

Erlebnisse und Erfahrungen eines Hochwildjägers. Von FRANZ SCHLEIFF. 1972. 185 Seiten und 4 Bildtafeln mit 8 Abbildungen. Leinen 25,— DM

Strecken, die man nie vergißt

Der Lebenspürsche zweiter Teil. Von ROMAN MAXIMILIAN BENINDE. 1972. 171 Seiten und 8 Bildtafeln mit 15 Abbildungen. Leinen 25,— DM

Rohrwieser Geschichten

Erzählungen aus einem ostdeutschen Forsthaus. Von ARNOLD SPLETT-STÖSSER. 2. Auflage. 1960. 216 Seiten. Leinen 14,— DM

Waidwerk mit bunter Strecke

Jagd in heimischen Revieren. Von LUTZ HECK. 1968. 210 Seiten und 15 Bildtafeln mit 29 Abb. Leinen 24,— DM

Schüsse und Schicksale

Waidwerk im Wechsel von Raum und Zeit. Von ARVID VON NOTTBECK. 1969. 217 Seiten. Leinen 22,— DM

Dianas heitere Gilde

Die großen und kleinen Freuden des Jägers von heute. Von EBERHARD LINDOW. 1973. Ca. 192 Seiten mit ca. 12 Zeichnungen von Manfred Schatz. Leinen ca. 28,— DM

Schelm im grünen Rock

Betrachtungen eines Wald- und Wiesenspötters. Von WILHELM LANTELMÉ. 1972. 180 Seiten mit 16 Zeichnungen von Rien Poortvliet. Leinen 25,— DM

Wo die Wildgans ruft …

Chronik eines Niederwildreviers. Von HERMANN REFFKEN. 1972. 200 Seiten mit 12 Zeichnungen von Rien Poortvliet. Leinen 25,— DM

Glückselige Einsamkeit

Von LUDWIG BENEDIKT FRHR. VON CRAMER-KLETT. 4. Auflage. 1972. 396 Seiten. Leinen 28,— DM. 1965 Literaturpreis des DJV

Immer nur jagen — Glück meines Lebens

Von WERNER KNAUS. 2. Auflage. 1969. 203 Seiten und 8 Bildtafeln mit 10 Abb. Leinen 24,— DM. 1968 Literaturpreis des DJV

In Wald und Fels

Mit Büchse und Flinte im Burgenland und in der Steiermark. Von WILHELM SCHMIEDL. 1971. 187 Seiten und 8 Bildtafeln mit 19 Abb. Leinen 24,— DM

Rien Poortvliet, Auf der Jagd

Ein jagdliches Skizzenbuch. 1972. 160 Seiten mit über 300 Zeichnungen und Bildfolgen von RIEN POORTVLIET, davon über 200 farbig. Ganz auf Kunstdruckpapier. Quartformat 21,5×31 cm. Leinen 58,— DM

Verlag Paul Parey · Hamburg und Berlin